RUNNING THE ROOM
THE TEACHER'S GUIDE TO BEHAVIOUR

老师怎么做，学生才会听

给教师的学生行为管理指南

[英] 汤姆·班尼特（Tom Bennett）著

中国青年出版社

图书在版编目（CIP）数据

老师怎么做，学生才会听：给教师的学生行为管理指南 /（英）汤姆·班尼特著；栗文达译.
—北京：中国青年出版社，2024.1
书名原文：Running the Room: The Teacher's Guide to Behaviour
ISBN 978-7-5153-7081-1

Ⅰ.①老… Ⅱ.①汤… ②栗… Ⅲ.①课堂教学—教学研究—指南 Ⅳ.①G424.21-62

中国国家版本馆CIP数据核字（2023）第219124号

老师怎么做，学生才会听：给教师的学生行为管理指南

作　　者：[英]汤姆·班尼特
译　　者：栗文达
责任编辑：肖妩嫔
文字编辑：郑敏芳
美术编辑：杜雨萃
出　　版：中国青年出版社
发　　行：北京中青文文化传媒有限公司
电　　话：010-65511272 / 65516873
公司网址：www.cyb.com.cn
购书网址：zqwts.tmall.com
印　　刷：大厂回族自治县益利印刷有限公司
版　　次：2024年1月第1版
印　　次：2024年1月第1次印刷
开　　本：787mm×1092mm　1/16
字　　数：283千字
印　　张：24
京权图字：01-2022-3365
书　　号：ISBN 978-7-5153-7081-1
定　　价：59.90元

本书赞誉

在汤姆·班尼特的写作中，常识会跳出书本，给你一记耳光。看他分享自己多年的研究、经验和来自多所学校的第一手资料时，你会发现自己全神贯注，不由自主地点头表示完全同意。

很难想象有人读完这本书后没有改善自己的思维方式和日常课堂实践。

书中的故事会深深地吸引你，让你觉得有趣，还有实用的建议会激励你。最重要的是，这本书会改变你对学校文化及其对学生行为的影响的思考。

达米安·麦克比思（Damian McBeath）
伦敦及朴次茅斯方舟学校区域主任

在这本杰作中，班尼特概述了影响最大的能管理课堂——诚如其言——的理论和策略。谈到行为时，糟糕的建议随处可见，没有一本书能如此清晰地阐释易于操作且行之有效的技巧。这是我多年前就需要的一本书。我浪费了多少时间才发现了这本书中列出的一小部分技巧和惯例啊！读者能看到这本书委实幸运，它将改善各种层次的教师的教学工作。我对此毫不怀疑。

亚当·博克瑟（Adam Boxer）
化学教师，《明确指导和直接教学研究性指南》编辑

一如既往，汤姆给管理行为提供了实用而睿智的建议。他所分享的早年教学轶事既令人震惊，又令人捧腹，旨在提醒我们：伟大的教师是培养出来的，而不是天生的。这本书对于任何想提高教学水平的教师来说都是非常有帮助的。

娜塔莎·波特（Natasha Porter）

"解锁毕业生"（Unlocked Graduates）**创始人兼首席执行官**

这本书观点睿智、条理清晰且非常实用，有助于教师创造一种课堂氛围，让学生感到被重视，准备投入到学习中。

丹尼尔·威林厄姆（Daniel Willingham）

弗吉尼亚大学心理学教授

这是一种细致而全面的行为方法，既探索了复杂的心理学和动机领域，又提供了实用的指导。对每一位在控制课堂方面面临挑战的教师来说，这是一本重要读物。更重要的是，书上介绍的方法也有助于孩子成长并找到个体的发展目标。

瑞秋·德·索萨（Rachel de Souza）

灵感信托基金（Inspiration Trust）**首席执行官**

实用，合理，循序渐进，非常缜密。这本书的内容比乍一看时丰富得多，请仔细阅读。请再读一遍，时不时温习，并加以应用。你不会后悔的。

巴里·史密斯（Barry Smith）

校长

这本书给我们提供了应有却未曾得到的培训。它倡导将"行为"作为学校改进的头号动力。如果你想让员工快乐，想让学生好好学习，想让家长选择你的学校，想让教师能够胜任，那就要把"行为"视为课程不可或缺的一部分。最重要的是，你要教授"行为"，多多益善。这本书饱含研究、提示、技巧和策略，以支持任何层次的人的行为，可列入必读书目。汤姆做到了！

山姆·斯特里克兰（Sam Strickland）
校长

汤姆·班尼特坦诚、谦虚地讲述了他是如何学会管理课堂的：一个缓慢的试错过程，这对他和他的学生来说很糟糕。这本书集其经验、智慧和证据于一身，可以帮助我们避免他犯过的错误。他以轻松的笔调展示了应该如何管理课堂，以确保所有学生在学校都能茁壮成长。

哈利·弗莱彻–伍德（Harry Fletcher–Wood）
雄心研究院副院长

汤姆·班尼特写了一本我们在教学生涯之初都需要的书。汤姆以其特有的机智和智慧，描述了一些最有成效的教师为创造最佳学习环境所做的工作。这本书让人觉得亲切，也非常坦诚，还有很多具体的例子，可以让实习生乃至校长都受益匪浅。如果你的教学生涯刚刚起步，请阅读它。如果你像我一样已经从事教学工作20年，也请阅读它。

克莱尔·斯通曼（Claire Stoneman）
教师、校领导

关于行为的内容、原因和方式——这本书帮助教师探索行为背后的问题，了解学生在课堂上面临的挑战，以及教师如何建立一种有利于学生高效参与课堂的文化。

这是一本很棒的书，可以帮助教师走在行为管理的前面，创造一个安静而有凝聚力的课堂，让每个学生都感到安全，让教师能够继续帮助学生成长和学习。

克雷格·本纳姆（Craig Benham）
莱斯特郡中学SCITT开发经理

这是一本独特的书，乃学识与轶事、严肃与机智、失败与成功、自嘲与自夸以及考验、磨难与乐观的罕见组合。汤姆以一种经常让我想起塞缪尔·克莱门斯（马克·吐温）的风格，向我们展示了如何管理课堂才是教师对教育和学生的热爱与奉献的终极行为。

保罗·基尔施纳（Paul Kirschner）
托马斯·莫尔应用科学大学教育心理学名誉教授、客座教授

这是汤姆·班尼特的经典之作——关于课堂管理的有趣、实用、睿智的见解。

黛西·克里斯托杜露（Daisy Christodoulou）
No More Marking调查公司教育总监

这是一本必读书，不仅适用于新教师，也适用于在任何一种课堂上花时间的人。

汤姆·班尼特明白，学校里的行为是微妙的，没有明确的"非黑即白"的规则适用于所有的学校和教师，世上没有魔杖。

在学校树立良好的行为，不仅要讲究清晰、透明和一致，还要考虑细微之处、坚持不懈和文化。良好的行为是可以教的——这本书会告诉你方法。

克莱尔·瓦格纳（Clare Wagner）

校长

汤姆极具可读性的风格（通常很有趣；总是令人愉悦），使新教师对复杂和令人担忧的课堂实践领域能够有所理解、有所作为。我们知道，行为问题是教师焦虑的最大来源之一，也是学生学习的潜在障碍。这本书在解决这两个问题方面做了很多工作，将是一个有益的补充。

山姆·特威斯尔顿（Sam Twiselton）

谢菲尔德哈勒姆大学教授

在某些教育领域，有很多高质量的研究证据表明，"最佳选择"可以改善一个人的实践。对于这些领域，我的建议很简单：阅读研究报告，弄清楚这对你的实践可能意味着什么。在其他领域，比如行为管理，研究证据不足、薄弱甚或相互矛盾，我有不同的建议，但同样很简单。找到那些知道自己在说什么的人，并听听他们要说什么，比如汤姆·班尼特这样的人。

在这本书中，汤姆将他在管理学生行为方面的所有知识——从他作为贫民区学校教师的经验中，通过观察数以百计（或数以千计）的课堂实践，以及钻研现有优秀研究成果——浓缩成一本极易理解和实用的——是的，还很有趣——课堂管理指南。这是我读过的关于如何在课堂上获得良好行为的最佳指南。它应该是那些正在接受培训的新手教师的必读书目，但有经验的教师也能发现书中有很多值得反思和借鉴的东西。强烈推荐这本书！

迪伦·威廉（Dylan Wiliam）

伦敦大学学院名誉教授

这本书对学校行为的哲学基础进行了一次有趣的、敏锐的探索。它甚至可以帮助资深教师理解为什么某些策略会奏效。班尼特的论证具有令人信服的魅力，使我迫不及待地想为我们的员工图书馆购买几本。

凯瑟琳·伯巴尔辛格（Katharine Birbalsingh）

米凯拉社区学校校长

这本书非常精彩！它将使你成为一名更优秀的教师。

你可能已经知道这一切了。汤姆是ResearchED（教育研究项目）的创始人，那是一个由教师主导的旨在改变行业面貌的国际教育运动。汤姆是一位作家、演说家、培训师和教师。他是英国教育部的国家级行为顾问，经常在国家媒体上为教师辩护，使他们避免受到无稽之谈的伤害。广为人知的是，《泰晤士报教育副刊》称他为"现代教师之声"。当你是年轻人创造自己命运的最大希望时，教育界没有比这更有益、更可信、更亲切的声音了，他将为你提供构建高效课堂的工具。

这本书既实用、有趣、睿智，也没有高高在上的说教。读它就像你那位魅力四射的哥哥从大学回来一阵子，竟然带你去电影院看电影一样，你会目不转睛地看，被它深深吸引，在动作冒险故事中徜徉，滋养情感，培育智慧。那些东西都植根于证据、实践和来之不易的事实。除此之外，你还想知道如何以同理心、高标准和以学习为核心来管理课堂吗？你当然想，那正是你当教师的原因！汤姆会告诉你如何做。

裴德·亨顿（Jude Hunton）

斯凯格内斯文法学校校长

"实用"是称赞一本行为学著作的一个标准，而班尼特的著作还有一点不同——它也是一本美之书。这不仅仅是因为他谦逊、幽默、间或挽歌式的行文，还因为他揭示的真相是美的。爱孩子就要确保我们的教室能保护他们，并尊重他们的学习机会——把每个人最好的一面激发出来，教导他们成为乐于奉献、积极向上的社会成员。可悲的是，当成年人发现自己无法取得这种成果时，第一反应往往是辩称没必要这样做。很少有人能如此清晰地阐释一种新的替代方案，并提供如此实用的（和美好的）指导方法。

道格·莱莫夫（Doug Lemov）

《像冠军一样教学》作者

献给加布里埃拉（Gabriella）和本杰明（Benjamin），你们每天都给我带来惊喜、快乐和困惑，不断提醒我美好生活是建立在相亲相爱的基础上的。

献给安娜（Anna），你极大地改善了我的生活，以至于我把自己的人生分为两个时代：安娜之前和安娜之后。我的心与你同在！

献给安妮·麦吉（Annie McGhee），我们当中最好的人，现在与圣徒们一起安息。谢谢你的教诲、太妃糖和无条件的爱！有个小男孩永远感激你。

ACKNOWLEDGEMENTS
致谢

　　如果没有家人的耐心陪伴，我这本书是不可能完成的。他们经常担心我是否在我的"作家碉堡"里挖了一条逃生通道，于是不断过来检查，好像我是仓鼠一样，要确保我有足够的水喝。我应该感谢疫情封控提供了一个强有力的借口，让我不用一直工作，得以花些时间在写作上而不是其他事情上。我也非常感谢大卫·迪道（David Didau）对本书的内容和风格提出一些深思熟虑的建议。我还要感谢约翰·卡特教育公司三个非常厉害的"火枪手"——亚历克斯·沙拉特（Alex Sharratt）、乔纳森·巴恩斯（Jonathan Barnes）和乔纳森·伍尔加（Jonathan Woolgar）。所有成形的思想都是他们贡献的，而所有该受的辱骂都应由我承受。

　　此外，我要举起马克笔向我曾经工作过或访问过的学校及其领导、教师和后勤人员致敬，他们使我理解每天在课堂上不经意间发生的奇迹及其原因。

第一天给学生上课时，有个男孩在教室后面摆弄臭鼬，显然不受我前面讲过的比较伦理学的束缚，我就问他如何看待自己的所作所为。这个问题有点奇怪，因为我俩都知道答案。我让他住手，对此，他只是让我滚开，然后就离开了。临走前，他怕我忘了，还提醒我滚开。我漫无目的地在操场上追着他跑——除此之外，我还能做什么呢？我当然毫无头绪。几天后，他的导师、社工、造型师或什么人把他拽来给我道歉，他那样子就像吞了牙一样。事情就这样结束了，我再也没有见过他。这个悲剧性的"小丑"闯入我的职业生涯，给这个拯救了我的职业一个丰富多彩的隐喻。

欢迎来到教学一线！

汤姆·班尼特

2020年

目录

第三部分　给出行为反馈　　　　　　　　　　**258**

最后的思考　　　　　　　　　　　　　　　　**381**

课堂原则

　　以下原则是我了解的优秀课堂管理的基础。有些原则可能看上去一目了然，而有些原则可能看起来模棱两可。在本书中，我将参考或者提及这些原则。我希望这些原则言之有理、切合实际，最终能改变你的看法。如果幸运的话，这些原则还能指导你和学生的行为。

　　原则一，行为教导是一门课程。

　　原则二，必须教孩子们如何行为得体。

　　原则三，要教授规矩，而不是讲述规矩。

　　原则四，没有一种策略对所有学生都行之有效。

　　原则五，让守规矩轻松自在，不守规矩则寸步难行。

　　原则六，良好的关系要建立在组织结构和高期望值之上。

　　原则七，学生都是社会的一员。

　　原则八，坚持不懈是任何好习惯的基础。

　　原则九，每个人都想具有举足轻重的影响。

　　原则十，我的课堂要遵守我的规则。

序言　每个教师都应关注的教学焦点

在当教师之前，我在伦敦中心区经营俱乐部，从容自信、得心应手地应付着醉鬼、保安、调酒师和苏豪区（Soho）的难缠公民。然而，在我成为一名教师后，这一切都变得毫无意义。这是因为：

- 我过去学到的技能，从明面上来看毫无用处。
- 我需要很多年才能挖掘出俱乐部与课堂的共同点。

我以为有用的那些准备并没有给我提供任何能加以转化的技能或资质。我习惯于告诉人们做什么。我有"权威"，但仅限于我的俱乐部内。如果一辆公共汽车的目的地写明"托特纳姆"（Tottenham），我不可能命令司机把我带到沃克斯豪尔（Vauxhall）去。我可以准确判断酒馆里打闹嬉戏的人群什么时候会演变成斗殴，但我无法很好地识别一个班级的情绪，分辨不清学生是出于无聊而服服帖帖还是因为专注而安安静静。

至于当教师，从理论上看，我像是一个不错的人选：男，30岁，拥有管理与领导经验，并具有多年与公众互动的实践经验，从事过一个需要自制力、自我调节能力和复原力的职业。

假如上述优势能轻易迁移到其他领域，我就飞黄腾达了。然而，事实正相反，我茫然不知所措。以前我在俱乐部打个响指就能让300人离开，如今那份自信就像汽车引擎盖上的霜在日出时分消融不见了一样。以前我能明确地发出指令，如今却迟疑不决。以前我在喧嚣的俱乐部很有说服力，经常能帮人排解激情、愤怒或痛苦，如今却只会空洞说教，变得笨嘴拙舌。我过去拥有的一切优势都在孩子们冷漠的悬崖上撞得粉碎。

我能控场——或者说行为管理——并不代表我拥有一种神奇的品质。我没有原力（the Force），你也没有。很不幸，我没有受过训练，至少有三年的课堂管理很糟糕，反而是学生在操纵我。

我们相信自己拥有的很多技能只是某个领域特有的。我们一直知道这一点，只是有时会忘记。正如美国心理学家桑代克在20世纪初所言：

> 常规观察告诉我们，心智能力是高度专业化的：某人是一流的音乐家，可能在其他方面却是个低能儿；某人是个天才诗人，可能却对音乐一窍不通；某人对数字有着惊人的记忆力，可能对地理方位、诗歌和人脸的记忆却很一般；某学龄儿童在科学推理方面令人赞叹，可能在语法方面却低于平均水平；绘画很好的人，可能舞却跳得很差。

我怀着紧张的心情踏入教育行业，同时抱有很高的期望。我知道这条路会很艰辛，但我相信自己能做好，结果大错特错。

我教学生涯头几年的经历就像一部狄更斯式的苦难回忆录。每天对我来说都是一场考验，部分原因是我不知道自己在教什么。如果有什么会被视为丑闻的话——我希望如此，那可能就是在我对所教的学科或教学法掌握得还很不牢固的情况下就成了一名教师。教师培训的初衷是好的，只可惜它并未让教师做好课堂教学的准备。那种培训过于理论化，同时又对实践的细节过分关注到令人抓狂的地步。我们花了一整天时间来比较我们为课程制作的海报，又花了一天时间学习如何使用办公软件，却几乎没有涉及教学法、教学原则或行为管理的内容。这就像把一个人送到神学院，让他为将来拆除炸弹做准备一样。

和许多教师一样，我一直担心自己是个骗子。就我而言，我的担忧合情合理。和大多数初登讲台的教师一样，我最关心的一个问题是"我是否备好了一堂课的内容"。

我的第二个担忧——同样理由充分——是"如果学生不照我说的做怎么办"。我很快发现，这才是其他一切问题的关键所在。如果学生连简单的指令都不听，何谈学习？刚执教那几天，我经常在教室里觉得孤立无援，完全迎合学生的喜好来上课，学生想学就学，不想学就拉倒。我充满焦虑的指令对学生来说，就像微风拂过山冈一样微不足道。

这是精神上和情感上的双重折磨。我只觉得自己是个糟糕的教师。的确如此。我整晚都在备课，直到我趴在桌上睡过去。我害怕第二天早上来临。我周日还得工作，于是每到周六就躺在床上，从痛苦难熬、枯燥乏味的一周中解脱出来，获得片刻喘息。我想辞职，但我没有退路。

我承认，这不是鼓舞人心的小插曲，而是一段乏味和无聊的时光，弥漫着无声的绝望气息。我正处于人生的低谷，但我太累了，以至于无力放弃。我之所以坚持下去，只是因为我缺乏放弃的意志力或智慧。

糟糕的课堂行为是核心问题，也是我的心病。我几乎不知道我在教什么，不知道怎么教，也不知道如何让学生爱听爱学。如果学生肯认真听讲，我恨不得把这一天一口吞掉；反之，则是这一天吞噬了我。

学生……他们是人类一个完美的缩影。有些学生，你让他们做什么，他们就做什么。在教书这个特别消耗能量的游戏中，他们是教师补充能量的源泉。但这种令人振奋的学生只占少数，占比相当大的是那种会选择性倾听的学生，当你讲到他们想听的东西时才会听。应对这部分学生很辛苦，但最难对付的是剩下的那三分之一的学生，他们似乎打定主意要和一切对着干。他们会公然嘲笑所有成年人，包括嘲笑我，嘲笑我的衣着，嘲笑我的口音，叫我滚回苏格兰，说我讲课乏味无趣。

这种学生对我给予的温情嗤之以鼻。当我和他们说话时，他们对我视而不见。我按照培训师建议的那样，把所有精力都投入到与这些学生建立关系上，但收效甚微。那些表现良好的学生则很少能见到我。我整堂课身陷混乱中。有一天，有个学生进教室时还在运球，我就和他争论起来。他就在我的桌子前不停颠球，于是我把球抢走了，他就追过来打我，一边尖叫一边大笑。其他班的学生纷纷跑出来围观，哈哈大笑。

每天下课后，我都黯然神伤地等待学生来做一次疗愈性对话，但只有那些最不需要的学生来过。我向学校报告过学生的缺勤情况，不知道有没有因此发生过什么。同事都非常友善，只是其中很多人也在为课堂行为问题而苦恼。他们似乎和自己的班级达成了某种紧张而脆弱的关系，才能开展教学活动。不过，他们已经工作了很多年才能做到这一点。他们给我的建议往往是："等学生了解你就好了。"一想到解决困境的唯一途径就是忍受，直到学生们都厌倦了，出于怜悯或无聊才配合，我就不寒而栗，感觉就像被困在围城里。

大家给出的其他建议似乎都离不开"与孩子们打成一片"，或是给学生布置他们喜欢的任务。然而，当我以一种幽默的方式或者设计一些方法把学习伪装成游戏时，学生似乎也不屑一顾。

我陆陆续续有过一些成功经历。有时学生能坐下来认真听讲，或者制作一个进度表，或者就一个话题讨论一会儿，但我不知道那是怎么发生的，也不知道原因。除此之外，这份工作让人筋疲力尽——即使是一名培训师，你也觉得分分秒秒都像站在旋转木马前，那些课程就像西洋镜一样从你身边一一掠过。这份工作是要面对一堆不熟悉的面孔，在公开的敌意中窒息，每走一步都有挫败感。

在接下来的三四年里，我换过几所学校，情况有所好转，但进展缓慢。我掌握的学科知识日益丰富，再加上在一所学校待久了，对学生就有了更深入的了解。最重要的是，我找到与学生"合拍"的点了。对我来说，那就是向学生讲述我以前在俱乐部的故事，并将其穿插到相关主题的课程中。

我开始轻松一点了，但我在养成好习惯的同时也养成了坏习惯。我知道如何让一些孩子不再频繁崩溃，最简单的办法就是安抚和包容他们，不去管他们效能低下，少期待就行了。我还知道有些孩子在什么情况下会表现良好，那就是当你不要求他们做他们不想做的事情时。明白这些道理，至少可以让你把精力放在那些愿意学点东西的孩子身上。这虽然欠佳，但你要明白，教学是一种可能的艺术，而非完美的艺术。我知道从事一份疯狂的工作，和你在摩天大楼的窗台上要活下去所做的事情一样：手抓牢，眼睛不朝下看。

多年以后，我才意识到这有多糟。我就像一条沉浸在教学文化中的鱼，除了在湍急的水流中挣扎外，别无他念。我以为这就是大家——不仅是学生，也包括我们的教育体系——所期待的。

最终我意识到，有些技巧似乎比其他方法更行之有效。我无法完全用语言来描述，那似乎是诸多因素的综合，包括保持平和的心态，拿捏好严肃与幽默的分寸，还与节奏、声音和体态有关。如何阐释我想教的主题似乎也很重要。我发现了一个不为人知的诀窍，那有助于把事情阐释清楚。

学生在某种程度上愿意按要求听课和复习，但我不知道是什么让教师的话具有说服力，更别提成功教学的原则了。留堂对威吓严重违纪学生有点帮助，必要时可采取停课措施（把他们送到另一个教室），这能使情况有所好转。

不过，学生是通过试错变得更好的，而我大部分时间都是在犯错。这些收获是以高昂的代价换来的，一言难尽。更糟糕的是，从正确的原则中挑错似乎有点匪夷所思。除非你得到即时反馈，否则你怎么知道什么对学生有效呢？

然而，情况还是有所改善。随着时间的流逝，学生和我熟悉了起来，应试时通常表现出色。我们知道彼此的期望是什么，这一点似乎很重要。收到这种反馈后，我就把新技能应用到新班级或下届学生身上，如此循环往复。不过，这在很大程度上只是潜意识的、直觉式的。我可以告诉你其他教师什么行为失当，却无法指出他们做对了什么，也提不出改进的方法。

随着我对教学实践有了更多的反思，并尽可能多地阅读相关书，情况继续好转。我参加了学校出资的所有课堂行为培训课程，并如饥似渴地阅读了所有我能找到的相关资料。我读到的大多是关于如何对待那些行为无可挑剔的孩子，内容要么是浅显的，要么是荒谬的，看起来都不太实用，很多内容似乎与我在一所具有挑战性的学校所面临的困难毫不相干。尽管如此，情况还是在我日积跬步中有所改善。

我开始涉猎与教育沾点边的领域，比如认知与发展心理学、行为经济学、社会学、人类学，从中寻找有趣的素材。

具有讽刺意味的是，我发现政治哲学比我想象的重要得多。这是几个世纪以来被穷根究底的领域：人们应该如何被治理？又是凭什么权利这样做呢？人们在追求正义、自由、平等、收入、资源等时，如何在追求自身利益最大化的同时和平共处呢？不过，只有在我经验足够丰富时才能理解这些东西，这些东西也才变得有意义。课堂是一个固定的物理场所，理论本身只能带你走这么远。你可以跟着食谱学做菜，却仍可能做得一塌糊涂。

数年后，我休了个假去剑桥大学，在科珀斯克里斯蒂学院担任助教。离开课堂就像在长时间潜水后浮出海面一样，我大口大口地呼吸着新鲜空气，然后精神焕发地重新投入到教学工作中。我开始写作，先是写些博客、小文章，然后就撰写专门研究课堂行为的书。我为《泰晤士报教育副刊》运营了一个课堂行为建议的在线论坛，多年来发表了数百篇关于课堂行为的文章。这驱使我走进一所又一所学校，学到一些姑且可以与人分享的东西。

迄今为止，我走访过大约400所学校，主要是为了考察学校行为体系。我现在担任英国教育部行为顾问。不过，这并不能使我比任何一所学校的优秀教师更优秀。我唯一的优势就是有幸目睹英国乃至世界各地的优秀教师所做的事情。

这使我确信——将来也是如此——良好的行为应该是任何教师关注的焦点。如果你管理的班级表现良好，你可能不这么认为。不过，当你试图在一个稍具挑战的环境中教学时就会意识到，学生行为表现不好就不会好好学习。

教书拯救了我：当我漫无目的时，它给了我方向；当我自私时，它使我把注意力放在别人身上；当我不快乐时，它给我带来了目标——随之而来的是快乐。要不是我明白引导学生行为的必要性，并知道如何去做，这一切都不可能发生。

重复做一件小善举

教书极大地改善了我的生活。教书使一个人做同样的事时可以让很多人受益。这让我想起汤姆·朱诺德（Tom Junod）那篇关于弗雷德·罗杰斯（Fred Rogers）的文章中的故事。1988年，美国《时尚先生》杂志特约撰稿人朱诺德写了一篇关于罗杰斯的文章。罗杰斯是《罗杰斯先生的邻居》中慈祥而受人爱戴的主持人，而该节目几十年来一直是美国儿童广播电视节目的基石。朱诺德愤世嫉俗，最初对罗杰斯圣人般的声誉持怀疑态度，但他最后说，遇见罗杰斯改变了他的人生观。朱诺德以极其简洁的语言，将罗杰斯一生的工作描述为"在很长一段时间里重复做一件小善举"。

这正是教师所做的事情：在很长一段时间里重复做一件小善举。

在这个醉心于奇观异景、急于求成、沉迷于虚荣浮华的世界里，这是一种叛逆行为。这是你能做到的最美妙的事情——奇妙的是，这也是最有效的事情。我力荐此事。去吧，你也行动起来。

第一篇

为什么学生的行为需要被教导

课堂原则

行为教导是一门课程

行为得体是一个人的技能、天资、习惯、偏好、价值观和知识融为一体的结果，是可以教的。

第一章
学生举止得体的重要性

谁都可以教书吗

"有些人生而伟大,有些人创造伟大,有些人肩负伟大的使命。"《第十二夜》中马伏里奥如是说。经常有人问我,是否有些人天生就能成为更优秀的教师。这是因为有些人担心,尽管他们做出了最大的努力,但新教师总是在与他们内在的限制作斗争。这种担心是可以理解的,但我相信,只要有足够多的高质量培训,几乎每个人都可以成为一名合格的教师。

毋庸置疑,有些人在进入这个行业的时候具有一些性格特征能使职业发展更容易,例如,坚韧不拔、够厚的脸皮、在压力下保持冷静的能力。我们可以称这些为习惯或倾向于以某种方式做出反应。必然的情况是,紧张的从业者、容易被激怒的人、个性过度敏感的人会发现自己在吵吵嚷嚷而且情感要求很高的课堂上处于不利地位。但性格特征是可以改善的。不仅是胆怯可以通过经验来管理,可能由压力造成的火爆脾气或视野狭隘也可以。

最重要的是,专业人员的工具包中的大部分工具都是可以学习的,因此也是可以教授的。有一千种微观的技能,单独看起来并不重要,但却构成了一个更大的整体。从近处看,它们似乎微不足道:如何站在门口等待学生,如何用眼睛盯着一个不专心的学生,如何在即将考试时鼓励一个焦虑的学生，等等。这些都是可以改进的。这最好通过结构化的培训过程来完成，但许多教师根本没有接受过这种培训。

我一直认为这是教育领域最明显的缺陷之一：作为最大的专业群体之一（也是最重要的群体之一），教师在入职时往往没有做好充分的准备。人们通常认为，教师一旦进入这个角色，就会掌握工作的方方面面，大概是渗透式的。这种模式实际上就像希望飞行员坐在驾驶座一看到按钮的作用就能破译驾驶舱的奥秘一样。正如本杰明·布鲁斯特所说，"在理论上，理论和实践之间没有区别。而在实践中却有"。

盲目地做，并不是在学习。发现式学习，这种深受一些教育学家和从未教过书的人喜爱的教学法，只有当一个人已经拥有一定专业知识时才开始变得有效。新手往往不知道从何处着手。他们甚至不知道自己什么时候是错的，也不知道自己不知道什么。我们谴责一代又一代的教师在行为管理这一至关重要的领域陷入"猜谜地狱"，然后纳闷他们为什么离开。

总结：每个人都可以提高。如果训练有素，几乎每个人都能成为一名优秀教师。但他们必须接受培训。

最后，我经常被问及性别、体型等是否会有影响。我经常被告知，"男性在行为管理方面更容易做到"，或者高个子或声音低沉的人在支配别人方面没有问题。我没有看到任何这方面的证据。我认为这种说法往往反映了说这些话的人的焦虑情绪。孩子们不会因为你看起来很吓人或身材高大而表现良好。我曾见过学生们面对体型娇小的女人表现得无可挑剔，而像莫里斯舞者围着五朔节花柱一样包围着一个高大的男人。正是我们对学生所做的，我们对他们所说的，我们与他们建立的关系，驱动了这些行为。拿破仑们和尤达们教给我们，地位不是来自宽阔的肩膀，而是来自宽广的心灵。

为什么行为表现如此重要

我们可以用另一个问题来回答这个问题。你认为教育的目标是什么？
在任何一间教室问这个问题都会产生几十种不同的答案。常见的答案包括：

- 优异的成绩

- 培养有见识的公民

- 创造力

- 民主参与

- 塑造性格

诸如此类。我不相信教育有一个固定的目标，但我相信人们都认为教
育是有目标的。无论你认为目标应该是什么，当学生被教导要举止得体时，
每一个目标都能实现得更到位。这似乎是显而易见的，但并非对每个人来
说都如此。我经常听到这样的论调："他们都有点吵闹，但他们在学习，因
为他们很兴奋"或"让他们同时听课就如同放牛，而不是教学。——他们需
要自己来学习"或类似的话。这些说法都很荒谬。嘈杂的课堂意味着一部
分或许多孩子在需要听讲的时候无法集中注意力。

有时，这些论调是通过援引传闻来加以证实的。但是，每一个可以想
象的教育目标都是由更好的行为举止来支持的。

你重视创造力？莎士比亚不是一个从泥土里蹦出来的农民——他上的
是文法学校，那里教他背诵《圣经》。这可能不是一个适合所有教育的优秀
模板，但其作品的每一页都洋溢着对经典文本的浓厚的熟悉感。

甘地是历史上最伟大的革命家之一，在成为印度政治改革的伟大催化
剂之前，他曾在伦敦大学学院（University College London）学习法律。可以

肯定的是，甘地没有整天待在学生酒吧里，一边喝着"蛇之吻"鸡尾酒，一边学习把薯片空袋折成三角形，或者在课堂上打呼噜。自我约束、自我管理、勤奋刻苦、坚忍努力都是成功人士在各种情况下极为重要的特征。

或者你想让孩子们通过考试；他们还需要学会专注、倾听、好好说话、提出睿智的问题、阅读，并在需要时独立完成所有任务。你希望孩子们离开学校时成为模范公民和见多识广的民主参与者？他们需要知道民主意味着什么，民主所体现的价值是什么，以及如何充分了解世界，以便在投票中能够判断谁最能代表我们。你想让学校提供职业机会？没有哪种手艺是躺在机械车间里睡大觉获得的。你能想象到的一切有价值的东西都是通过不懈的努力、实践和延迟自我满足来获得的。

而这些都不是自己发生的。它必须被教导。有些孩子从一出生就被教导这些品质。他们在幸运的家庭环境中长大，这样的家庭能提供给他们耐心、爱和如同一个无形的子宫一样的家庭结构。然而许多人就没有这么幸运了。更多的人则介于两者之间。所有这些孩子，你都教了很多。他们拥有的能力、词汇、性格、习惯和期望五花八门。你对走进你教室的会是哪种孩子无能为力。但是有两件事你可以做：你可以预测你的学生的基本能力是什么，他们需要学习什么才能茁壮成长；你可以确保尽可能多的学生得到良好的行为技能指导，而这些技能是他们成为学习者所需要的。

安全

这一切还有另一个令人担忧的方面。管理良好、行为规范的学校空间对儿童的安全至关重要。

数据显示，在过去4年中，警方收到了近3万份关于未成年人性侵犯其他青少年的报告，其中包括2625起涉嫌在学校场所发生的袭击事件……所谓的同伴虐待的报告从2013年的4603起增加到去年的7866起，增长了71%……调查发现，在31个警区中，有2625起18岁以下的青少年对其他儿童实施的性犯罪，其中225起涉嫌强奸，都发生在学校场所，包括小学的操场。

在过去4年里，学校场所的攻击行为飙升了72%，自2015年以来，警方收到了27805份报告。

2018年，联盟对全英国7000多名教师进行的"大问题"调查发现，在过去12个月里：

- 超过十分之一的教师（11%）曾遭遇过学生的人身攻击。
- 七分之一（14%）的教师曾被学生威胁要进行人身攻击。
- 超过一半（51%）的教师曾被学生辱骂。

2016年，英国全国校长协会和女教师工会还报告称，72%的受访教师认为"如今学校里学生的行为存在着普遍的问题"。

学生应该享有安全。教师和其他工作人员也应该享有安全。担心暴力或羞辱的威胁应该是课堂生活中最不应该有的部分。绝不能期待教师和学生容忍这些事情。我们绝不应该将其当作正常现象来接受，也不应该认为"这就是工作"。我们永远不会因为我们自己的孩子而认为这些都理所当然，但我经常遇到一些人，他们看着因为是别人的孩子而对此安之若素。在学校中通常没有系统性的暴力，但是在太多的学校中，暴力并非罕见，而霸凌已习以为常。教师在课间走在喧嚷的走廊上都担惊受怕。太多的孩子生活在对迫害的恐惧中，或者在午餐时间躲在只有他们自己知道的秘密场所哭泣；太多的教师在走进课堂时做好了迎接挑战的准备；太多的教师被打得鼻青脸肿，却被要求将其归结为工作。

我们无法使世界或教室没有风险。但我们可以尽一切努力使教室成为平静、安全的所在，使每个人都能尽其所能地茁壮成长。这是应该被接受的最低标准。

潜力

最后，如果你关心儿童——所有儿童——的幸福和健康，更得体的行为举止必不可少。不仅仅是在他们的安全方面，而且在他们拥有的可能性方面。人们经常谈及潜力。他们说，"你需要释放他们的潜力"，仿佛潜力是锁在他们心中的宝箱里的一颗红宝石，而我们只需要用爱来转动钥匙。这是虚构类作品中一个司空见惯的隐喻：平凡的男孩在平凡的环境中发现自己是天选之子，真的拥有魔力。这个概念为很多人所钟爱，他们相信潜力就像大卫雕像一样，埋藏在大理石块下，等待被释放。

潜力并不是这样的。大卫和大理石块这一比喻的问题是，大卫不是被发现的，他是被雕刻的。你可以很容易地在同一块大理石中找到一百个花园守护精灵或一千块浴室瓷砖——或两吨碎石。潜力被高估了。它告诉学生，他们不需要刻苦学习，也不需要为自己的进步而拼尽全力。大厦已经建成，有人仅仅需要拉开窗帘。这极其接近于道德主观主义，认为每个人都做他们自己就好，因为没有人比其他人更好。

我认为潜力不是被发现的；它是被雕刻或建造的。这需要努力、技巧和耐心，可能还需要很多运气。它通常需要熟练的雕塑家敏感地使用他们所拥有的材料，尽管更多的是有赖于雕像部分。但它的释放并不只是因为有人看着你的心说："你很有魔力，自由飞翔吧，你这个美丽的梦想家。"

而这就是为什么行为很重要。因为有太多行为不良的孩子可以被劝说、教导或帮助他们不要这样。这些在学校里跳来跳去的孩子可以做得更好，而不是忍受学校。如果有人能耐心地告诉他们如何行为得体，他们就不再是那个几乎所有的功课都是班上倒数第一的孩子。

他们需要我们。他们需要我们的帮助来做到规规矩矩、茁壮成长。

总结：

- 更得体的行为可以改善我们所能想象的学校的每一个目标。
- 改善学生行为应该是每个教育工作者的共同目标。
- 更好的行为对于良好的学习至关重要。

良好的行为需要持续的努力

在餐馆里，你经常会看到这种售票系统：服务员输入你的订单，然后厨房的打印机上就会出现一张小票。窗口服务员看了这个小票，然后对一线厨师喊道：一份三分熟的鱼片，一份辣肉馅玉米卷饼，一盘鸡翅，等等。在厨师们把菜品做好后，他们把菜传给窗口服务员，后者把菜品收到配餐窗口，直到小票上的菜全部做完。然后，他会喊来窗口另一边的送餐员来取餐，加调味酱，送到顾客那儿。这部分叫作"卖票"。票一卖出去，就过去了。生活就是这么美好。

在教学中，你永远不会卖掉你的票。任务会拖到第二天再拖到下一天。教一个班是一项跨越数年、数千天、无数瞬间和对话的奉献。你永远不会有"完美"的行为。没有哪个时候你可以说，"我这里的工作已经完成了，我不需要再做什么了"。确保课堂上的良好行为是一种维护行为，是一种不断创造的行为。它就像一首歌或杂耍：你只有付诸努力，它才会存在。无序状态总是会接踵而至。

但愿你会看到你的课堂都行为举止得体，但即使那样你也永远不能放松。好习惯悄然溜掉；人们会忘乎所以；活力会变化。一切都稍纵即逝。你的工作是让火车一直行进在轨道上。教师们需要明白，他们的持续努力是保持永久前进的关键。行为管理就像抛接三个球的杂耍。你要是停下来手中的杂耍，球就掉了。

那么，没有任何有价值的东西可以不经过维护而持久存在。房子的屋顶必须要修理；牙齿需要清洗；感情需要经营；6块腹肌需要节制和骇人听闻的热量紧缩水平。只要你不断提醒自己已经取得了多少成就，已经走了多远，以及你的目标是什么，坚持下去就会获益匪浅。

当你忘记这一点时，行为可能很快就会失控。我曾经看到人们的行为在几周内就从优秀变成了糟糕。这所学校的人口结构很有挑战性，但学生们的行为举止很好，因为高级教职员工以一种严格的方式领导着一支积极向上的教师团队。然后来了一位新校长，他对学生们说的第一句话是"我希望你们把我当作朋友"以及"我总会再给你们一次机会的"。不到一周的时间，最有抱负的学生就测试了他的话，发现只要他们认为他是一个好人，他确实会允许发生任何事情。在第二周，行为上的变化显而易见。一个月后，在得不到什么支持的情况下，教师们开始放弃。学校的境况急转直下。但这没什么：校长几年后跳槽去了另一所学校，没有人受伤，除了成千上万的孩子。他们的未来被天真、无能和我们为了让自己感觉良好而告诉自己的童话撕碎了。

总结：纠正行为可能需要一些时间。比如：永远。

有些学校比其他学校更难

我想描绘一幅乐观的画面：每个人都可以进步，奇迹确实可能发生。

这也需要时间来把这一点搞清楚。良好的课堂行为需要高水平的投入，因为它们需要高水平的连贯性，这是没有办法的。就像减肥没有捷径一样，除非你把抽脂术或胃束带算上，这在医学上相当于把你所有最淘气的孩子都排除掉：这是有可能的，但你还没有解决事情变得如此糟糕的原因。

此外，有些课程和有些学校的人口统计数据比其他课程或其他学校要困难得多。如果你教的是外交官的子女，那么你就可能会享受到安静而充满芬芳的教室。如果你教的是一群背景复杂、处于劣势环境的学生，那么你就会在行为管理方面负重前行。这仍然是可能的，但这是穿着莱卡运动衣和穿着蛙人服冲刺100米的区别。你仍然可以做到，但要准备好付出十倍的努力。

这并不容易

但让我们回到这一愿景的比较乐观的结局：让人们行为得体所需要做的一切都并非难如火箭科学。虽然这很难做到，却很容易掌握。在大多数情况下，创造平静、安全的教室的技术都是相对简单和基本的。良好行为管理的原则就像良好饮食的原则一样简单。这是幸运的，因为在社会层面上，我们需要那么多的教师，如果他们都必须拥有心理学博士学位来做出需要的改变，这就会是一场灾难。

然而，这的确需要奉献、坚持和一致。这是不可避免的。永远为此而努力。这就是我能提供给你们的全部：热血、辛劳、眼泪和汗水，因为这就是一切。这么做成果是非凡的。正如马扎诺所说："研究告诉我们，教师是影响学生成就的唯一最重要的因素——至少是我们能有所作为的唯一最重要的因素。"

学生对自己的行为负有多大的责任

这是个好问题。我们需要面对一些关于人类行为的基本哲学问题：我们是自由选择行为，还是我们所有的行为都是由我们无法控制的外部和内部力量造成的？这一点很重要，因为如果学生的行为都是由教养或基因等因素引起的，那么就很难让他们为自己的行为负责。我们不该因他们的行为而或责备或赞扬他们，正如我们不能因太阳的光辉而或责备或赞扬太阳一样。这会对我们的态度产生影响，例如，是否采取处分或奖励措施。如果学生不对自己的行为负责，那么我们为什么要谴责或赞扬他们的任何行为呢？

实际上，区分三类学生行为是有用的：

1. 他们不能选择不去做的行为。一个很好的例子就是一个患有抽动秽语综合征的学生，他常常发现自己无法控制自己的语言抽搐，还会蔓延到诸如亵渎或不恰当的评论。

2. 他们觉得很难做到的行为。这可能意味着，那些被培养成某种行为方式的学生——例如，当他们想要引起注意时，就会大喊大叫或要求很高——如果没有被逼着换一种行为方式，他们就会这样做。

3. 他们自由选择的行为，如果他们愿意，也可以换成另外一种行为方式。这可能包括向朋友炫耀，或者因为他们觉得一项任务具有挑战性而变得懒惰，等等。

许多人会说，这些类别区分并不明显，很容易相互融合；还有人会说，它们都可以归为一类——因为"所有的行为都是由之前的事件引起的，我们没有自由意志"。这一场争论持续了千年依然悬而未决。

幸运的是，你不需要解决它。这种三位一体的区别仍然有用。有些事情可以被学生的意志力所影响，而有些则不能。我们不应该因为一个自闭症学生不愿意被触摸而尖叫就训斥他，就像我们不应该因为一个坐轮椅的学生没能跑完400米接力赛而训斥他。面对许多事情我们都会力所不逮。

教师有必要警惕什么时候行为是自发的，什么时候是非自发的。如果学生行为不端，明智的教师应该调查是否有特殊原因。例如，它可能表明一些重要的或更严重的事情。我曾经教过一个学生，他只在周五下午表现糟糕，结果无一例外总在那天被留堂。之后我们发现，他是和父亲一起度过周末，而他父亲会殴打他。他的不当行为是拖延时间的一种方式，哪怕是只为了一个小时。还有那个每周一和周二都迟到的女孩，也因此受到了处罚，直到我们发现在这两天的早上，她是自己残疾父母的主力照顾者，她要为他们穿衣洗漱，以致迟到。于是我们改变了应对措施。

但大多数不当行为并非如此。在大多数主流课堂上，大多数不当行为都是可以避免的。如果教师有决心，大多数学生可以不那么做。换句话说，大多数不当行为是可以纠正的。他们那样做通常是出于最本性的原因：为了取乐、分散注意力、赢得同伴的尊重或地位。不当行为通常不是某种模糊原因的某种症状。意识到这一点对课堂上的教师是有用的，因为这意味着在大多数情况下，我们可以继续按常规路线行进，好像行为是学生的责任，并相应地做出反应。事实上，正如我们应当明白的，如果我们要教给学生如何接受自己的责任，管理自己的生活，并且长大成熟，那么将学生视为要为他们的行为负责就至关重要。

警示1：教师必须注意学生的行为是否需要更多的支持，特别是当我们知道学生在家庭或精神上面临负担和困难的时候。

警示2：在更专门化的学习环境中，如特殊学校，创伤、心理健康问题和更严重的行为原因发生的频率显然要高得多。

这一点很重要（也很有用），因为如果我们坚持把每一种不当行为都当作一个急需解开的难解之谜，就好像我们是教室里的大侦探波洛，那就不可能真正进行教学了。我们在探究其原因的同时，纵容了太多的不当行为，同时把我们本就有限的时间消耗殆尽。更重要的是，无论这种行为的原因是什么，起初的反应通常是相同的。例如，如果一个学生在课堂上飙脏话，那么就需要立即处置他们，无论他们的行为是源于可怕的内部冲突，还是仅仅是出于恶意。班级的安全和尊严是重中之重，必须保护学生（和教职员工）不受虐待——这是教师的首要职责。这是管理课堂的道德指南针的核心中的一部分。

教学的基本方针

课堂上的教师有两个主要的方针：

1. 保护

2. 教育

保护

教师最基本的作用是确保学生不受伤害。这看起来那么的显而易见，几乎不需要加以说明，但是如果我们不做说明，我们就会发现自己纵容了一些特殊的危险。我自己的孩子开始上小学时，我敏锐地意识到了这一点。他们回到家时，总会不可避免地带着划痕和肿包。在这种情况下，作为父母，你的反应是发自肺腑的：我的孩子这么听话，谁对他做了这样的事？为什么他们没有受到保护，以免受这种不平等的伤害？当然，不会受伤害是不可能的。在操场上奔跑的小家伙儿们会比赛，傻笑，绊倒，为他们的烦恼而哭泣。当我们把脆弱的孩子交给别人——一个机构、国家——照顾时，作为成年人，如果没有其他事情可期待，我们至少可以期望他们所在的教室是尽可能安全的。他们再交回到父母身边时，身体状态应当和到达学校时一样。

这也必然意味着，任何我们不希望发生在自己孩子身上的事情，我们也不能允许发生在学生们身上。我们需要不懈努力，根除和消除霸凌现象，防止他们受到同学的骚扰、嘲笑或其他威胁他们安全的行为。此外，如果孩子们不安全，他们就不能学习——至少不能学习我们希望他们学习的东西。如果我们不能保证他们的安全，那我们就没有履行我们的职责。

我还是一名新手教师的时候，我教了一个非常难带的班，班上有24个蹦蹦跳跳、粗鲁的男生和一个文静的女生。这是一个学习能力很低的"垫底"班级。大多数男生之所以进这个班，是因为他们不守规矩，学习成绩不好。而这个女生是最近从斯洛伐克移民过来的，她进这个班纯粹是因为英语是她的第二语言。男生们正如你会担心的那样可怕，对着那个女生挑逗她，嘲笑她。当时我刚接受完培训，除了不断地责骂训斥之外，我不知道该如何应对。每次他们这样做时，我就批评他们，并自认为我已经竭尽全力了。后来有一天，我离开教室去训斥一个学生，因为他辱骂了另一个人，就在这个时候，我听到一声尖叫。当我冲进去的时候，那个女生站在那里，流着泪，对着男生们尖叫。她的脸上流下来一大口唾沫。

她看着我的样子就好像我背叛了她。我永远不会忘记她眼中的愤怒以及在那间教室里和那些男生困在一起的挫败感。她本应该在一个安全的地方进行学习。但她一无所获。这两样都是我的责任。我很不愿意再重复这件事，多年以后，我的心仍然因为我的失败而充斥着沉重的内疚。但我认为，重要的是要理解我们所承担的基本责任，以及它的神圣性。

教育

我们必须教育他们。这一点包含多条原则：

• 每个人都想具有举足轻重的影响。教室里的所有孩子都很重要，包括那些更难去爱别人的人。

• 你也很重要。我们应该把教室里的每一个人都看作是应该得到尽可能多的尊严、自由、尊重和关怀的个体。

• 不可能每个人的愿望都能和其他人的愿望同时得到满足。

• 有时，个人的需求会与社会的更大利益相平衡。

• 与此同时，社会是由个人组成的，我们应该为他们争取尽可能多的个人尊严。

这就产生了一种微妙的平衡——我们寻求赋予尽可能多的人最大化的尊严和学习机会，同时不允许任何一个学生左右其他学生。人人都按自己的意愿行事是不可能的。我们所能期望的最好情况就是最优条件。

从行为的角度来看，这意味着在任何情况下，任何学生都不能将其他学生置于人身威胁之下。无论个别学生的结果如何令人不满意，在这种情况下，大多数人的需求远远胜过了某一个人的需求或意图。

为了多数人和少数人

教师非常容易想要在课堂上给一个暴力的或动粗的学生一次又一次的机会，特别是如果一名教师关心所有学生的安全与健康。你知道把他们送离课堂会有损他们的学习，让他们更落后，更难赶上来。你可能看到了他们的努力，他们的进步，竭力使他们向更好的方向发展。

稍等片刻。考虑一下所有人的需求。其他孩子都指望着你的保护、渴望着安全。如果我们不能提供这些，他们会无法接受。如果我们把一个有暴力或虐待倾向的学生留在教室里，因为我们想给他们另一个好好表现的机会，那么班里的其他学生就不得不首当其冲。我们以他们的名义欠下了账单，然后让他们去支付。他们的安全高于一切。

但是，即使在安全本身没有受到威胁的情况下，也不应该允许任何一个学生破坏同龄人的学习。这意味着对可接受的行为必须有明确的界限。这些界限的设置取决于学校、班级、教师、环境等。但是必须有一个明确的点，所有人都得明白，越过这个点是不允许的。如果没有这些界限意识，课堂教学总是会被打乱。

什么是良好的行为

这并不像听起来那么明显。我们所说的良好行为是什么意思？这里有一个由两部分组成的简单定义，我觉得很有用。

1. 负面的良好行为。没有不当行为：不乱扔椅子，不对教师翻白眼，不骂人，不推搡，不打架。当你能让你的班级达到这样的程度：他们没有做任何明显可怕的事情，并且所有的人看起来都在听课——或者至少不是在讲小话，对于许多教师来说，这就是一个巨大的成就。

当然，这类行为并不完美。在这个意义上，一个班级可能表现得非常好，但完全是被动的，或无聊的，或是习惯于袖手旁观，只做最基本的事情。

但这种程度的行为——我们可以称之为被动服从——往往被一些人低估了，而实际上它是一个巨大的奖赏。对许多教师而言，达到这一点不啻于一次梦想成真。如果你的课堂乱糟糟，如果打架和争吵是你所感知的一切，如果你费尽力气想让所有的学生坐好朝向一个方向听讲，那么这种类型的服从看起来很不错。在我职业生涯的早期，这正是我所渴望的阶段。

直到有一次，我与我的班级达成了暂时的休战协议，我才开始怀疑，除了没有不当行为之外，行为得体还有更多的内容。

例如：听从指令；第一次被要求时就能保持安静。

2. 积极的良好行为。这可以被广泛地描述为"帮助学生作为学习者和人类茁壮成长的习惯"。这不仅仅是合规，而是知道如何在辩论中举止得体；如何在辩论中条分缕析；如何在不熟悉的社会环境中进退有度；如何原谅一个没有资格得到你怜悯的人；如何写一篇文章；如何自学一种新乐器，等等。在课堂上，如何集中注意力、加入辩论、理解他人的观点、守时、共享资源等，这些都是积极的良好行为的范例。

这不仅仅是不做错事。

例如：守时不仅仅是"不迟到"。这包括了计划准时，在前一天晚上完成工作，知道去学校的路程时间，上网查看是否有延误，等等。你可以避免因为你毫无准备地在一片混乱中出场而迟到。守时需要成熟的技能、知识、习惯和能力。

后者经常被认为是最有价值的行为类别，这或许可以理解。它代表着促进成长、成功和建立成功社区的高阶行为。但是在后者成为可能之前，前者是必要的。在能学会更多积极的独立行为习惯之前，学生必须学会自律，约束自己当下的欲望和一时的兴致，即使在不想坚持的时候也要坚持下去。

两者都很重要。后者需要学生能够做到前者，所以不要低估它。因为积极的良好行为看起来很有吸引力就直接瞄准它的教师会失败，因为他们需要学生在瞄准更高的目标之前能够获得基本能力。换句话说，要求孩子能够遵守指示和行为举止得当不仅不是坏事，而且还是必要的。这是养成成熟习惯的先决条件，而成熟习惯就是孩子们知道他们应该举止得体，并从本质上重视这种行为。

　　我遇到过许多教师，他们觉得学生需要先接受行为制度，然后我们才能期望他们遵循这些行为制度。但是在普通课堂上，这种策略意味着你得一遍又一遍地不断解释最简单的指令。你的学生需要学会相信你的指令是公正的、有效的、公平的、有用的。你不能把这项责任委派给别人。就算你放弃课堂上的决策制定，你也并没有消弭做决定的必要性，你只是把它下放给了学生。权力是一种零和游戏。它不能被创造或摧毁，而只能被传递。你需要成为教室里的权威，否则学生就会成为权威。祝你好运。

课堂原则

必须教孩子们如何行为得体

举止得当不是与生俱来的。我们都是环境的产物。行为得体的学生是已经学过这些东西。如果他们还没有学过，教师必须努力教给他们。

第二章
课堂管理的关键

管理课堂时最常见的错误

经过多年的观察和教学，然后又教别人教课，以及再对此进行观察，我发现很多教师都会犯同样的错误。这一现象相当普遍，有时它几乎是默认的。教师们最常犯的错误是：

他们等待不当行为发生，然后做出反应。

这是为什么呢？通常情况下，在如何处理行为方面，他们往往没有接受过多少培训。教师在这方面的准备工作往往非常轻描淡写（或者更糟，有时是不切实际的），所以新教师认为这并不重要，是情有可原的。谁能责怪他们呢？如果没有人告诉你如何做某件事，你怎么会知道呢？行为管理是复杂的。没有人生来就擅长于此。如果你不想自己摸索，就需要有人教你。如果没人教的话，你就会是一个不知道如何引导一群孩子的行为的教师，因此只能被迫即兴发挥，凭直觉行事，或者是亡羊补牢。

这就是我们现在的处境。

希望不会下雨

这就产生了一种我称之为"希望不会下雨"的策略。它是这样的：

新学期的第一天。教师走进教室。学生可以坐在任何他们想坐的座位上。尽管有一些象征性的指示和训斥，但是学生们对教师视而不见，于是教师放弃了，直接开始上课。

也许教师会展示一张幻灯片，试图进行讲解。在这个嘈杂的缓和期，也许会发发书本。在这个时间段，教师没对学生提什么要求，除了少数人之外大家都无所事事。也许有一段安静的时间，教师看到了她可以开始的机会。很快，一个、两个、三个学生开始讨论起指令，或者完全无视指令，继续讲小话或玩手机。然后教师停止上课来处理这个问题。而在教室的另一边，有一批学生发现终于有机会来交换万智牌的卡片了。另一批学生则在对第一组评头论足。无聊的学生已经丧失了专注力，于是去找其他事情来做。嘈杂声再次升高。我们又回到了最初的情形，但依然束手无策。在绝望的驱使下，教师提高了几次声音，并发出警告或做出惩治。班上的学生要么讥笑她，要么无视她。这种情形来来回回重复，直到仁慈的下课钟声响起。

其"策略"是尽可能去教课，在不当行为发生时加以处理。她走进了一个天空阴沉的世界，只穿着一件薄外套，希望不要下雨。

在某种程度上，这似乎是一个合理的策略。如果你是一名专业人士，对历史或算术了如指掌，但对课堂管理却知之甚少（或者更糟糕的是，你根本不知道这是一套技能），那么你去做自己擅长的事情就完全合情合理了，关键的是，去做你相信自己付出会有所回报的事。

但这是一个错误的策略。

消防队模式

想象一下，你是一座新高层建筑的管理员，你想确保它不会被烧毁。

但它的框架是木制的，而且每间公寓都靠汽油发电机运转。一种策略是确保大楼外有一支满载着消防栓和软管的消防车队，随时准备在发生火灾时立即采取行动。你可以这么做。但即便在最佳的情况下，在你的策略发挥作用之前，大楼就会已经着火了。你注定总是在救火。

但这正是上述场景中的教师所做的事情。事实上，它甚至没有多少用，因为我认为这个故事中的消防队都受过良好的训练，配备了处理火灾的用具。而回到教室这一场景，大多数教师在"灭火"（在这种情况下，就是指一旦发生不当行为就要进行处理）方面都没有受到过特别好的训练。通常情况下，教师不得不边推进教学边亡羊补牢。如果没有人给他们展示更好的策略，他们就没有任何选择。

防火模式

很明显，明智的管理员或建筑师本可以做的是，设计不经常或不容易着火的建筑：用混凝土和铁建造房屋；将每一层分隔成惰性的筒仓，防止热量的传递；要求所有使用的材料都是不易燃的；规定最大入住率；等等。简而言之，减少火灾的方法是确保火灾发生的可能性大大降低，并制定出火灾发生时的应对措施。

你不应该做的是，你抱着不会发生火灾的希望，而只会在烟雾报警器对着你尖叫、让你心神俱碎的时候思考如何应对。推动设立健康和安全法规的那种谨慎，是人类本能中最不鲜明但最必要的一种，就像语言的发明一样，肯定是社会和文明繁荣的标志。

走进教室却不为最常见的问题做准备，这是同样的疯狂。但我们就这么做了。这让我想起了我有时从那些完全反对行为管理的人那里听到的抱怨。他们会说："家长花钱是让我来教孩子课的，而不是让我来管理他们的行为的。"兄弟，你入错行了吧。

教学不仅仅是站在教室前对着人们讲话。那样的是诗歌朗诵会；是视频讲座；是念悼词。教学远不止于此。它是一种关系活动，是对话性的。它包括引导一群人的行为，使他们彼此之间以及与你相处时都彬彬有礼。它不仅包括指导他们的学习习惯，还包括指导他们的社交习惯。简而言之，一位教师，如果想教书，她就不仅要明白她所教科目的细节并具备流畅的记忆力，而且还要明白如何管理课堂。

为什么教师们还没有做好管理学生行为的充分准备

也许你正处于职业生涯的开端，不知道自己是否能够管理好课堂。在这个时期，仅仅是提供足够的内容来填满一节课的时间的想法就足够让人很有压力了。或者你可能处于职业生涯的中期，已经干了几年，很想知道什么时候（如果有的话）学生的行为会足够好。或者你可能已经在很多学校见识过了很多风云，你觉得自己的职业生涯正在滑向过去式，你会问："为什么学生的行为一直不够好？"答案可能是："因为没有人告诉你该如何管理它。"

我最初的课堂上，学生闹得沸反盈天，对着我大喊大叫，问我真正的老师什么时候出现。那个场景太可怕了，真的太可怕了。在换了几所学校之后，情况仍然很糟糕。那个时候我每天晚上回到家，心灰意冷到想哭，心想："为什么我做不到？"而我应该问的是："为什么从来没有人教我怎样才能做到？"

到底为什么呢？如果飞行员第一次不能让波音747降落，她为什么要自责呢？如果一个同事曾是图书管理员，哪个医生会因为他对开胸手术一窍不通而责备他呢? 管理几十个桀骜不驯的孩子的行为是这样复杂的事情, 接受培训的教师没有就此接受过某一种结构化的培训, 为什么就非要擅长于此呢?

在英国, 教师的行为指导不管是过去还是现在都是一个非常大的问题。从我对世界的观察来看, 很多类似的国家都有类似的问题。就如何管理一教室的孩子而开设的高质量、实用和有组织的早期职业培训是很难找到的。有一些提供优质课程的机构。但目前很多教师缺乏课堂管理方面的基本培训。

人们仍然经常认为, 教师会在工作中学习这一部分工作, 而这部分工作是课堂技能的一部分, 会随着你的进步展现出来。但在其他任何职业中, 我们都不会为自己如此不顾一切地放弃职业指导的关键阶段, 听凭命运变幻莫测而鼓掌。在命运的变幻莫测中, 如果你能遇到一位不仅擅长行为管理, 而且还善于教授行为管理的明智导师, 那你就很幸运了。这可是两回事儿。

失传的行为艺术

在许多学校, 课堂管理有可能成为一门失传的艺术。但好消息是, 你可以学习一套知识体系, 以及学习如何应用它的策略。有些东西对一些孩子很有效, 有些策略对其他孩子更有效。有一些可学习的微行为, 一经示范就很容易上手, 可自己却很难发现。用迪伦·威廉的话来说, "一切都在某个地方行得通, 但没有什么能在任何地方都行得通"。辨别何时何地策略有效是每个教师的任务。进行行为管理时, 我们理所当然可以自信地说, 如果有策略的话, 有些做法往往比其他一些策略更可靠, 而有些做法很少奏效。

简而言之，在教师最重要的工作技能方面，我们对教师的培训没有达到他们应有的一半。在我看来，这是一个悲剧。当我想到在这个无知和固执的祭坛上牺牲掉的无数的时间、事业和未来时，我就感到绝望。这本书就试图解决这个问题。

当然，你不可能完全从书本中学到一门实用的手艺，但书本可以提供一种有用的语言来思考行为，并为你指出一些他人在你之前发现的最有效的策略。书本可以为你提供穿越丛林的地图。你可以找到自己的路，但至少你手握地图。

为什么当前的想法如此错误

可悲的是，教师在职业生涯之初就被公然教给了许多错误的方法。例如，有人就告诉我，如果你让孩子们按照自己的兴趣去做，如果你的课程足够吸引人，如果你允许他们表达自己，他们就会表现得很好。有一种普遍的观点认为，孩子天生想要学习，天生有学习的倾向，是不恰当的课堂模式造成了摩擦、冲突和不当行为，等等。换句话说，学校和教师本身要为大多数不良行为负责。

这显然是无稽之谈。只要我们不干涉孩子们的行为，让他们天使般的天性自发导向对知识、智慧和善良的爱，他们就会行为得体，这种想法荒谬之至。孩子们的确很可爱，但他们也可能同时具备懒惰、善良、虚伪、自私、易怒、宽容，以及各种各样的恶行和美德。也就是说，他们和我们如出一辙。

一些常见的谬论

• 有些人已经"掌握了"与孩子们相处的魔法。的确，有些人的人际交往能力比其他人好，但过分认同这一点会让我们陷入本质主义的罪恶——

认为教学是一种与生俱来的天赋，而不是可以学习的东西。

- 如果他们行为不端，那是你的错。有时我们会激怒孩子，或者用错误的方式对待他们，但如果他们让你滚开，那很少是因为你的初始活动不够吸引人。

- 教师权威是压迫性的，因为每个人都同等重要。每个人都很重要，这是真的，但这句格言通常被曲解为"告诉孩子该做什么是错误的"。教师需要成为教室里的权威，这是有充分理由的，我们将在本书中探讨这些理由。

- 孩子需要的是爱，而不是界限。他们两个都需要。没有爱的界限是专制，而没有界限的爱是放纵。

- 他们需要喜欢你。如果他们喜欢你当然好，但我们不是来被人喜欢的。我们是来教他们的，如果我们把让他们喜欢我们当作目标，我们就会为了我们的关系而牺牲他们的学习。最妙的是，如果你教得好，他们可能会喜欢你。

我们举止自然不是出于设计

当然，课堂在某种程度上是不自然的，因为课堂是我们人类特有的。课堂也是高度进化的有效方法，可以同时向很多人传授很多知识。到目前为止，我们还没有达到可以负担得起对每个孩子进行私人辅导的地步，在那之前，学习必须是一种公共活动。它仍然是"一群人坐在一起"，学习如何以一种让祖先或协作性较差的物种眼花缭乱的方式进行合作。在如今已经过时的电影《鳄鱼邓迪》中，名义上的主角是一位灰头土脸的澳大利亚原住民白人，从澳大利亚内陆来到了美国。影片的高概念体现在他"离水之鱼"的角色曲线上。一到纽约，他就从豪华轿车里往外望着第五大道，熙熙攘攘的人群在人行道上川流不息，与被炙烤的澳大利亚内陆那种孤独荒凉完全不同。"这就是纽约，邓迪先生，"马克·布鲁姆说，"700万人的家园。""太不可思议了，"他回答说，"想象一下，700万人都想生活在一起。是的，纽约一定是世界上最友好的地方。"

即使在当时，这也不是世界上最有趣的笑话，但它的幽默是建立在当时一个众所周知的前提上：纽约是一个充斥着暴力、经常险象环生的城市。当时，它因抢劫和内城骚乱而闻名。

这不全是人际关系

但从某种意义上说，他是完全正确的。即使只是为了在如此密集的环境下，如此近距离地共存，对任何社会群体来说都是一个巨大的成就。想想背景里那些公认的规范和承受力持续发出的强烈的嗡嗡声，以及互相同意的克制和自律契约，这些契约阻止了这些人要求把自己的需求放在首位的自私行为。那些声称行为得体"完全取决于人际关系"的人需要解决这个问题：在与大多数公民没有关系的社区里，人们如何才能表现良好？答案当然是，法律。

大型社区中人们不会仅仅因为他们彼此之间有关系，或与执行这些法律的人，如警察和法官，有关系而和平共处。这有点儿用，但大多数人遵守大多数法律，是因为他们喜欢生活在一个合法的社区，因为他们不希望被逮捕。假如你愿意的话，想象一下，如果所有的法律都被暂停，人们可以随心所欲，会发生什么。你认为人们的彬彬有礼会持续多久？一个小时？

我们可以发现这一点已经得到了充分的证明。1969年，蒙特利尔警察举行罢工，抗议工资和工作条件。第二天，电视新闻是这样描述所发生的事情的：

> 蒙特利尔的状态令人震惊。在16个小时的混乱之后，1名警察死亡，108人被捕。在此期间，警察和消防队员拒绝工作。起初，罢工的影响仅限于银行抢劫案比平常更多。但随着夜幕降临，一家出租车司机工会抓住警察缺位的机会，暴力抗议竞争对手把持机场接送专有权。据加拿大广播公司的电视特别节目报道，这是一个"恐怖之夜"。破碎的商店橱窗和满地的碎玻璃都表明市中心爆发了抢劫。在无人阻止的情况下，学生和分裂分子加入了这场暴行。店主们奋力抵御抢劫者，其中一些店主还拿着武器。餐馆和酒店也成为袭击目标。

社会秩序的瓦解，甚至不需要每个人都选择无视规则和法律。在大多数情况下，大多数人很可能会相处得相当愉快。只是他们中的一些人有时会选择拒绝这些规则，因为他们认为这样做有好处。

我们很容易习惯于安全、保障和文明社会，而忘记了这并非我们的自然状态。我们也忘记了得体的行为是如何被小心翼翼地代代相传维持下去的。我们不能想当然地认为孩子们会自然而然地就行为得体。

成人行为影响学生行为

孩子们不是在默认的情况下就行为得体，我们也做不到。在整本书中，我讲的都是儿童的行为，但在大多数章节中，我们可能很轻易地就论及成年人的行为。作为成年人，我们需要确保我们的行为是高标准的，否则我们怎么能期望孩子们改变他们的行为？

我们只有清楚明确地想好我们需要承继什么样的行为，以及如何将孩子们的思维导向这一点，课堂才会顺利进行。课堂工程是社会和文明伟大工程的一个缩影。因为它们都是社区。它们都需要管理。领导和教师需要操控着这些社区的阴晴雨雪。

学生需要被教导行为得体

当务之急是我们要集中精力解决这个问题。作为一种职业，我们要开始理解学生需要被教导如何端正行为。紧跟着这个原则的另一个原则是：教师需要被教导如何教导学生行为得体。由此，我们可以得出结论，我们需要创建一个训练系统，培训他人去培训其他人行为得体。此路迢迢，千山万水。如果我们关心世界各地儿童的福祉、教育和心智，我们就必须全力以赴。

但首先，这要从你开始。

总结：

- 学生需要被教导行为得体。
- 并不是所有的学生都轻易就能举止得体。
- 我们的行为会影响他们的行为。
- 对行为做出反应是不够的。

课堂原则

要教授规矩，
而不是讲述规矩

从长远来看，仅仅通过告诉学生要守规矩是无法纠正行为的。行为课程必须被教授，就像我们如何教授一门学术或实践课程一样。

第三章
如何对学生进行行为管理

　　我是在俱乐部里第一次听到"管理房间"这个短语的。"彼得原则"指出，我们都趋向于被提升到无法胜任的地位。没有什么比我自己的职业生涯更能灵活地证明这一点了。我的工作是管理这样一个空间：把它看作一个房间，而不是一系列接踵而至的任务或问题。你在房间的一部分所做的事情影响到了其他的部分。你过去的所作所为影响了未来。这是一个硕大无比的魔方，改动一个方块，就会改变其他一切。

　　这意味着后退一步，预见问题，并在问题发生前加以阻止。这可能是在热浪来袭前维修制冰机，或者计划调酒师的轮换，使最强的员工与最难的班次相匹配。事实上，能表明一个晚上计划得足够好的最好的标志之一就是没有发生任何问题，或者发生的任何问题都被迅速解决了。从俱乐部有效管理的角度来看，最好的夜晚是无聊的夜晚。

　　这肯定也意味着对气氛、风格、员工与顾客打交道的方式以及我们想要传达的氛围有一个预估。这意味着你必须考虑员工培训、轮班会议、菜单选项、定价、音乐、装饰、安全礼仪，以及其他一百件事情。

　　教师也是如此。他们需要管理房间。这涉及管理一个复杂的、由相互冲突的欲望和需求构成的网络，并试图使学生的行动屈从于你的意图。人们有一点自私是完全合情合理的。我们当中有谁不想得到我们想要的东西，或者不想随心所欲、为所欲为呢？一个有着30个孩子和一个成年人的房间，对于良好行为的含义有31种不同的想法。教师的工作是确保他们设想应该发生的事情确实发生了。

这个房间必须加以管理。如果教师不实施管理，学生就会管理，因为权力对真空的存在深恶痛绝。如果你允许学生为所欲为，那么请问，作为一个孩子，你在这种情况下会如何表现？

我曾经和我的学生做过一个思想实验。我说，想象一下，如果突然所有的法律都废除了，你会做什么。不再有法律，不再有警察、监狱或法官。你会做什么呢？

你可以看到学生们在想象他们由此所获得的许可时摩拳擦掌。他们中的许多人会津津乐道地描述他们将如何像小维京人一样盗窃糖果店和洗劫体育用品商店。然后我说："这样过了几周你会怎么做？"孩子们明亮的眼睛开始黯淡下来，因为他们开始意识到，如果一切都是允许的，那么就没有什么是被禁止的，而且他们不会是唯一拥有不受约束的欲望的人，现在这些欲望都释放出来了。他们的意志将与其他人的意志发生竞争，而那些人的意志会比他们的意志更宏大、更恶毒。突然间，"随心所欲"看起来并不是那么无忧无虑。

当我问他们三个月后会做什么时，他们的共识是，他们会躲在岛上的城堡里，带着尽可能多的豆子罐头锁在地堡里，尽量不被玩具店大灾难中的最后幸存者吃掉，然后等待着大人们来解决这一切。

这可不仅仅是愤世嫉俗；在没有法律和公认的行为准则的情况下，正如霍布斯所说，生活就会变得"孤独、贫穷、肮脏、野蛮而短暂"。这并不是因为人人都是野蛮和残忍的，甚至不是因为有些人如此，而是因为我们的欲望不可避免地会发生冲突，在一个资源有限的环境中，人们会为这些资源而竞争。这一原则适用于任何地方，包括教室。每个人的行为都至关重要，因为几乎任何一个人都可以毁掉其他人的行为。即使是在挑战性最普通的课堂，任何一位教师都会告诉你，只需要一小撮坚定的捣蛋鬼就能扰乱整节课。

总结：为了大家的利益，教室必须由教师进行管理。

课堂上的行为谱系

在一个典型的课堂上，总是有这样一个行为谱系：

1. 非常乐意按你的要求去做的学生

2. 不完全同意你的要求，但可以被说服的学生

3. 强烈反对你的方向和想法的学生

这三组的比例决定了需要付出多大的努力才能使整个班级按照你想要的方式运行。如果你的班级以第三类为主，或者不只有几个这样的人，那你就是在试图改变一艘全速前进的海洋油轮的方向。如果大部分是第二类，你会有点吃力，但只要有一点技巧，这个班级就能很好地运转。而如果所有的学生都是第一类，你就会奇怪为什么人人都对行为管理大惊小怪。这明明很容易的！这往往就解释了为什么人们对课堂行为情况的看法大相径庭，也说明了为了使每个人都站在同一起跑线上需要怎样的努力。如果你很少经历挑战性的行为，这一切看起来都很简单。

行为管理的消防队模式是我们现有的效果最糟糕的一种模式。消极地等待事情出了错，然后再去解决它们，是一个很糟糕的模式，这无益于应对我们对儿童和社会所负有的最重要的职责。当然，学生们应该行为得体。

但他们往往做不到。孩子们的行为方式毁掉了他们的人生机遇，纠缠于这种悲剧的荒谬是毫无意义的。对他们来说，在当下这一点儿也不荒谬。这就是他们想做的事。人们往往不是理性的长期规划者，而且我们知道，儿童，尤其是青少年，往往是最冲动的群体，他们最不能够计算他们当下行动的即时后果。特别值得一提的是，青少年往往比年幼的孩子（他们往往更谨慎）和成年人更容易跟着感觉走。

当然在很多方面，追求我们自以为是的利益可能是最理性的事情。学生们的愿望往往实际上并不是他们的长期最佳利益，这个事实并不是重点。教师的工作就是要带来正向变化。为学生提供他们需要的环境，而不是他们想要的，并让他们相信这是所有的可能情况中最好的，做到这一点并不容易。

我们怎样才能改进消防队模式？

走在行为的前面

良好的消防安全可以总结为两部分：

1. 创造一个不太可能引发火灾的环境

2. 设计有效的系统，在火灾伊始就把它们解决掉

我们可以将这个模式应用于行为管理。这包括创造条件，以期更有可能出现良好行为而更不可能出现不良行为，并设计系统在不当行为或良好行为发生时做出应对。

这可以描述为主动出击和被动应对的行为方式。

1. 主动出击：创造一个环境，让学生知道他们应该如何行为得体，而不是之后不得不这样做。在这个环境中，他们完全明白你想从他们身上看到什么样的行为，如何去做，以及为什么这些行为很重要。

2. 被动应对：当学生的行为发生时，对他们的行为做出反应，这样他们就会明白自己的行为是否正确，如果不正确，又该如何纠正。在事后要给予外部刺激。

简而言之，学生应该沉浸在课堂中。在课堂里，良好的行为会被听到、被看到，能得以展示，得到鼓励，给予期待。他们的周遭应该不断展示着良好行为。就像鱼一样，除了畅游在其中的水之外，鱼想象不出水以外的任何东西；那么良好的行为就应该是学生呼吸的空气。理想的情况下，他们甚至应该很难想象做出不当行为，因为他们认为那种行为方式很荒谬。

主动出击的行为管理包括我所说的"走在不当行为发生前"，通过在不当行为发生前确定他们应该做什么。通常在更有经验的教师那里会看到这种行为管理的方式。艾略特指出：

> 也许需要强调的根本一点是，熟练的教师往往不必像新手教师那样经常对有问题的情况做出反应。例如，实习教师经常设法观察学生不守纪律时专家型教师的反应，而很少关注那些非常微妙的、不易察觉的行为，这些行为从源头上就降低了纪律问题发生的可能性。

对于新教师来说，这一点非常重要，需要非常重视：通常，如果你去观察一个更有经验的教师，你几乎看不到他们是如何让学生做到行为得体的。那似乎就是自然发生的。这是因为他们的所作所为从很久以前就开始了，现在只是加以强化了。

同样重要的是要明白，初学者和专家学习者对材料的看法是非常不同的，其中包括了新手、专家教师以及学生。专家型的课堂管理者会了解正在发生的一切，并准确挑选出他们所需要的东西，以便合理地改变课堂行为的方向。新教师则淹没在所有向他们涌来的信息中。他们无法轻易区分相关和不相关的数据。这就是为什么，在你刚开始教学时，你会把所有的不当行为都看在眼里，然后对你所看到的一切做出应对，于是你就从一个行为跳到另一个行为，如此你就把你的课程都撕成了碎片。

正如我们将在后面的"准备好学生行为管理脚本"一章中看到的那样，我们在课堂上面临的大多数问题都是常见的问题，而且我们会一次又一次地面对这些问题。随着我们的进步，我们学会了处理这些问题的最佳方法，这样，下次面对这些问题时，我们就有了更好的策略，而不必再去想该怎么做。专家型教师拥有我们所说的更高级的范式（我们思考问题的模式）。这就意味着他们学会了在问题发生时更好地处理问题，但同样重要的是，在问题发生之前就更好地处理问题。

被动应对型策略包括了对学生已经做过的事情做些什么。你的行为应该对他们的行为提供反馈。这就是我们在学校行为管理中发现的经典的处分和奖励模式。这些策略也非常重要。没有这些策略，学校文化就无法蓬勃发展。但就其本身而言，这些策略只是部分有效，而在许多学校，这些策略执行得并不好。正如我们将看到的，这使它们的作用大打折扣。

主动和被动的策略都将在后面的章节中详加论述。现在，请记住这一点：最高效的教师会将主动和被动的策略结合起来使用。单独使用这两种策略中的哪一种都不足以让大多数孩子规矩听话。

许多教师在主动出击的策略方面所学甚少——如果有的话，而且这些知识都是以非结构化的方式存在。更多的教师学到了一些被动应对型策略，但往往学得很糟糕。我们看到很多教师拿到学校的校规手册或是教师计划书，上面有三页纸的行为守则，然后就告诉他们："照做吧。"然后他们就被要求继续这么干下去。这不是高质量的培训。难怪这些策略执行得不好，前后不一致，或者没有什么说服力。更为糟糕的是，教师往往被期望在整个学校系统运作不良的情况下使用这些策略。真是一团糟。

周一出生和周日出生的孩子

每个孩子都是他们所处环境的产物。每一个学生来到你的教室时都配备了"工厂软件"：他们成套的信仰、价值观、期望、能力和性情。这些通常都各有千秋。

"周一出生的孩子"来自这样的家庭，在那里他们接触到各种各样的语言，这些语言具有非常丰富的复杂性和用法，他们可能接触到各种各样的文化资本，丰富了对世界的经验或知识。他们可能在许多不同的社会环境中以一种安全而有条理的方式进行学习。他们可能从小就被教导要有礼貌；要自信而礼貌地表达自己；要懂得如何分享；要等待轮到自己；要在需要的时候大声说出来，在必要的时候倾听。简而言之，有些儿童具有较高的读写能力、文化资本、自我调节能力和社交技能。

他们对你和你所代表的东西的期望可能是非常积极的。例如，他们可能在成长过程中普遍将教师和成年人视为权威人物，而且是他们可以信任的权威人物。这些孩子通常经历过成年人以负责任和关怀的方式对待他们。他们可能也重视教育，并且已经有了一个坚定的想法，认为学校是一个特殊的地方，教育是有价值的，为了让每个人都能进行学习并保持快乐，每个人都必须善待他人。

这些孩子通常是举止得体的学生。我用"通常"一词，是因为这些都不是命运使然。但通常情况下，这些学生在学校的表现会更好，或者至少会比他们在其他情况下本来会做的更进一步。他们将更有可能遵循合理的指示，重视学习任务，并独立坚持下去。

"周日出生的孩子"来自这个被刻意夸大的光谱的另一端。这些是不那么幸运的孩子，他们的生活特点可能是缺少运气或没什么运气。他们可能一直被电视照顾着，或者沉浸在低语言能力的环境中（见后文的马太效应）。他们可能长期以来经常被放任自流，所以学会了更多地关注眼前的舒适或避免威胁，而不是有目的地延迟满足。他们可能对自己起居室之外的世界知之甚少。他们可能已经接触到不良的习惯和性格特征。他们可能会被以一百种遗憾且可怕的方式忽视。他们可能生活窘迫或流离失所，没有稳定的生活，家庭支离破碎。

也许他们从小就不相信权威。也许他们的监护人自己在这方面也有不好的经历，尤其是在学校。他们可能认为所有的机构都怀有敌意，而所有的教师都是机构的代理人。他们可能根本看不到教育的价值，只是把学校当作一个和朋友一起游乐的地方，而不是一个学习和成长的地方。

他们的行为可能经常表现为行为不当。他们可能不太能够集中注意力，因为他们从来没有学会如何集中注意力。他们可能拒绝任何指导他们行为的尝试，因为以前没有人费心管过他们。他们可能把所有的纠正当作是攻击，因为恶语相向或遗弃可能是家庭行为矫正的主要手段。他们可能是功能性文盲，认为在他们觉得愚蠢的事情上努力做好没有意义。

当然，这中间还有各种变化。周一和周日之间有很多时间。正如我提到的，这些都不是命运使然。人性有一点巧妙的复杂性，那就是人们经常不顾这些不利因素。有些孩子尽管面临着巨大的困难，但还是会成功；有些孩子尽管在早期生活中拥有最大的优势，但还是会苦苦挣扎。有些孩子将创伤转变成火箭燃料，而其他人可能会被同样的经历所摧毁。概率告诉我们，儿童的背景对他们成为什么样的人有着巨大的影响。不同的孩子和群组在这些品质上会有不同的表现，不同的地理和人口统计学数据、年龄组和社会阶层会构成这些因素的复杂彩虹。而在你的课堂上这一切都存在。

总结：孩子们都不一样。他们不同的背景意味着他们对什么是良好行为会有不同的看法。他们也会有不同的能力来执行他们在课堂上取得成功所需要的行为。

不是所有的学生都生而平等

然而，我们经常有一个假设，那就是你教室里的每个孩子都已经知道如何表现；他们已经做好了上课的准备；他们在某种程度上都是从同一起跑线开始的。这根本不真实。我们从未想过要如此轻率地认为孩子们在上法语、数学或短笛课时的能力都是一样的。我们会找出他们已经知道的和能够做到的事情，并在此基础上计划我们的教学。上了一门课，然后就假设孩子们都具备了举止得体所需的习惯和品质，这同样是愚蠢的。

简而言之，我们需要记住，一个班级是由个体组成的。你在教一群人，你在教有不同想法和能力的人如何行为得体。这一点既显而易见又令人沮丧，因为这意味着，如果开始与一个新的群体建立关系时，你假设"我可以直接开始教他们"，那么你可能会在某个时刻遭遇缓冲区。聪明的教师会意识到，为了让班上的每个学生都能成功，那么每个学生都需要被教导应该如何举止得体。

秘诀：所有的学生都需要被教导如何在学校里举止得体。有些学生需要比其他人多得多的教导。而你需要成为那个教的人。

行为和马太效应

这一简单的认识对教学有着强大而广泛的影响。这意味着，我们有些孩子根本没有做好学习的准备。这也意味着有些孩子从你见到他们的那一刻起就表现出色。如果你只是简单地"开始教他们"，那么那些在行为规范上有困难的孩子会一成不变，而那些认为行为规范轻而易举的孩子则会表现良好。这意味着劣势的差距将继续扩大。这就是所谓的马太效应："凡有的，还要加倍给他。"这也被称为累积优势法则，有时被概括为"富者愈富，穷者愈穷"。已经拥有优势（如财富、地位、身份、能力）的人比拥有较少优势的人更容易获得新优势。教师的工作是帮助学生抵制这种引力。

行为是一门课程

班主任的核心职责之一是有意识地、明确地教导儿童如何举止得体。这一工作应该像任何学术课程一样用心、努力。因为这也是一门课程：行为课程。学生既不会自动习得，也无法自学成才。绝大多数孩子都不是自修者，他们不会像佛祖那样，坐在菩提树下然后就破解了宇宙的奥秘。他们不会靠自身就创造出文明、自律、礼仪、决心和善良。这些往往需要有人刻意地以一种结构化和连续的方式来教授。这指的就是我们。

专业知识的诅咒

要意识到专业知识的诅咒是一名教师应该知道的最有用和最有变革性的心理学原则之一。"专业知识的诅咒"是一种被广泛观察到的认知偏见，即某一领域的专家倾向于高估他人在该领域的能力，因为他们认为每个人都拥有与自己相同的专业知识和背景知识。专家们常常认为对他们来说很容易的事情，对其他人来说也一定很容易。说明这种谬误的事实是，专家不再注意到其推理和能力是建立在数千小时的练习基础上的，包括最终成为自动化的和无意识的基本知识。例如，具有博士学位的数学家能立即回忆起乘法表和数字拆分组合，于是他就可能会忘记对于从未接触过这些的孩子们而言这些有多么困难。在某种程度上，即便是这些基础知识也是需要学习的。

教师是行为专家——而这就是问题所在

教师通常是大学毕业生，由于担任过地位较高的工作，他们会拥有一定的自我调节能力和社交技能。这就使得他们成为行为专家。在很多事情上，他们已经知道该如何做就可以使人们在机构的工作和学习得心应手。想一想专业知识的诅咒，我们常常会忘记，我们认为很容易的事情对有些学生而言是多么困难，比如坐好不乱动、轮流做事情、有礼貌地询问等等。如果不习惯做这些事情，那么这些事情就会显得很陌生、很困难。有多少学生认为大喊大叫没有什么不对，因为这一直是他们在家里的制胜之道？或者在论文写作或考试中你说"尽力而为"，有多少学生并不明白你是什么意思？如果从来没有人给他们展示过努力的样子和持续努力可以达到什么效果，你就是在要求他们想象他们从来没有经历过的东西。总之，我们很容易忘记，我们非常清楚他们该如何以需要的方式行事，而他们往往并不清楚。

我女儿五岁的时候，有一天她从学校回来，看上去闷闷不乐。我问她怎么了，她说："我们玩的任何游戏我朋友都不让我做选择。她说所有的游戏都必须由她做选择，因为我是个大傻瓜。""那么，"我说，"你对她说了什么？""什么也没有说。"她耸了耸肩。她为什么要说什么呢？她为什么要知道在这样一个不同寻常而又复杂的情况下该说什么？你最好的朋友不让你做选择，不愿意分享，还把事情搞得使你看起来是有错的那个人，她该说什么呢？很多成年人可能都很难知道该如何应对这种情况。

"好吧，"我告诉她，"下次她再这么说，你就告诉她这样不好，这不是好朋友该做的事，如果她不让你轮流选，你就不和她玩了。"我知道，这没什么新意。但她听从了我的建议，后来一次就用上了。而据我所知，一切都很顺利。作为成年人，我们忘记了，面对一个你从未处理过的情况，要知道该说什么是多么困难。对我们来说很容易的事情对孩子来说却很难。或者我们可以观察一下，当一个极度害羞的人把公共谈话、朗诵会、演讲搞得一团糟时，你在一旁看着，会想，"天哪，继续说吧，说什么都行。"或者，"不要盯着地面，要微笑着点点头，问问他们过得怎么样。"不过如果你习惯了公开演讲，这些做起来就不费吹灰之力。可如果你不习惯，那就真的是令人生畏了。

如果你以前处理过一千次这样的情况，你会发现下一次再处理起来会更容易。你已经有了一套可能的解决方案可以借鉴。因此，成年人在面对公开演讲或难以相处的同事时，可以找到现成的策略来应对。但是，一个孩子，一个学习行为管理的新手，可能会在心里挣扎半天以找到最容易获得的心理脚本，即使这些脚本并不是很有用。或者是一个新手教师，依靠简单化的解决方案来解决不当行为，却效果不佳，可又无法想出更好的方法。虽然我们可能是行为专家，但新教师在管理课堂方面却是新手。难怪我们会犯这么多的错误。

总结：

- 不是教室里的每个人都知道行为规范意味着什么。
- 不是每个人都知道你所说的行为规范是什么意思。
- 不是每个人都具有别人那样的行为习惯和技巧。

关键的秘诀是什么呢？在你的课堂上必须教会学生如何举止得体。这就意味着要像对待学术或正式课程的其他任何部分一样对待行为规范。

- 你必须计划好你想教他们什么。这意味着你自己要清楚地知道，在很多对你来说似乎很容易或很明显的不同情况下，你希望他们如何表现。

- 然后你必须教授这门课程。换句话说，需要有一个清晰的过程，通过这个过程，将"良好行为"的细节传递给学生。当然，这和其他任何形式的教学一样复杂。这意味着你所掌握的关于教授一门学科的一切技巧也必须应用到规范他们的行为中。这意味着：

  - 核实他们理解的基线

  - 提供与学生能力相适应的课程

  - 核实理解情况

  - 必要时重复说明指令

  - 必要的时候多次进行这样的工作。也可能永远如此……

- 你需要鼓励他们"复习"这些习得的知识，以使其成为内在的东西。通过各种方式将其作为一门可考试的科目。如果他们忘记了什么内容，要让他们参加复习课程。

我们将在第二篇中探讨这个纲要。现在，我们只需意识到这可能是管理行为中最重要的部分：教授行为。对于不习惯这种模式的教师来说，这感觉很奇怪，而且几乎是革命性的。但在世界各地的真实课堂上，非常成功的教师（和学校）就是这么做的，因为他们必须这么做，也因为孩子们需要我们这么做。

没有一种策略对所有学生都行之有效

你不能通过惩罚使学生听话。你也不能通过奖励使学生听话。你不能通过告诉、教导、欺骗或怂恿使所有学生养成更好的行为习惯。

不同的人有不同的行为动机。明智的教师会使用一系列的策略来帮助尽可能多的学生。

第四章

学生行为背后的动机

　　《为什么学生不喜欢上学？》是丹尼尔·T. 威林厄姆教授写的一本引人深思的书，所有教师都应该阅读一下此书。书中提出了一个最贴切的问题：为什么学生应该喜欢学校？我们就是这样，要求他们做这么多事情，但实际上，他们为什么要做这些事情呢？为什么不直接叫我们滚？威林厄姆从认知心理学和学习心智的架构中找到了他书名中问题的答案，特别是在我们和努力思考之间的自然障碍中找到答案。一旦我们认识到这些障碍并将变通之道纳入到我们的教学方式中，我们就会给学生——以及我们自己——获得成功的一线生机。

　　了解学生的动机对教师来说至关重要。我们不能指望他们立即按照要求去做。我们不具备精神控制能力。几乎所有的行为管理最终都是劝说。学生有这样的还是那样的行为，取决于他们觉得自己有多大的动机去做。动机是内部因素（如价值观、目标、感觉、习惯、品味、个性等）和外部因素（如奖励、处分、环境等）的复杂组合。你可以通过威胁或严格的方式来激励，但是这一切很可能唯一能保证的是在你转身的那一刻学生就会造反。

　　最重要的是，我们不应该产生屈服于单一原因的谬误。这意味着假设学生的行为有一个明显的原因，或一个明显的解决方案，这相当于教师只拥有一把锤子，所以就假设一切都必须是钉子。我们很容易就认为所有的不当行为都源于一件简单的事情，尤其是当我们对这件简单的事情有强烈的感情时。有很多人认为，学生游手好闲只是因为他们是职业无政府主义者；还有一些人认为，这都源于他们的悲惨背景；还有一些人将不良行为归咎于天气、考试或设置处分的举动。卢梭声称是社会的腐化影响使孩子从天真无邪堕落为邪恶世故。弗莱雷认为，是传统教育本身造成了腐败和压迫。

这些都没有为我们提供一个单一的、普遍有用的视角，通过它来考虑不当行为的原因，或者更准确地说，"行为"的原因。

行为的一个重要动机是某人从从事一项活动中获得多少满足感。我所说的"满足"并不仅仅是指"快乐"，尽管它也可以是这个意思。这里的重要含义是"他们看到了其中的价值了吗？这是否给了他们想要的东西？"。在这种情况下，"东西"可以意味着"意义、地位、同伴的尊重、自尊"，以及许多其他类似的好处。这些都是我们在生活中真正寻求的东西。这些都是对我们很重要并激励我们的东西。但是动机可以有多种形式。有些人的动机是我们不希望他们从中获取动机的东西（例如，以残忍、毒品、羞辱他人为乐等）。

学校可以提供许多积极的东西，让学生可以获取动力。但是很明显，学校也可以提供一些毫无疑问会让学生失去动力的刺激，以及他们并不想要的东西。

学生为什么会行为不端

如果你问教师们这个问题，你会反复得到同样合理的答案：无聊、缺乏理解、同伴压力、家庭问题、疲劳、心理健康问题等。这些都是明智而恰当的回答。但是这些答案也将问题定位在了那个孩子的具体环境中。不是每个人都有心理健康问题，不是每个人都对考试感到焦虑，不是每个人都感到无聊，等等。了解这些问题很重要，但对任何教师来说都是非常困难的，每次都需要超人的直觉、同理心、洞察力和训练。

如果我们把问题转个90度来问（以威林厄姆的方式），为什么人们在学校应该表现良好？为什么他们应该以表现良好为乐呢？

学生在学校行为不端的十个原因

1. 我们要求他们做他们可能不愿意做的事。在一个阳光明媚的星期五上午，哪个普通的孩子会喜欢做三角函数题或一动不动地坐在豆袋沙发上等待注册？这是我们必须要跨越的第一道行为障碍。我们要求他们做的是他们可能不会选择做的事情。而我们必须这样做。如果我们只对有意愿的学生敞开大门，那么一年中有200天，我们就会在几乎空无一人的教室里教学。

2. 我们要求他们思考。这是威林厄姆关于学习而不是行为的主要观点之一，但它在这里也适用。思考是困难的。被动地让经验和感觉在我们脑中一闪而过、不留痕迹是比较容易的。让音乐在背景中播放是很容易的。我们很难考虑这背景音乐意味着什么，以及它可能会带来什么。我们很难把音乐停下来仔细听一听，然后问自己，那是什么乐器？为什么是这样呢？这意味着什么？我是谁？

3. 我们评判他们。学生们每天都要面对教职员工、同龄人、朋友或陌生人对其性格、判断力、知识和技能的评估。如果一个学生担心自己在某些方面看起来愚蠢或不足，我们自然就会认为他们可能无法愉快地看待学校的一天。即使是有能力的学生，如果他们的焦虑更多的是因为对失败的恐惧，而不是向往成功的喜悦，他们也会因为不喜欢被评判而感到不舒服。

但我们必须评判他们。不去评判大概是不可能的。评价是了解他们做得如何的基本手段。但许多人觉得成为评价的对象感觉很不爽。社交焦虑症往往在青春期左右出现，但即使不看病理，在被他人审视时感到尴尬和焦虑也是一种非常普遍的感觉。而在学校，这可以成为一项奥林匹克运动。一些学生处理社交焦虑的方法之一是回避（做一些会使"威胁"变得无害的事情，如为逃避考试而做出不当行为）或采取逃避策略（例如，当被要求阅读一篇艰涩的文章时，离开教室）。

4. 我们要求他们集中注意力。在你的思绪游离之前，你能专注于令你着迷的事物多久呢？你可能会在短时间内沉迷在一本奇妙的书、电影或歌曲中，但即便如此，我们的专注力也会在几个小时内减弱。记住专业知识的诅咒。一个孩子的注意力能集中多长时间？如果是在他们不感兴趣的事情上呢？如果是在他们不擅长的事情上呢？这有时被称为注意力集中，而我们也都知道，儿童在这方面不如成人。让孩子，尤其是年幼的孩子，集中注意力是一项艰巨的工作。不费吹灰之力就能选择要关注的事物，这并不容易，也非自然而然。

专注力可能是天资、气质、对目标的兴趣和累积的习惯的结合。有些人的专注力天生就比别人强，有些人则是通过学习来管理自己的注意力。儿童的注意力——尤其是非常年幼的儿童——是"发散的"。他们试图关注一切。而作为成年人，我们通常只注意到大约百分之一的环境信息，因为我们能够更好地确定显著性。当然，有些东西比其他东西更吸引人，但这是极其主观的。你不能保证你说的每句话都扣人心弦。事实上，你可以保证它不会。帮助学生在这些条件下管理注意力是教师在学生身上培养的一项关键技能。

　　培养注意力是一种需要时间的条件反射。如今，孩子们的阅读量比以往任何时候都要少，也许这要归咎于互联网，但关键是他们还是会花较少的时间去阅读较短的文章。就像任何习惯一样，注意力可以累积，也可以丧失，不管是哪一个方向上，它都会因投入或多或少的练习而得以强化。在大学里，我每周至少要读一本长篇小说，外加几首诗歌和一些章节。起初这做起来很难，直到它成为一种习惯。后来我在服务行业工作了十多年，丢掉了这个习惯。然后我有了孩子。接着我买了一部智能手机。现在，我需要付出相当大的努力才能一次阅读超过800字。习惯既可以养成，也可以改掉。习惯只有在保持的情况下才能持续。如果我不再去健身房，而是开始将肯德基当早餐，我就会变胖。

　　这并不意味着不应该期望学生表现出专注。我们可以帮助他们将专注力加以发展。我们应该理解，这对一些孩子来说很难。我们仍然应该期待它发生（事实上，如果没有这种期待，他们就不会那么容易提高），他们需要帮助。创造各种环境，让学生练习集中注意力，哪怕只是安静地阅读五分钟，也要日复一日地加以积累。（当然，这是以学生能够流利地阅读为前提的——如果他们属于据估计那百分之二十没有掌握解码的儿童，那么仅仅这样做是没有帮助的。学生需要明白他们所关注的是什么。）

　　5. 让人分心的事物很多。 当然，无论我们如何计划，教室里总有很多东西会让学生觉得更有趣。许多人声称人类天生具有好奇心。人类可能是这样，但这并不意味着他们会自动对三角学着迷。好奇心并不是平均地分布在我们看到的一切事物上。这也许可以解释为什么孩子们很容易被彼此分散注意力。人对人是很有吸引力的。

认为我们可以简单地"让"一切都变得迷人，这只是一个笑话。在这种错误的信念支撑下，是无尽的、晦涩难懂的课程，我们试图通过说唱来教授莎士比亚，好像每个孩子都喜欢说唱，而不是其他任何音乐风格，或者拼命地把学习内容融入到一些精心设计的游戏当中，而孩子们记住的只是游戏，而不是内容。

有些事情可以变得或多或少更有吸引力，但最终，学习必须以一种并非总是让所有学生都喜欢的方式来获得。学习和行为得体往往是艰苦的工作。对于一些孩子来说，教室里的黄蜂，或者令人恼火的智能手机，将为他们提供充足的机会，让他们把宝贵的注意力从都铎王朝转移到其他更有趣的事物上。

6. 学校的存在是为了教授生物意义上的次要技能。生物意义上的次要技能是进化使我们觉得不容易学习或没有动力去学习的东西。目前的想法是，我们可能已经进化到比其他物种更本能地学习一些东西。观察一个婴儿，很明显，他们正在学习这个世界，尽管经常是通过各种活动，看起来不太像后来的儿童期进行的那种学习。

但是，每一次跌倒，每一个打碎的拨浪鼓，或是每一次父母的微笑或皱眉，都是一次了解重力、因果关系、疼痛、社交互动等的学习过程。无须刻意指导儿童就能获得这些知识（在没有任何神经系统问题的情况下）。他们在没有教室的情况下就能轻松习得口头语言，而我们能做的最多的是提供可以发生这种情况的培养环境——丰富的词汇互动等。他们还学会了人类互动的基本知识，如何获得关注，如何让我们发笑。吉尔里称之为民间知识。但是，我们希望他们在学校学到的大部分知识是我们可以称之为命题性知识（如"巴黎是法国的首都"）或程序性知识（如如何做长除法）的内容。这就更难教了。我们的大脑还没有进化到可以轻松学习这些东西，因为像数学和书面语言之类的东西只存在了几千年——在进化的时间尺度上只是一次心跳的时间而已。这需要高度的专注和集中，而我们的认知器官并不容易做到这一点。我们的动机偏差导致我们的注意力从加法和动词后缀转移到教室外发生的事情，以及我们附近的小伙伴在窃窃私语什么。

　　我要指出的是，课堂管理在这种模式中也是一种次要知识。它并不会因为你把教师们安排在具有挑战性的课堂上就自然而然地产生了。它本身就需要高超的教学技巧。

　　7. 他们没有成功。 想一想，在一项你不喜欢的任务上，或者更糟，一项你完全厌恶的任务上，你会坚持多久。作为一个成年人，你可能会坚持，因为你可能有一定的责任感去完成这个任务，或者你可能会把任务视为达到更理想目标的一种手段。但是我们所有人，无论多么投入，都会自然而然地不太想做一些让我们感觉糟糕的事情。而在一个主题上束手无策具有一种强大的遏制力。我说的"糟糕"是指"通常不成功"。所以，假如学生觉得某件事情很难，没有成功，如果他们最终放弃了，或者找其他事情做，我们不应该大惊小怪。这是一个理性的决定。因此，为孩子们提供通过学习和良好行为获得成功的经验就至关重要了。

　　8. 他们认为他们不应该喜欢学校，对此无人反对。 许多学生来上学时并不对学校抱有美好的期待或饱含什么柔情蜜意，甚至态度也不是特别积极。他们所出身的家庭可能会认为，在他们达到就业年龄之前，上学就是一种必要之恶，一种国家的压迫行为，或者是在毫无意义地浪费时间。有些人很容易就相信学校的课程与现实世界毫无关联，我们在学校学到的大多数东西，我们永远不会直接加以应用。所以，为什么要在乎它呢？

在有些学生所处的环境中，政府机构不被信任，或者权威人士被视为对手。这种想法有时甚至是误入歧途的父母故意教给孩子的，而这些父母本身是结构化的机构教育的受益者，却认为他们教孩子抗拒学校是在帮助孩子。把这种心态带进学校——让他们继续相信这种观点——看看这对他们行为的影响。

9. 比起行为得体，行为不端让他们更开心。这实在令人惊奇——有些人听到这句话会觉得有争议——很多我们称之为不当行为的事情大多只是在胡闹。而胡闹往往是为了好玩儿。对许多孩子来说，三角学、废除《谷物法》或恺撒大帝等知识的学习都不是他们眼中的快乐时光。孩子对美好时光的理解可能更明显地是类似于愉快的过去时光：逗朋友笑，闲聊，涂鸦，闲逛，放松，等等。而且别忘了，在课堂作业上的尝试和失败会让他们不管是在别人眼中还是自己眼中都很愚蠢。所以对许多人来说，解决办法很简单：不要尝试。

不可否认，在追求纯粹知识的过程中，会存在无形的财富，但这些财富往往是像核桃一样需要用力敲开才能得到的快乐，而不是像棉花糖那样可以轻松地吞下。即使是一些人认为本质上"更有趣"的科目，如体育、戏剧、绘画等，对某些学生来说，也是无聊或痛苦的考验。不管是什么科目，行为不端往往更有趣。

至关重要的是，学生们需要知道，如果他们在课堂上冒险尝试一下，他们不会受到教师或同龄人的社会性惩罚。他们需要感觉到，无论他们做得好与否，努力都会得到回报，而不是被污名化。教师可以帮助他们建立信心，为成绩较差的学生取得小的里程碑式的进步而祝贺他们，对于他们可能觉得困难的事情要耐心地一遍又一遍地解释。教师还需要向全班同学清楚地传达，努力是一件好事，并积极地打破反智或反努力的课堂文化。

渐渐地，他们就可以被教会能够在要求他们做的工作中取得成功，并开始感受到做好某件事带来的乐趣。但前提是教师要确保他们不会在完全不努力中找到更多的乐趣。

10. 他们有更大的问题。学生来自各种环境。一些人面临着虐待、创伤、精神问题、物质匮乏、饥饿和我们能想象到的各种悲伤。面对这样的事情，在优先级方面，数字的分解组合和自然拼读法可能就得退居幕后了。

所有这些问题都会出现在你的课堂上。对于教师来说，重要的是要了解这些问题是否会影响到自己的学生。这些问题很复杂，通常需要独一无二的专业策略和支持。不能指望课堂上的教师来帮助学生解决这些问题——但愿他们可以。孩子们生活上那一针一针的缝线不是那么容易拆散的。但是，教师可以成为这个过程的一部分，在这个过程中，这些孩子可以被引导到能够帮助他们的人和环境中——专家、校内专家、外部机构等等。

一旦我们把所有这些因素都考虑进去，也许我们应该问的问题就是："究竟为什么学生要在学校表现良好？""因为我们希望他们这样做"并不是一个足够充分的理由。这也不是"因为这对他们有好处"。如果这个理由够充分，就不会有人吸烟，每个人都会有一个理想的体重指数，战争就不会发生，每个人都会在18岁时开启养老金计划。但是我们没有这么做。我们的行为只是部分理性。

总结：不要认为所有的学生都能守规矩。要假设很多人不能。

这又回到了我们之前的观点：复杂的行为必须是习得的，这意味着如果孩子们有机会习得它，它就必须被教。教师们必须教授进化未能提供的东西：传统、惯例和成为学校里成功的学生和个人的应有的行为。

这些都是理由，不是借口。这十个理由没有一个是学生行为不端的借口。事实上，把它们都当作借口的危险在于，它们就是借口，这意味着学生不再有任何责任了。如果我们那样对待他们，那么我们就无意中教会了孩子这样的行为是可以的，就因为他们很无聊，因为他们很生气，因为他们控制不住自己。这和我们想要的完全相反。我们想教会他们为自己的行为负责，并试着做得好上加好。

但这些原因确实为我们提供了宝贵的见解，让我们明白为什么孩子们会固执地抗拒我们要求他们做的事情，以及为什么我们应该明白学校不是一个轻易或自然而然就能融入的环境。他们可以改变，他们可以做得更好，但他们需要我们的帮助。

我们如何激励孩子们表现良好并投入学习

我们需要仔细定义"动机"。在教学中和一些演讲中，动机有时被用作激励、热情或驱使一个人行动的兴奋感的代名词。这当然可以。在这里，我的意思是，"是什么冲动导致一个学生这样做，而不是那样做？"这些都是行动的原因和理由。是什么促使学生在课堂上表现良好？在什么的影响或刺激下，他们决定是听你讲课还是听他们的耳机，或者决定要不要尽他们最大的努力？

我们的很多决策，如果不是非理性的，那么就是次理性的——也就是说，它既是由情感原因产生的，也是由实际原因产生的。行为常常由我们的价值观决定。套用休谟的话，"理性是且应当是激情的奴隶"。他的意思是说，仅凭理性无法决定价值。我们的激情决定了这一点，然后我们用理性明智而有效地达成这些激情的目标。为一个陌生人牺牲自己的生命是不理性的，但我们可能会因为这对我们有意义而这样做。许多行为是价值驱动的，而不是理性驱动的。

对孩子重要的东西对我们也同样重要

出于这个原因，对教师来说，了解学生普遍重视的东西，以及那些能激励人们，特别是他们自己的学生的东西，是很重要的。

好消息是，我们可以利用这些价值观。更妙的是，我们可以帮助塑造他们的价值观，使之成为助力我们的学生成为优秀学习者和优秀人类的价值观。我们不只是教他们如何行为得体。我们也教他们珍视这些行为。

所以我们开始大致了解下，如果我们要激励学生表现良好，我们需要什么样的策略：

1. 帮助他们在学校取得（或感觉）成功。

2. 教他们如何专注和努力。

3. 告诉他们学校是一个重要的地方，在那里他们可以感受到自己被重视、被关注。

4. 更为关键的是，帮助他们发现如何通过得体的行为找到满足感。

虽然还是很模糊，但这是一个开始。

美国心理学会也指出了学生动机的几个关键原则：

1. 如果学生有更多的内在动机（由兴趣、目标等内在因素所驱动），而不是外在动机（由他们的环境，包括我们，所刺激和推动），学生往往会喜欢学习，并且会学习得更好。这并不意味着外在动机不好；在不同的时期两者都是需要的。教好一门学科会为学生带来成功的乐趣，并让他们能发现学习更多关于该学科的知识是令人愉快和充实的。为了达到这个目标，我们可能需要一系列的外在激励因素，比如处分、奖励、劝说和唠叨。后文会有更多这方面的内容。

2. 教师对学生的期望会影响学生的学习机会、学习动机和学习结果。换句话说，如果教师的期望是以学生能够掌握的方式传达的，那么学生的表现通常就是按照教师的期望来进行的。不管标准多高或多低，都是教师定的。这就传递给教师们一个信息：设定高标准的期望，绝对清楚地表明你相信他们能够成功，并且你希望他们能够成功。而同时，也要通过教授学生成功所需的行为来帮助他们达到这些标准。

3. 与长期的、具有高度挑战性的目标相比，设定短期的、具有适度挑战性的目标更能激励学生。学生们需要的是一项他们能够掌握及理解的任务，这个任务既具有挑战性，但也是可以实现的。

课堂上的自由、自在和解放

"我们可以随心所欲，但是我们能随心所悦吗？"这句话常被认为出自伯特兰·罗素之口。这说法显然是错误的，尽管他说了类似的话。这句话对一阶和二阶的欲望进行了区分。这个观点（法兰克福也将其描述为一阶和高阶意志）将一阶欲望定义为对任何事物的欲望——抽烟、喝酒、走路、大笑。但二阶欲望/高阶意志是我们对一阶欲望的欲望，例如，我们对想抽烟的感觉如何。我需要想抽烟吗？

既想要抽烟又不愿意想要抽烟，这是完全合乎逻辑的，也是可能的。事实上，我们可以说，成熟和成年的标志之一在于有能力通过关注我们的二阶欲望（我想保持健康，我不想被逮捕）来克服我们的一阶欲望（吃蛋糕，打那个找碴儿的人）等。另一种看待这个模型的方式是把我们的动机看作是大量相互竞争的欲望（吃蛋糕、去健身房、尝尝新的甜甜圈）和一个更大的自我，我们可以称之为执行功能。这是一组认知过程，通过关注我们的规划目标和更广泛的目标来控制我们的行为。它们包括推理、辨别、解决问题、注意力控制、工作记忆、抑制控制等等。这类似于我们所谓的自我调节，或自我控制。我能控制自己的欲望吗？或者我对抵制诱惑和冲动无能为力吗？我是谁，我究竟想从生活中得到什么呢？

帮助孩子们行为得体是最伟大的解放行为之一。如果我们允许孩子们随心所欲，就等于让他们陷入无休止的怪想和欲望之中。有些孩子可能具备优秀的自制力，但许多孩子无法辨别什么是他们当下想要的东西，什么是符合他们最佳利益的东西。除非我们规定他们能做什么和不能做什么，否则我们就不是让他们获得自由，而是让他们陷于奴役之中——被自己的欲望所奴役。我们认为谁更享有真正的自由呢？是被允许做任何事情，放纵每一个欲望，无论是多么自私或行为恶劣的孩子？还是自由选择不放纵自己的欲望，延迟满足，并达到一些更大的目标，如学习一门语言，或通过一场考试的孩子？

如果你真的想让孩子享有自由，就教他们如何控制自己。自我调节（抑制控制能力）经常被认为是许多领域中成功的关键因素之一。如果没有奉献、持续的努力、抵制诱惑并放弃的能力，我们所看重的事情很少能够得以实现。

教授这一点可并不容易。这不是一堂课，不是一份讲义，也不是一场网络研讨会，尽管有很多人很乐意接受你的信用卡信息，他们想说服你，这是一种他们可以提供的商品。自我控制能力似乎与肌肉有一些共同的特征：过度使用会消耗它，使它精疲力竭，但在较长的时间内反复使用会使它更强壮。例如，如果你一直处于抵制诱惑的压力之下，你最终可能会屈服。但是你越是坚持，你就越能做到这一点。

总结：我们不是把学生从课堂中解放出来，而是用课堂解放学生。我们教他们如何掌握自己的欲望，了解自己需要的东西和想要的东西之间的区别，从而教会他们如何享有自由。

我们到底为什么要行为得体

人类的行为是如此复杂，我们可能会看到两个人的行为完全不同，但都是出于相同的推理和目标。两姐妹可能都想出名，但一个追求的是冶金学，另一个则是为《纽约时报》写专栏。或者我们可能会看到两个人的行为完全相同，但受到完全不同的原因的启发，就像两个人因不同的笑话而大笑。其中所涉及的因素如此千差万别，故而我们甚至很难理解为什么我们会有某种行为，更不用说辨别别人的动机了。

学生们显然也不例外。一个学生可能今天表现得很好，但由于一些最让人摸不着头脑的原因，明天就又表现不那么好了。微小的原因就会对我们的思想产生不可预知的影响。例如，一名安静的学生可能会因为外面下雪、和朋友在课间休息时打架，抑或其他一百个同样难以理解、独一无二的原因而不安和争吵，甚或是因为一块没煮熟的土豆。

确定性被高估了，概率更有用

但我们决不能放弃希望。人类是复杂的，但并非无限复杂。对于在大多数情况下有多少人会做出典型的行为，我们可以谨慎地加以判断。我们甚至可以试探一下，在不寻常的情况下人们会做出何种行为，这当然是不太肯定的。这是心智理论——我们可以通过观察他人的行为和我们自己的内在精神状态来想象、预测和推断他人的精神状态。

所有的学生都是人。而人类的行为和心理是在有限的概率范围内存在的。至少在某些时候，我们可以说出大多数人的一些事情，而大多数时候可以说出一些人的一些事情，某些时候可以说出一些人的一些事情。我们想讨论的人的数量越多，我们寻求的精确度越高，那么我们就必须更加谨慎地进行预测。人就像天气。我们知道夏天通常会比冬天热。我们知道暖锋和低气压通常会在降雨和雷暴之前出现，但是即便是卫星也不能确定地告诉我们未来几天后的具体情况。

我们可以对人类行为做出合理确定的总体预测，也可以做出不太确定的具体预测。如果我们把这些注意事项牢记在心，我们就可以开始理智地谈论人类在课堂上的行为。我们不应该为那些提供普遍预测、确定性或灵丹妙药的万金油推销员浪费时间。万物皆在某个地方行得通，但没有什么东西能在任何地方都行得通。具有明智的人类智慧的学生只寻求谨慎而偶然的真理。课堂上的教师必须尽可能以我们所掌握的关于人类通常的互动和反应方式的最佳证据为指导。

人类的动机是极其复杂的，我们或许有理由对能够准确理解学生行为方式的原因感到绝望。事实上，我们常常只是部分地、并不完全地理解自己的动机。别人的内心生活往往是加倍神秘和不可思议的。但教师的作用是创造可能性的艺术，而非完美的艺术。即使我们对人们的行为和反应的原因并不完全理解，管理行为也落在了我们的责任范围内。此外，如果我们只在确定了他人的反应和动机后才与他们互动，我们就会无所作为。我们必须行动起来，对学生加以指导。所以，以下这些问题依然存在：

1. 对学生行为影响最大的是什么？

2. 我们能对哪些学生产生有意义的影响？

3. 哪些学生是我们应该优先考虑的？

我们想要什么

1943年，亚伯拉罕·马斯洛在《心理学评论》上发表了《人类动机理论》（*A Theory of Human Motivation*）。凡是在教育领域花过十秒钟时间的人都不会对由此衍生出的三角模型感到陌生，因为它无所不在。马斯洛试图描述我们内心深处想要的东西。我们在生活中所追求的是什么？也许是财富、名誉、伙伴等等。然而我们为什么想要这些东西呢？那些不想要这些东西的人呢？这些到底是怎么回事？也许我们只是想要完全不同的东西。

他提出了几个类别，比如生理需求、安全需求、社交需求和自我实现。他从来没有想过这些是不可更改的，并且拒绝了将这些类别作为一个等级结构固定不变的建议。它们不是固定的科学，我们不应该认为它们是固定不变的。但它们确实为我们提供了一个有用的隐喻，来描述我们都拥有的各种广泛的需求和欲望。因为了解我们都想要什么，是了解如何激励人们，包括学生的一个非常有用的方法。

我会活下去

> 在隆冬，我终于知道，我身上有一个不可战胜的夏天。这让我很开心。因为它告诉我们，无论世界如何打击我，在我的内心深处，总有一种更强大、更美好的东西在进行着回击。
>
> 阿尔贝·加缪《重返蒂巴萨》（1954年）

我们最要紧的目标之一是生存：获得空气、热源、居所等等。毫无疑问，这是我们几乎所有人的核心愿望。为了获取它们，人们会做很多事情。人会徒手拆掉墙壁以求生。狐狸会咬掉爪子以逃脱陷阱。绝望的父母可能会用歇斯底里的力量举起汽车以拯救自己的孩子。生命自有出路。在教室里，我们很少看到学生喘不过气来，但我们确实看到他们又饿又渴，因遭到家庭的忽视而倍感困扰。有一次，我的一个同事在教工休息室抓到一个12岁的学生在翻冰箱。由于发现是父母的疏忽导致这个学生好几天没吃东西，他马上打消了惩罚这名学生的念头。这样的故事影响着我们的事业，困扰着我们。

另一个强大的目标是安全；我们寻求的不仅仅是生存，而是在安全的环境中生存。在这样的环境中，我们可以计划未来、放松身心，因为我们知道世界将是稳定的、安全的。政治哲学家托马斯·霍布斯（Thomas Hobbes）将其对文明的有力辩护植根于人类经验的这一特征中。正如我们前面所看到的，他注意到，在没有法律的情况下（自然状态），人类的生命是"肮脏的、残酷的、野蛮的和短暂的"。为了逃离这样的人间地狱，我们组成了群体，并同意通过法律、常规和规则相互约束。我们放弃了一些自由以求安全，这反过来又让我们在更大的方面获得了自由。

此外，我们都有强烈的社会需求。在我们的生命没有受到直接威胁的情况下，大量的人类日常行为都受这些需求驱动——被爱的需要；被同龄群体认可的需要；被重视的需要。稍后会有更多这方面的内容。

最后，还有很多是受自我实现这一需求的驱动：实现一个人的雄心壮志，不仅仅是为了生存，而是为了茁壮成长，成为我们所能成为的最好的自己。

生命中最好的是什么

什么是茁壮成长？亚里士多德认为茁壮成长是一个持续不断的过程，即无论一个人身处何种空间，你都可以在自己的角色中成为最好的自己——

母亲、儿子、律师、公民、园丁、教师、学生。亚里士多德认为我们的身份与这些角色有着内在的联系。如果有人问："汤姆·班尼特是谁？"（打个比方）通常我们的回答会是"本和加比的父亲，安东尼的兄弟，安娜的丈夫，英国教育部的行为顾问"，诸如此类。我们的身份概念在很大程度上基于我们与他人的关系。

一旦我们弄清楚了我们的角色是什么，亚里士多德认为，为了成为一个"好"人，我们必须尽我们所能地"擅长这些角色"。在亚里士多德的伦理学中，如果不考虑行为的执行者是谁及他们的角色是什么，就说一个行为是好是坏是没有意义的。因此，"做正确的事"对不同的人来说可能就意味着不同的事情，这取决于他们的角色是什么。对于一个消防员而言，消除火灾可能义不容辞，而一个医生准备好氧气和药品随时待命可能就是在尽自己的职责。而当他们在自己的角色中竭尽所能做到最好时，他们就都会取得长足发展。

这就要求优秀的人努力工作，建立起在其角色中取得长足发展所需的素质。因此，当教师在教学法、学科知识、课堂管理能力等方面付诸努力时，他们就会取得长足发展。茁壮成长绝对不是感官上的幸福。亚里士多德认为，生命的意义不在于获取"感受快乐"这种意义上的幸福，而在于体验持续的成长，这可能常常伴随着暂时的不愉快的经历。运动员可能不喜欢惩罚性的锻炼；教师可能厌倦了学习；父亲可能不喜欢一晚上爬起来五次去安抚小婴儿。然而这些行为与他们的长足发展有着内在的联系。这些经历是有价值的，即使它们并不令人愉快。

示例：

　　　学生的角色是学习，努力与同学相处，为课堂生活做贡献。

为了在这方面有所发展（做得好），他们必须努力培养专注、善良、耐心、毅力、坚韧以及诸多其他品质。在一节课上，这可能就意味着他们需要做课堂阅读，或者进行展示和讲述，快速就座，安静地开始学习，不懂的时候问问题，等着轮到自己被点到，尽最大努力完成任务，当自己的同桌不懂的时候给予帮助。这其中可能有许多方面令人不快，其中有一些工作还会非常艰苦，甚至是无聊透顶。但是到这一天结束的时候，这个学生可能学到了更多，成为了一个好学生。教师的作用就是引导学生完成这一过程，帮助学生欣赏他们所取得的成就。这就涉及教师在自己的角色中长足发展所需要的另一组品质。

活出你的最佳人生

清楚地了解我们要通过教育所要达到的目标颇有助益，如此才能在艰难困苦之时保持我们所需要的道德使命感，从而得以坚持不懈——而在教学中，困难往往就是这样。教学会考验你，它很快就会变成一种挑战，尤其是在你忽视了它的重要性的时候。

总结：教学的目的不仅仅是保证学生的安全，还要支持他们在学术和社交方面的长足发展。

这显然是小菜一碟。

我们不追求学生的幸福——不直接追求。相反，我们的目标是丰富他们的生活、思想和能力，如此，在我们不再是他们生活的一部分很久之后，他们仍能沿着我们的方向独立地茁壮成长。认为我们的目标是让学生幸福，会把我们带到一些意想不到而且毫无助益的道路上。我们很快就会发现，幸福可以通过许多方式来实现，而这些方式对学生的学业或社交发展并无助力。许多教师便试图取悦学生，让学生们开心，以期学生们能面带微笑，结果都搬起石头砸了自己的脚。然而寻找目标和意义也令人愉悦——或许这份愉悦能更持久。

虽然我们总是希望学生们在学校的时光是愉快的（一些学习内容少、有趣味性的活动可以看作是培养努力和专注的一种方式），但学习不会——也不可能——总是一种不折不扣的快乐。纯粹以快乐为目的而进行的活动如果成为常态，就会变成浪费时间。对学生来说，偶尔有一些趣味性大于教育性的活动和课程是件好事，但如果这成为常态，唯一受影响的是学生——而且是最弱势的群体，也是最受影响的群体。让孩子们做他们喜欢做的事轻而易举。但我们是来给他们提供他们需要的东西，而不是他们一直想要的东西。

具有讽刺意味的是，当我们给予他们所需要的东西时，我们就帮助他们释放和发展了能够带来更大幸福的能力。教孩子阅读意味着孩子开启了想象、思考的世界和星系，打开了人类共有的认知宝藏，铺展了历史叙事的锦缎。阅读推开了通往事业、研究、交流的大门，通往无数看不到或想象不到的好处。一个孩子更伟大的美好并不总是在当下被发现，而是在无数个时刻中作为一个整体被看到，这些时刻无形地连接在一起，以建立一个更美好的未来。

帮助孩子们在学校生活中养成良好的习惯和行为举止，是实现我们每一个教学目标的最佳途径。我们这样做的时候，我们就迎来了下一个马丁·路德·金、玛丽·居里和玛蒂娜·纳芙拉蒂洛娃。

这在课堂上有何帮助

对激励我们的因素保持敏感，可以有效地提醒我们，人们和学生发自肺腑地真正想要的是什么。知道了这一点，我们就能够深刻地理解如何激励他们，并引导他们的行为。如果我们能够说服学生，把他们的努力引向我们规定的任务，使他们遵守课堂上的价值观和习惯要求，他们将在这些行为中体会到我们都在寻求的生活中最基本的美好，那么我们就掌握了世界上最大的鞭策力，来促使他们努力去做我们需要他们做的事情。

以生存为例。显而易见，学生们有强烈的动机去获取维持生物生命的物质资源。除了在最绝望的情况下，几乎每个人都会在这件事情上投入巨大的精力。我们许多最鼓舞人心的故事都是关于人们身处极端逆境中挣扎着活下来的非凡故事。

生物把文化当早餐吃

人们往往能够在意志力方面有非凡的壮举。我们听说过许多人忍饥挨饿或含辛茹苦，以达到一些更远大的目标。但这并不能否定剥夺和缺乏是许多学生强大的行为驱动力。饥饿损害了他们的学习和行为能力。没有人会诧异于这样的认知：我们不仅是辉煌灿烂、近乎神奇的生物，怀揣梦想，野心勃勃，我们还是由棍棒、压力和其他威胁性事物支撑起来的装满了化学物质的湿口袋。人这台机器要想平稳运行，就必须供给它食物、水，还要保暖。饥饿的肉体是无法集中精力的。有句话说："文化把战略当早餐吃"，但在这之前还有一个更原始的原则：生物把文化当早餐吃。

这对教师来说有什么实际意义？学校和教师需要或单独或集体地解决以下这些因素。

- 研究表明，在高中普及免费早餐，不仅可以提高学习效率，还可以减少打架和逃学等行为事件，并提升幸福感，提高考试成绩。

学校应该关注那些营养不良的学生，如果有必要（在资源允许的情况下），要弥补这一不足。这可能意味着早餐俱乐部和低成本、有营养的校园餐，以及免费提供的饮用水，等等。食物应以营养和健康为主要目标，避免空热量或饱腹但价值低的食物。对于一些学生来说，这可能是他们一天中唯一一顿丰盛大餐，所以必须要重视。

营养不良的形式多种多样。许多学生的肚子里可能塞满了垃圾食品，几乎没有什么营养价值。高咖啡因的饮料应该加以禁止。教师可以在这个支持系统中充当步兵，但任何教师都不应该亲自为学生补充饮食，如果怀疑有营养不良，应该争取部门负责人来讨论解决方案，例如与家庭合作等。

- 教室应该通风良好。二氧化碳饱和的教室会加剧疲劳，降低学生专注和集中注意力的能力，并对学生最宝贵的资源——注意力——产生不必要的消耗。哈佛大学2016年的一项研究发现，当二氧化碳浓度升高至950ppm时，认知功能的分数出现"统计学上的明显下降"，这是"室内空间中的常见现象"。所以要打开一扇窗，吹进一阵微风。

- 鼓励学生改善睡眠卫生。睡眠是学生（和教职员工）健康中最被忽视的领域之一。睡眠是我们最基本的生理需求之一，但常常被视为一种奢侈品。其实不然，睡眠是必不可少的。我们的大脑会进入一种几乎是超自然的状态，在待命、强烈的幻想和冥想之间切换，这应该是我们持续的惊叹之源；而与此相反，我们却把睡眠当成了一种麻烦事，一种零食，一种款待。

我们现在对睡眠利于身体和精神的多重过程有了一些了解。它是一剂提神的良药，是一段治愈的时光，是我们认知操作系统的更新，以及其他一百种东西。睡眠不足会导致几十种已知的健康问题和精神问题，或增加其发生的可能性。癌症发病率、心脏病、精神分裂症、阿尔茨海默病和许多其他危险都与缺乏睡眠有很大关系。

更为日常的情况下，而且与我们此处的目标更相关的是，睡眠对与课堂成功相关的多个因素有巨大的影响：专注力、记忆力、注意力跨度、烦躁、耐心、认知负荷等等。同一个人，疲惫的时候比获得休息时更容易犯错，变得暴躁，乱发脾气，缺乏耐心，并做出错误的决定。疲劳对我们调节情绪的能力产生巨大的影响。当我们睡眠不足时，我们的情绪适应能力就会下降。

世界各地的青少年都没有得到充足的睡眠。最近大量的针对青少年的实验和准实验研究都发现，连续多个晚上的睡眠受限会损害多种认知功能。这些影响连续几个夜晚累积起来，在周末补充睡眠后可能无法完全恢复，甚至可能因为再次遭受睡眠限制而导致雪上加霜。

因此，这里传达的信息很明确：为了帮助孩子们在学校投入学习、行为得体并茁壮成长，我们应该鼓励他们：

- 每晚保证至少七小时的睡眠。

- 尽量养成更有规律的作息习惯。作息规律能提高睡眠质量。

- 下午五点后避免饮酒、摄入咖啡因或其他刺激性物质。

- 避免在入睡前一小时内接触电子屏幕。

- 避免将床用于多种用途。研究表明，当床和卧室被视为一个睡觉的地方，而不是游戏或社交的地方时，睡眠效率会被放大。

- 晚上不要把智能手机放在卧室里，当然也不要在可视环境下。研究表明，在卧室里放一部智能手机，也会鼓励人们养成查看手机的习惯，当手机闪烁、嗡嗡作响吸引我们注意力时，我们会注意到屏幕发出的光线。

上述几条中有一些比其他更容易，但这些应该是所有学生的愿望，也是所有教职员工应该加以鼓励的。需要指出的是，所有教职员工都应该采纳这个建议，尽管在这样做的时候，我意识到这个想法的种子会落在坚硬的土地上。但是想想看：你在疲惫时你的工作效率如何？为有效的睡眠而损失的时间，是否会在清醒时以更高的效率、快乐、专注和注意力得到回报？

安全感

我们都需要安全感、稳定感和受保护感。就像许多我们常常认为理所当然的事情一样，当安全感缺失时，我们会更加强烈地感受到它。缺乏安全感或身处过于挑剔的背景下的孩子往往会把这种焦虑带到学校，可能会对批评或评判做出过度反应。

缺少这种基本好处的学生往往会有动力去寻找它，并通过他们的行为表现出来。学校和教室让学生感到安全是至关重要的，否则他们的行为将做出改变以获得安全感。学生需要在课堂上有安全感。为确保这一点，教师可以做的是：

1. 让学生明确知道，他们在课堂上是受欢迎的，是被需要的。

2. 教导他们犯错是可以的。

3. 告诉他们，你希望他们得到最好的结果。

4. 让他们参与进来，让他们知道自己很重要。

5. 在任何时候都要有尊严地对待他们，即使他们考验你。

6. 随时留意教室里是否有无礼、欺凌、嘲弄或歧视行为，并永远杜绝这些行为。

7. 精心安排谈话，以保证每个人都有机会被倾听。

8. 给学生留出时间，让他们在回应前进行思考。

这些以及更多的策略，让学生有机会感受到，即使某个话题对他们而言很难，课堂对他们来说也是一个安全的空间。他们需要感觉到这里面有适合他们的东西。他们需要有被包容的感觉。这并不意味着，如果他们行为不端，我们会对他们轻轻放过——我们要照顾所有学生的利益和福祉——但这确实意味着，即使我们告诫或是训斥学生，我们的做法也是为了明确地引导他们能够重新融入。我们告诉学生，即使他们惹上了麻烦，"你可以做得比这更好，我相信你可以，我可以告诉你如何做"。

学生需要具有举足轻重的影响

孤独才是杀手。

亚当斯基和西尔，《杀手》（*Killer*）（1990年）

此外我们都需要尊重、爱和归属感。我们需要有重要影响。我们需要感觉到我们是有价值的、被重视的。人类需要感觉到他们做何种事和他们是何种人是事关重大的。最大的一种苦难是孤独，不被注意，不被承认。梭罗说过："大多数人都生活在平静的绝望中。"我非常同意。没有什么事情能像远离他人或毫无意义那样可怕。我们整个人类的事业可以被看作是在个人层面和社会层面上对意义的巨大追求。生命的意义和我们生活的意义是交织在一起的。

我们通过各种平凡的手段寻求意义——你长大后想干什么？从事什么工作？你想住在哪里？你的抱负是什么？还有我们所消费的艺术，我们对朋友和伙伴的选择。寻找意义和身份不是诗人特有的专利，而是蕴含在我们做的每一件事情中。当青少年凝视镜子中的自己，试图解读其意味着什么时，那就像是在凝视意义的深渊。老年人在他们头脑中的记忆宫殿里追忆着存在的意义。从我们一睁眼到闭上眼的那一刻，我们被各种繁忙的任务困扰着，而在这些任务之间我们瞥见了意义。

意义是我们所有人都在追求的东西。我们需要有存在的意义，我们需要知道，不管怎样，我们很重要。被忽视（例如，作为一名教师）往往比处理更直接的无礼更糟糕。当学生表现得不是觉得你很烦人，而是好像你根本就不重要，我记得自己当时那种挫败感。

随着年龄的增长，我们可能会开始为自己的行为和自己所成为的人感到自豪。如果我们够幸运的话，成熟带来的，是我们知道自己是什么样的人，以及我们在其中找到了何种意义的信心。

但是，这对儿童来说往往困难重重，因为他们往往指望成年人来理解什么是重要的，什么是正确的，什么是好的。这没什么可奇怪的。年龄非常小的孩子，如果他们安全地依附于始终如一的成人榜样，就会在这些问题上愉快地听从。随着我们的成长，我们更多的是受到同龄群体的影响，并从我们的人际关系中寻求价值，而这往往会损害我们之前与成人建立起来的安全的关系。

错误的思维模式

许多教师都熟悉教育领域的另一个伟大的金字塔，即本杰明·布卢姆的教育目标分类法，几十年来教师们都将其用作构建课程活动的试金石。你可能听过这样一句话，"先马斯洛，再布卢姆"，其意是在解决了我们所有人都有的基本人类需求之前，你是无法解决学生的学习问题的。从某种程度上来说，这就是事实。

问题是，这句箴言所暗示的模式：

1. 鼓励我们认为，在所有的孩子都快乐和安全之前，不能做任何有用的工作。

2. 鼓励我们对处境困难的孩子抱有较低的期望，因此也接纳得更少。

第一个是一个问题，因为它默认地犯了许多人在布卢姆分类法中犯的错误：它暗示着这个分类法必须是一个阶梯，必须分出等级，我们只有满足了较低的梯级，才能去满足较高的梯级。但许多评论人士对此提出了批评。我们似乎能够同时实现这些目标。至于第二个问题，对于那些可能焦虑或没有安全感的孩子，降低我们对他们的期望是危险的诱惑。虽然我们绝对必须做出迁就和调整，以帮助处于困境中的孩子，但有一种危险是，如果我们期望他们无助，我们就可能会使他们习惯于无助。其危险在于我们过度补偿，而对他们不抱任何期望。如果有孩子告诉你他们没有做家庭作业是因为爸爸妈妈分开了，那么他很可能需要某种形式的迁就。但是，需要这么做多长时间？或者我们只是在说，"好吧，从现在开始不要求你做作业了，永远不了"。这样做除了让孩子觉得在生活困难时不再努力是可以的之外，还能教给他们什么？

因此，来回答一下关于马斯洛和布卢姆的问题：没有哪个模式先于另一个模式。我们两者都进行。我们不会等到所有学生的生活都达到完美的学习条件，因为这永远不会发生。我们要教给他们的，不仅仅是课程，还有如何应对生活，以及生活中所有的高山和峡谷。

第一篇：结束语

只有意识到所有这些问题，并认识到行为管理永远既是一种强迫行为，也是一种说服行为，我们才会对作为一个人、一名教师和一名学生意味着什么有更多的理解。人们常说："你唯一能真正控制的人就是你自己。"其理由是，最终我们唯一能指挥的身体是我们自己。而其他所有人都必须被说服，才能让他们命令他们自己按照我们希望的方式行事。

在第一篇中，我们思考了人性、作为实践的教学以及为什么对于学校里的行为我们认知如此混乱，并开始思考行为管理实际上涉及什么。

在第二篇中，我们将探讨在课堂上实际做什么的问题：如何教导行为，如何监控和维持行为，以及当行为出错时如何应对，而这是经常发生的。在第二篇中，我们将探讨建立更好的课堂文化的三个最重要的载体：规范、惯例和后果。

让守规矩轻松自在，
不守规矩则寸步难行

有些学生比其他学生更难守规矩。尽可能地去除阻碍他们养成良好习惯的障碍。为他们提供支持，以实现你对他们的期望。每次都要挑战低标准。让良好的行为令人满意。

SECTION 2

第二篇

老师这样做，学生才会听

第一部分　利用社会规范

让做正确的事成为常态

第二部分　执行课堂惯例

教学生养成帮助他们成长的习惯

第三部分　给出行为反馈

让学生知道他们做得怎么样

PART 1

第一部分
利用社会规范

过一段时间，你就会习惯一切。

阿尔贝·加缪，《陌生人》（1942年）

在本篇中，我将探讨教师可以用来改变课堂行为的实用策略。我们首先探讨社会规范的重要性，它们给学生和教师带来的影响，以及我们如何利用它们使其对每个人都有利。

第五章

创造积极的课堂文化

　　课堂管理意味着，你得明白你需要引导的是整个集体而非某一个学生的行为表现。这个简单的事实就是我们如何着手理解课堂是如何进行管理的。课堂不是由一堆毫无生气的小石子堆成的遥不相干的群岛。它是一个水池。一块石子荡起的涟漪会影响到所有其他的涟漪，以复杂的波纹向外辐射出去，然后再反射回来。它是一个由影响和反馈组成的汹涌澎湃的布朗运动。而你的职责就是从中创造秩序，并成为其中一部分。你不是单纯的观察者。你是一名参与者。

什么是课堂文化

　　文化，简单来说，就是"一个群体共有的信仰和价值观"。"文化"一词常用于地理层面、国家层面或地域层面（比如法国人、格拉斯哥人等）。文化也可以描述一个群体，其成员虽然散布在广阔的地区，但他们拥有共同的群体信仰和价值观，或者是由共同的兴趣或爱好联合起来的社团，以及俱乐部等。

　　我使用"课堂文化"一词是指课堂上的信仰和价值观。这个群体认为什么是重要的，他们在乎的是什么？

　　比如，他们觉得交作业是重要的还是微不足道的？学习的时候，班级的常态是安静的还是吵闹的？

社会规范是指在特定的群体或文化中个体应当遵守且被普遍接受的行为方式。这些规范通常服务于特定用途，并构成正确行为的基础。社会规范让你知道在不同的情况下应当做什么，从而能够在一种文化中游刃有余。不同的群体有不同的规范。这些规范通常有益于群体，但有时这些规范也可能有害。

信仰和价值观对课堂行为具有举足轻重的影响，因为这些是许多课堂行为的来源。如果在一个家庭中，家长认为教育没用，或者觉得制度权威是敌对的，而学生接受了父母的态度，那么这些观念就会表现为不交作业，不遵守简单的指令，或者不会努力在学习上取得成绩。

与之相反，如果学生来自一个积极看待教育和权威的家庭，那么在完成演讲和写作任务时学生就会表现得更加出色。行为中有很大一部分都来自我们先前的信仰和价值观。

学生们来到学校，无论年龄几何，都已被大量的文化所预设。有些文化会帮助其在学校取得成绩，有些则不然。

课堂文化

每个班级都有自己的文化；对于什么重要，什么不重要，什么是可以接受和受到重视的，什么是被蔑视、被嘲笑的，都有自己主导的信仰和价值观。有些班级里，埋头苦学会受到嘲笑，抵制这种文化的学生会被同学排挤。我曾见过有些班级里学生交作业就会被嘲笑，还有些班级如果学生不经询问就打喷嚏全班就会震惊。有些学生习惯于沉默专注，他们就像修道院里的抄写员。亚文化（广义文化之下的文化分支）总是在不断竞争，有些亚文化比其他亚文化更占优势。但是不管教师喜欢与否，这些文化都会存在。我们走近了他们的信仰之汤，同时还把我们自己的汤汁也加到了这口锅里。

三个不合理的行为管理假设

很多教师都会犯的一个错误是刚发出指令就想让学生们能立即遵守。这就会出现几个错误的假设，我称其为三个不合理的假设：

1.学生看重的行为和你一样。

2.学生知道他们应该做什么。

3.学生知道如何按你希望的方式行事。

但是如果你的指令与班级的文化潮流背道而驰，那么，如果激流将你吞没，也不要惊讶。如果要教的一教室学生都已经被教育成相信教师是权威、学校很重要、他们应当听大人的话，那么即使是新手教师，其下达的指令也会或多或少地被全体遵守。作为教师的观察者，我们就会错误地认为这位教师有着"非凡的行为管理技能"，但实际上这位教师只是幸运地拥有这群学生，他们早已预先被培养成要按照教师期待的方式来行事。这种情况还会造成另一种错误的想法："嗯，这太容易了，我很擅长让班上的学生循规蹈矩，我现在要写本书，告诉大家应该如何像我一样教学。"

当我们走进教室时，我们已走出了自己头脑中舒适的起居室，在那儿我们具有绝对的掌控权，然后我们走进了他人意志的天地，而那里没有与生俱来的权威。在我们到达之前，那儿的天气已然成形。

创造环境

比利·康诺利（Billy Connolly）有句名言："没有坏天气，只有穿错的衣服。"有些教师不论遇到什么天气，他们都学着应对；他们穿着得体，能应付行为上的风吹雨打，既能沐浴在阳光下，又可以裹紧外套抵御大风刮。这样的教师有可能长久地坚持下去。许多代课教师学习这种方法，适应各类环境，从而变得刀枪不入，进化出铜墙铁壁，学会急中生智，或游刃于各类棘手的行为之间，或者仅仅是生存下来。但是这两种策略都要在工作满意度、学生成绩和心理健康方面付出高昂的代价。

我观察过的最有效率的教师采用截然不同的方法，他们努力创建自己的环境。他们创造班级文化。

比如，在开始上课时，他们不让学生一股脑儿地涌进教室，而是教学生在教室外排队等候；他们教学生如何提问、如何回答，而不让他们七嘴八舌地喊出来。这些看似简单的行为（还有许多其他行为）是课堂文化的基石。

创造课堂文化

创造一种文化是非常耗时的。这是一项很艰苦的工作，它需要持续的关注和维护。但是它是迄今为止所有行为管理策略中最有效、最持久的一种。它涉及将学生对有价值和重要的东西的鉴赏力引向那些教师知道是有用的、好的或有价值的东西。如此你就能慢慢地引导学生去重视你所定义的良好行为。

如果你能说服学生做正确的事情，说服他们真正相信这种行为是可取的、有用的或合理的，那么课堂就可以成为学生付出努力、取得成功和创造奇迹的地方。

在这基础上，这项策略需要教师说服全班同学：

- 学习对于每个个体来说都很重要。
- 教室里的每位同学都很重要。

● 良好的行为习惯是每个人获取所需的最佳途径。

那么这就需要教师厘清30名学生对于学习不同的态度，将其梳理成一项和谐的共识，即这些事情都很重要。而这是一项艰巨的任务。这30个孩子拥有30种不同的价值体系，对于行为好坏有30种不同的看法，对于对与错有30种不同的观点。

每个人都认为自己相信的才是对的。我们总是对自身感觉非常良好。我们很少认为自己是坏人。我们时常把自己当成是自编自演的情节剧里的男女主角，而其他人都是跑龙套的。卡尔森（Carlson）等人的研究证实了这一点：

> 人们总是优先考虑自己的利益，同时也总认为自己道德高尚。那么，个人应该如何解决这种矛盾呢？这里有个两全其美的方法，既能追求个人利益，又要保持道德高尚的自我形象，那就是忘记自己自私的程度……在回忆里，人们更容易把过去的自己想得比实际更慷慨……当人们的行为没有达到自己的标准时，他们就可能会忘记自己有多自私，从而潜在地避免了对他们自我道德形象的威胁。

我们很少有错，而别人常错。我们不喜欢把自己当成坏人，所以，我们总在事情发生后把自己的行为合理化为好事。教师（更广泛地说，是学校）需要让学生们相信，按照你所认为正确的方式行事是符合他们的利益的。行为管理应该更多的是进行劝说引导，而不是强迫。

创造课堂文化绝不意味着我们要告诉学生，他们自己的家庭文化是错误的，他们的父母是错误的，他们的想法一文不值。远非如此。我们的学生源自广泛多样的价值体系，对此我们必须加以尊重。但是，这确实意味着我们也要教学生们去明白，这个课堂——你自己的课堂——有它自己的文化，并且在这里，其他地方也一样，这些特定的价值观和信仰应该得到坚持，并通过行为表现出来。这是你的教学空间所特有的。

这应该像宣称图书馆、俱乐部、电影院都有其隐含的价值一样毫无争议。图书馆文化推崇的是安静、沉思之类的行为；虽然电影院也提倡安静，但允许观众在昏暗的光线下随意吃点什么。但是，在热闹的俱乐部里，如果你安生地坐着吃热狗，你会被保镖从消防通道扔出俱乐部。文化是有背景的，而且往往是高度本地化的。对于学生们来说，这并不难理解。每位教师都对这样一类学生不陌生，他们会在一堂课上表现得无可挑剔，却在另一堂课上像一颗弹球一样上蹿下跳。面对不同的教师，学生们很快就能明白不同课堂、不同教师的文化规范是什么。在课堂之外，有不同的规矩。但是，在这里，在我的课上，有我自己的规矩。而且这些规矩至关重要。

我的课堂我做主

在2010年，有一部电影横扫奥斯卡多项大奖，叫作《国王的演讲》。影片中，杰佛里·拉什饰演莱纳尔·罗格，未来的国王乔治六世的演讲治疗师。在接受治疗口吃期间，国王一如既往，随心所欲地点燃了一根契斯特菲尔德香烟。但是，初出茅庐却又自命不凡的澳大利亚人罗格制止了国王。国王气急败坏，立刻怒气冲冲地抗议，但罗格打断了他。罗格呵斥道："我的房间我做主。"

每位教师都会遇到这种情况：学生们所期望教师允许做的事，总是和教师的要求有所冲突。我见过许多学生，他们带着些许天真的模样，认为在上课的时候，只要想上厕所就可以直接去，或者在学习的时候可以戴着耳机听音乐。一般来说，学生就是故意和教师对着来的——他们其实知道教师想让他们做什么——但是有时他们的做法仅仅代表一种真实的信念，认为这种事情是正常的，是被允许的。所以在这种情况下，教师的职责就是要让学生们明白，对学生的要求与学生对此的期望有所不同，而这些要求是由教师设定的。这些要求是为了每个人的利益，但肯定是要由教师设定的。许多教师对于成为一个权威人物感到紧张，但是他们需要克服这种紧张情绪，接受自己就是一名权威者的事实。又或者说，他们需要做一名权威者。

这很好地证明了教师在课堂上的动力。治疗师在他们的工作中享有特权地位，因为他们的专业知识赋予了这份权威，也因为在履行他们的职责的过程中，某些行为被赋予了特权。教师在他们的课堂或空间里也是如此。教师的权威和建立课堂文化的权利并不是来自善良，或权力，或什么其他的东西，而是起源于必要性。这个必要性就是，为了让孩子们能够独立发展，能够在集体中茁壮成长，必须要让集体中的每个人在行为、习惯或信仰方面都达成一致，或者至少要遵守一致的要求。但是，我们不可能指望一个30人的教室会如此成熟或仁慈，就一套旨在最大化每个人的福祉和教育的规则和行为宪章，自发地达成一致。人们总是意见相左。人既可以是自私自利的，又可以是宽宏大量的。就像我们的日子有好有坏。因此，就像明天太阳一定会升起一样，我们需要教师不仅是课程和课堂活动的仲裁者，而且是社会行为的仲裁者。我的课堂我做主，千真万确。

我们是社会性动物

正如我们所知，人类是特别社会性的动物。我们自然而然地相互吸引。我们组成宗族和部落，凑成俱乐部和小圈子，召集我们的团队还有社交软件上的集会。并不是所有生物都具有这项特性——鲨鱼就是大家所熟知的反社会动物——但是有些物种却致力于群居，比如蚂蚁。即使是最孤僻的人类某些时候也需要以某种方式寻求他人的帮助。最疯狂的孤独者会找到其他疯狂的孤独者，并形成一个疯狂孤独者的部落。对此网络起到了推波助澜的作用。如今没有人需要成为隐士，最古怪的隐士也能找到同伴，就算他们不得不在全球范围内匿名寻找。在学校里，学生们因为共同的兴趣、目标和信仰聚集在一起。而美国青少年题材的电影给我们带来了一些校园刻板印象，例如：运动员、啦啦队长、预科生以及哥特爱好者。

这些群体因文化而联合在一起，包括：信念、价值观、期望、道德观以及珍视什么、厌弃什么。再想想我们对马斯洛需求层次理论的了解：人们寻求意义和尊重。以上事实不无关联。我们之所以如此社会化，有很多原因。亚当·斯密会指出通过合作和安全为我们的努力增加的经济价值。人类学家也许会说，我们构建社区是对养育孩子之需的一种进化式的反应，因为我们的婴儿期比大多数动物要长得多。一些政治哲学家会像霍布斯一样提出，与他人建立社会契约，签订合约或者组成联盟是一种理性而自我的逃离自然状态的方式。心理学家则可能会补充说，我们聚集在一起的一个原因就是从我们周围的群体中寻求尊重、地位、意义和认可。原因可能各不相同，但事实却是：我们是高度社会化的动物。

没有什么地方能比教室更明显地证明这一点。学生们因公认的共同利益而结成联盟。他们拉帮结派，有敌对方，有同盟者。有的人更擅长社交。有的人在同龄人中间享有很高的地位，有的人则为了得到这个地位而竞争，还有的人很乐意成为追随者。在更广泛的班级文化中包含着多个友谊网以及亚文化圈。其中一些小团体是地理意义上的，只存在于那间教室里，有的则是"操场伙伴""饭搭子"或者"回家的路搭子"。

社会认同理论

涂尔干（Durkheim）等作家开始分析作为一个群体的一部分所带来的强大而积极的好处。在他笔下写到"集体欢腾"，即作为大团体中的一员，拥有同样的目标和活动，就能有振奋人心的集体感。但是研究者们观察到了更有趣的现象：当人们有群体归属感的时候，他们更有可能以适合该群体的方式行事；这就叫作社会认同理论。而那些感觉自己游离于这些群体之外的人，则不会这么做。换言之，如果你感觉自己是某个集体的一部分的话，你会更倾向于像他们一样行动。鉴于班级也是一个集体，这就很重要。对自己的班级成员身份有认同感的那些学生——也许他们是班长或是小组长——他们就更愿意遵守他们眼中的班规，因为他们把这些规则看作是自己的规则。但是一个认为全班都是笨蛋的学生就不会觉得有必要做他们所做的事。他们为什么要那么做？

我们的身份会影响我们的行为。如果你是童子军的一员，你可能更愿意在"打工周"做些好事；如果你是某所大学的校友，你可能更愿意为该大学而非其他院校或是机构筹款。如果你认为自己是一个群体中的一员，你就会更愿意做他们所做的事，以便融入其中，步调一致。如果是一群足球球友，你可能会发现，当你的球队进了球时，你也会忍不住欢呼，或者加入到此起彼伏的人浪中。我会为我的家人做好事，因为我认为自己是一个忠诚的家庭成员，等等。

这可能是因为置身于人群中，像他们一样行事有很多好处：

> 大量的研究表明，当我们融入人群中时，情绪会得到改善，孤独感会减少，自尊心和归属感会增强。融入一个比自己大的集

体是我们幸福感的主要来源。这些奖励将人们吸引到群体中，留在群体里面，并且让人们愿意在未来某天再次回归。

学生可以从一个成功的群体中获得巨大的快乐，就像他们的队伍在运动会获得胜利，他们自己也可能会感到自豪。如果你在课上设置了排与排之间的对抗游戏，学生们就会变得异常活跃并且更有竞争性。而像毕业生聚会、毕业舞会或学校迪斯科舞会这样的公共活动可以让学生们乐翻天。

有人认为，这些好处可能是源于共同的注意力，也就是说，当我们都专注于同一件事情时，因为有其他人做同一件事情，我们的注意力更集中，能提高思考能力。想象一下，一群人在观看一场校园足球比赛。对每个人的行为进行观察所包含的社会因素会产生强烈的动机或压力，让我们和其他人一样做同样的事。而当我们这样做的时候，我们的情感会因为我们是群体的一员而被放大：想象一下，人群中发出喧嚣，让你知道周围的每个人都有同样的感受。当我们观察彼此的行为时，无论是鼓掌还是吹响呜呜祖拉，我们的行为也会同步。

我们在无数场景中都能看到这一点：在产科候诊室里的欢乐家庭中，在和朋友们晚上外出的回忆里，在参加葬礼的人群中，在集会中，在与成千上万的歌迷一起观看音乐会时，以及在我们分享经历的无数场合中。集体同步感受到的情绪会非常强烈。这可能是因为我们很容易就能想象出我们的同伴作何感想，然后和他们感同身受。如果一支校队获胜，其参与者会永远记住这段经历。

快乐地在一起

人类对于群体归属感有着强烈的需求。正如心理学家克里斯·梅里特（Chris Merritt）所言：

　　我们寻求社交，不仅是因为它可以实现一些生活功能，而且还因为社交在本质上对我们大有裨益。围绕着在大脑中释放的麻醉剂和催产素而建立的神经生物机制会感觉良好，会让我们想要进行更多的社交。这种机制的发展可能是为了促进社会联结从而得以建立生存优势——如果我们的祖先能够团结起来进行合作，他们就会更有可能活下来。

　　我们可以观察一下，一名新学生需要多长时间才能与班级其他成员建立联系。如果校方一直都细心而专业，就会创建一个结构化的入学安排：迎新日、结伴制、一名班级互助伙伴、一系列的跟进会议，诸如此类。如果校方没有这些安排，那么生性害羞的学生会等待他人来亲近自己，而不那么害羞的学生会主动接近他人。但是无论如何，学生们总是能找到自己的团体。当一个人在其他人身上看到自己的影子的时候，他们之间就有一种天然的吸引力。正所谓"物以类聚，人以群分"。喜欢运动的孩子与其他运动型的孩子有着共同的目标。安静、爱读书的孩子会与其他小书迷交换图书。

　　加入群体有助于我们保持身心健康，还能帮助我们实现目标，这让我们感觉良好。历史上，有些社会观察者对群体持负面看法，因为个人在群体中经常变得没有责任感，甚至会做出诸如政治迫害、私刑团伙之类的暴民行为。这些行为在现代社会中也不罕见，比如社交媒体上的网络暴力，或者是在操场上一帮男生怂恿着把某人揍一顿，又或者是一群女生孤立、霸凌班上新来的女生。

　　最近疯传的一个视频说明了群体身份对人的影响。阿德里安·厄本（Adrian Urban）参加完游行后，在伦敦的一个公园里进行拍摄。镜头聚焦在一位独自坐着的老人身上，他大声唱着邦乔维乐队《活在祈祷中》的开头部分，听起来并非完美却热情饱满。起初，只有他一个人的声音孤独地回荡在偌大公园的一角。公园里人虽然很多，但大家都不太感兴趣，都在各忙其事。随着这朗朗上口的歌曲准备向副歌过渡时，有一批人发现了合唱的乐趣，成为"首批追随者"。几秒钟后，不可思议的事情发生了：人浪席卷了公园，每个人，真的是每个人，都加入到了合唱中。没有人被迫这么做，但人们还是都这样做了，因为有那么一刻，也就几秒钟的时间里，他们都将自己视为这个群体的一部分。诚然，"在公园里合唱邦乔维乐队的歌的人"是一种短暂到转瞬即逝的群体身份，但也没有人说联盟或群体身份非要是永久的。

社交替代

这种寻求陪伴和群体认同的愿望很强烈，尤其是在缺乏陪伴和认同的时候。在孤立的情况下，人们经常通过新闻或社交媒体关注名人，这种行为是准社会交往，即你与你不认识的人产生关联。对于一些人来说，这种人工合成的亲密关系感觉如此真实，他们竟忘记了自己是得不到回应的。一旦认为自己被轻视，他们会对此做出激烈的反应。或者他们也可以沉溺在肥皂剧的夸张情节或是图书和电影的虚构世界中，这种现象被称为社交替代。孩子们也喜欢看点儿闹剧。他们热衷于打听彼此生活中的八卦，就像他们自己也经历了相同的事情一样。这也是社交替代的一种常见表现。

在网络环境中可以获取一些与群体相关的好处，从线上行动主义和爱好的流行中可见一斑。但是，现在网络的好处削减了，这可能在某种程度上解释了为什么如此多的教师和学生经常反映说，从长远来看，学生独自进行的在线远程学习效果不尽如人意。

这让我们看到了一个我们鲜少允许自己承认的关于人性的事实：人类是非常循规蹈矩的，不一而足。

从众

这条建议最初会让很多人反感，因为它带有一种机械的、奴隶式的顺从的含义。但在此种情境下，它的全部含义是我们大多数人都非常渴望融入同龄人群体以获得他们的认可。如此而已。如果我们愿意，我们仍然可以无视这一点，做我们自己想做的事。但事实上，我们往往不会这么做。我们经常屈服于它的力量或者选择让自己屈服。就比如说，如果课堂上的每个人都在鼓掌，那你很难不鼓掌。虽然你不必这样做，但是你很难不这样做。

这可能是因为有其他人在场。即使不在场，我们也会去想象别人对我们的预期。人们喜欢合群。他们往往不喜欢太过突出，或者引起不必要的关注。我说"往往"，因为这种行为不是一种绝对的普遍现象。但它确实是我们行为中一股强大的潮流。有些学生很乐意对惯例常规嗤之以鼻，甚至会以反文化为乐。但大多数学生还是不乐意时不时出风头。

从众也可以说成"屈服于群体压力"。群体压力有很多种形式：说服、表扬、霸凌、戏弄、批评、钦佩等等。从众心理可能是因为想要"合群"（规范性顺从），或是想要符合社会角色的设定（身份认同）。

规范的力量

从众和规范对我们的公共行为产生了很奇怪的影响。这方面最著名的一个证明是阿什（Asche）在1951年对服从性的研究。他研究了个人在多大程度上会"屈服"于多数人的意见，以及他们在多大程度上能坚持自己的观点以对抗主流观点。

　　由八名志愿者组成的小组参加了一个简单的知觉测试。他们看了一条线段，然后被要求说出随后看到的三条线段中与原线段长度最接近的一条（如下图所示）。实验很简单，但实验目的不只是检测人们正确猜出和比较线段长度的能力。实际上，除了一名志愿者之外，组内其他人都是有偿参与者，他们按照要求公开撒谎，在大家面前故意选择长度最不接近的一条线段。

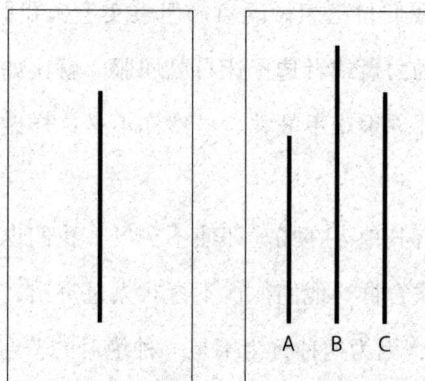

　　这个实验就是为了看看，他们的选择会对剩余的那名对实验的真实目的毫不知情的组员产生什么影响。他会改变自己的选择，以遵循群体规范吗？还是会坚持自己的选择，以自己的感知为证守护自己的选择？

　　在对照组中，每个人都简单地按照自己的意愿作答，所以正确率几乎是100%。但是在实验组12次实验中，75%的参与者都至少给出了一次错误答案。换句话说，即使是在像感官证据这样明显直接的事情上，从众的力量依然是巨大的。只有25%的参与者始终不遵从规范，而其余75%的参与者在实验中都至少出现了一次偏差。

　　即使那些坚持己见、始终没有改变答案的参与者也报告说自己感到了迟疑和矛盾。那些遵从了群体规范的参与者中，有些人说他们觉得其他人肯定是正确的；另外一些人说，他们觉得肯定是自己没有搞懂这个实验；还有些人说，他们只是不想显得与其他人格格不入。

这一实验通常用于证明规范性社会影响产生的效果，即遵从公共规范以获得一些感知层面的社会认可。甚至还有些人认为，这个实验表明，参与者真正经历了由于他人的影响而导致的知觉扭曲，而不再仅仅是为了得到认可。

大部分情况下，大多数参与者并没有受到影响。但是不能低估来自他人的信仰的影响力。我们在他人面前的行为、我们的观点甚至可能连我们如何解释自己的观点都会受到社会的影响。身为群体的一员，我们的意图会受到影响。突然间，我们会开始格外在意自己在他人眼中的形象。我们很多人都特别记得自己的青春期阶段，它混合着同辈压力、尴尬的场景，是沿着汹涌湍急的社会峡谷而下的一段丢脸的激流之旅。

詹内斯（Jenness）做过一项研究，即当人们看到或是听到别人的讨论时，他们如何因此频繁地改变自己的观点。这次的实验是猜测一个罐子里有多少颗豆子。参与实验的人一旦知道了别人的答案，通常就会改变自己的猜测，以贴近群体的平均数。这种现象大家都很熟悉了，我们在观看早间新闻时遇到了一个有争议但又不熟悉的话题，因为不确定，我们就会听听其他人的讨论，然后形成自己的观点。除此之外，人们的穿衣、音乐和自身风格也会引发此种效果。"这样时尚吗？"很多学生极其渴望自己要够时髦。学生之间，表现自己地位有多高的一个常见的做法就是嘲笑其他人落伍，因为他们没有最新款的手机、鞋子或者包包。我记得有个学生看到我们学校图书管理员的手机后都惊呆了，虽然那个手机完全可以使用，但是按照现在的标准来说，这个手机太低级了，它甚至不能上网。那名学生说："这太不可思议了，她好像完全不在意她的手机就是块板砖。"

凯尔曼定义了三种类型的从众：

顺从——遵从群体，因为你想从他们那里获得对自己有利的反应，以避免处罚，或者以获得奖励。在这种形式的从众中，个体即使不认同群体的行为，也会迎合他们行事。这种行为改变是暂时的，如果这个群体不复存在了，顺从的压力也会随之消失。比如，当你和喜欢韩国流行音乐的伙伴们在一起时，你可能会假装自己也喜欢这种音乐，但是回到家后，你就不会再假装了。

内化——在你真正地接受了群体规范后，你会相信它们从本质上是有益的，那么不管是不是身处群体之中，你都会遵从这个规范行事。教师应该致力于帮助学生形成这种水平的规范意识——学生们这样做是因为他们想这样做，并且相信这样做是正确的。

认同——你接受群体规范是因为你认同自己是这个群体中的一员，而不是对行为本身的特定拥护。你可能不认同在教室内没收手机的行为，但是你还是会这样做，因为你知道自己身为一名教师，而没收手机是学校规范的一部分。

以下几个因素会影响到个体对群体规范的遵从程度：群体的规模、群体内成员意见的一致程度、规范展现者的地位、个体事先对该行为的承诺等等。任何试图建立健康积极的课堂规范的教师，都需要考虑这些因素（详见下一章）。

我们何时从众

有一些研究提供了以下建议：

规范性从众

- 因为个体想要融入群体
- 因为他们害怕遭到拒绝

信息性从众

- 当个体不清楚如何表现得体并在群体中加以寻找时
- 当个体处于模糊不清或模棱两可的处境时

不从众

当然，许多人喜欢脱颖而出，我们也都有这样的时候。但是更多情况下，我们并不喜欢出风头。成为关注的焦点是一件让人筋疲力尽的事情，而且如果这种关注纯粹出于不认同产生的，那就很难维持下去。当然，也有一些人真心并且坚决地拒绝任何来自他人的赞许——例如真正的精神变态人格。但是这极其罕见。甚至精神病患者有时也会为了生存而从众。那些不停地、虔诚地对所有习俗惯例都嗤之以鼻的人往往无法长久混迹在社会上，或者说在教室里也混不下去。和普遍的认知正相反，许多表现极差的学生并没有被看作是最酷的或最受欢迎的。他们常常会被班上其他同学嘲弄并且遭到排挤。非常恶劣的表现会招致一些人的社交惩罚，因为他们受到了其负面影响。

有许多因素会影响一个个体的从众意愿。讽刺的是，其中一个因素似乎是文化因素。一些研究表明，来自美国和英国等西方文化的人们更倾向于个人主义；相较而言，来自东亚国家的人们更看重集体和团队成员身份。观察那些持极端自由主义价值观的群体并注意从众是如何影响这些人的是一件有趣的事。从本质上讲，他们遵从的规范就是不墨守成规。在学校里，即便是那些叛逆者也会寻求其他叛逆者的支持认可。

在此中心有一种奇怪的紧张关系：我们常常钦佩那些叛逆者，但又斥责那些以我们不赞同的方式叛逆的人。我认为这是由于我们同时明白从众和不墨守成规的价值。有时，融入其中是件好事：随大流会收获认同、接纳、朋友、地位、身份。有时，挑战现状则是促进事情向好的催化剂：我们都钦佩那些特立独行者，比如马丁·路德·金、尼古拉·哥白尼，或者猫王。从本质上来说，这两种立场没有哪个是永远好或者永远坏的。或许我们需要同时拥有创新和保守。课堂也需要成为这两者的大熔炉：既要大量遵守社会规范，这是共同茁壮成长的必要条件，又要为学生提供空间，让他们能艺术地表达自我，激发出新的想法。

有趣的是，当前者得到很好的关注时，要实现充满后者的课堂要容易得多。

行动中的规范

如果我们有强烈的循规蹈矩的个性，那么我们所遵守的则倾向于我们所在群体的社会规范。我们经常能见到这样的效应；我们从彼此身上寻找如何行为得体、如何融入社会的线索。有一次，我工作的餐厅后厨失火了。这些都是令人印象深刻的事情，因为那繁忙的饭店厨房本质上就是一支蜡烛，一个巨大的烛芯被烟熏火燎的油脂所覆盖。滚滚烟雾从厨房涌出，飘进前厅的用餐区，浓烟从天花板慢慢向下朝食客们笼罩而来……而食客们都"坐在那里吃着饭"，他们不安地抬头张望，但依旧用叉子将玉米卷饼送入口中，就如《战争与和平》一书中那些一无所知的莫斯科人，表现得好像拿破仑的军队并未大军压境一样。

顾客们谁都没有动，因为别人都没有动。事实上，那些无动于衷的食客看起来似乎安抚了警报带来的紧张。只有在我们的坚持下他们才起身离开。在此鼓舞下，一种新的从众行为在整个餐厅中蔓延开来。起初我们还需要用蟹钳将他们从座位上撬起来，很快我们就不得不用身体挡住他们，以防他们因为着急逃离而蜂拥到安全出口。当然，他们逃离时还端着餐盘。

这种貌似荒谬的从众行为让人想起自然纪录片中瞪羚的行为。它们中的一只倒霉羚羊被一只饥饿的狮子捕获——就在这时，其他羚羊停下来不跑了，返回来静静地吃草，而它们的表亲皮特就在数米外被开膛破肚。羚羊群中谁也不惊慌。"嗨，狮子又不是在吃我。"其他人的所作所为确实会影响我们的行为。

社会证据模型

当我们不确定如何才能行为得体时，我们会观望其他人，把他们当作我们的安全指南，来指导我们怎么做。这被称为"社会证据"，是由西奥迪尼（Cialdini）在1984年创造出来的名词。通过看别人如何做，我们就拥有了"证据"证明这样做是正确的。这么做再自然不过，无非是出于合群的欲望，然而没有比这更邪恶的动机了。在陌生的境遇、新的环境中，或者不能第一时间确定做什么事才对的情况下，我们是最想要这么做的。

我曾经有过这样一段悲伤经历。学校大会上宣布一位备受敬爱的同事突然暴亡。你能感觉到那种震惊在400来人的房间内蔓延开。几秒钟过去了，一个女孩开始哭，那种状态我只能用尖叫来形容。那声音很可怕；那是一种从人的内心深处发出的声音，通常都被人们埋藏起来了。这种声音刺激了她的同龄人，在几秒钟内，其他数十名孩子不仅仅是伤心饮泣，而是号啕大哭——就是号啕大哭。我多希望再也不要听到这样的声音。在混乱和震惊中，第一个女孩的行为激起了整个学生群体的复制。他们中许多人听到这个消息可能也发自肺腑地难过，但是如果没有接收到如何表现的社会证据，他们可能也不会如此宣之于众。

关于社会证据的一个典型例子发生在美国亚利桑那州石化森林。游客偷盗珍稀石化树木成为一个严重的问题，耗尽了古老的林地。工作人员竖起一块标牌，上写："许多从前的游客从公园中带走了石化树木，损害了石化森林的自然状态。"这本是想震慑偷盗行为，但却产生了相反的效果。石化林木的消耗增加了两倍。研究此案的专家认为，那些标语起到了社会证据的作用，让人们感觉偷盗石化树木的行为有情可原。

这已经在很多方面得到了证明。2005年，西奥迪尼和他的团队对酒店房间进行了研究，他们现在的标准提醒是，我们应该循环使用毛巾（告知单通常是一张小小的折叠卡片，印有哭泣的北极熊）。这提醒了我们有义务节约用水、节约用电。西奥迪尼的研究发现，改变措辞并重点关注社会证据，就能够影响人们的行为。他们制作的第一张卡片上包含了关于节约能源的传统的环保信息：

帮助拯救环境

你可以通过在住宿期间重复使用毛巾来表示你对自然的尊

重，并帮助拯救环境。

研究小组随后制作了第二张卡片，上面写着以下信息，以提供社会证据：

与你的旅伴携手一起保护环境吧

在获邀参与我们新的资源节约计划的客人中，近75%的人确

实通过重复利用毛巾来提供帮助。你也可以与旅伴一起，住宿期

间重复使用毛巾，以帮助拯救环境。

呼吁人们拯救环境的倡议，往往会影响到那些对环保更感兴趣的人。卡片一的重点是请求人们保护环境。卡片二则侧重于描述其他人通常所做的事情（描述性规范），从而暗示"保护环境很重要，其他人正在这样做"。

第一种方法的成功率为38%，但第二种的成功率达到了48%。这不全是精神控制，它是具有统计学意义的。而且很显然这是通过对倡议的行为进行很小却至关重要的重新措辞来实现的。知道其他人正在做，就会让你更有可能也这么做。

这一切都不是魔术，也没有迫使任何人做任何事情。没有人是被迫去做的。不是每个人都会这样做。但它有助于创造一种叙述，有一些人总会被吸引：这里的人重复使用毛巾——也许你也应该这样做。

这种效果持续、微妙而又深刻。可能有一天你背着一袋脏尿布行走在海滩上，在找垃圾桶，但是当你找到它时，这个垃圾桶（就像所有繁忙日子里的海滩垃圾桶一样）塞满了难得一见的冰激凌包装纸和废弃的便携式烤肉架。但你并不会说，"啊，这个垃圾桶已经满了"，而是继续把尿布放在那个垃圾桶旁边，靠近堆积如山的垃圾，还觉得自己为环境做了一点贡献。现在最显著的问题是你确确实实是把一个装满了脏尿布的袋子放在了离垃圾桶三米远的地上。虽然我们中的大多数人通常不会这么做。但突然间，因为其他人也在这样做，这个行为就可以接受了。从来不乱扔垃圾的学生，如果看到学校操场上垃圾成堆，他们也会这么做。不会在走廊上高声喧哗的学生，如果看到同伴们都在走廊上大喊大叫，他们也可能会随波逐流。

这就是社会性从众的力量。它促使人们做出一些独自一人时可能不会考虑的行为。还有许多社会影响行为的例子，有些是积极的，有些不那么积极：

跟风效应是一种现象，即信仰、价值观和时尚被采纳的速度越快，那么就会被越多的人追随。因此，一种新的时尚或想法一开始可能并不流行，但如果有大量的人公开支持采用它，其他人就有可能也这样做。其原因有很多，比如说害怕落伍。这时热潮和时尚就产生了。有些心理学家将此描述为信息级联效应——我们不再使用自己的理性来做出选择，而是依赖他人做出何种行为的信息来决定自己做何选择。这可能是另一种人类进化产生的生存特征，观察他人的行为并将其作为我们应该如何行事的简易指南。试问我看到过多少种热潮涌入学校，却又渐渐消失？你可以追踪这些东西：呼啦圈、旱冰鞋、翻花绳、神奇宝贝、魔力卡、指尖陀螺、杯子歌……这就是为什么明智的教师尽量总是落后时髦五年时间。不要试图在孩子们面前显得很酷，因为你还没试就已经失败了。永远不要使用学生群体爱用的俚语，除非是为了讽刺。使用这些俚语象征着群体成员身份，可你永远无法成功骗过他们，让他们把你当成13岁的同龄人，而且你为什么要这样做？

群体心理学是关于个体在意识到自己是群体的一分子时如何思考和行为的研究。其效果之一是减少（有时是消除）群体背景下的个人责任感，这本身就受到群体规模的影响。羊群心态是指人们会受到同伴的影响而做出某种行为，主要是基于情感因素而非理性因素。

利兹大学的研究人员进行了一项实验，要求人们在大厅里行走。少数参与者被要求故意按固定模式行走。最后发现，只需5%的人就能影响其余95%的人的行走和行为方式。作者指出，"少数有见识的人可以领导一个无知的群体"。

也有对互联网背景下此种效应的研究：被要求在网上反馈表格中投赞成票或反对票时，如果前面的人已经（并且公开）投了赞成票或反对票，那么后面的人就更有可能投同类的票。"之前的评级在个体的评级行为中引起了显著的偏差……产生了羊群效应。"

有人认为，在投票跨越距离较远或延续时间较长的选举中，这种影响很明显，例如美国的初选或英国的大选。为此，许多国家的选举报道或竞选活动在投票当天或前后要暂停（"选举静默"），以避免影响最终的选举结果。例如，如果早期的民意调查显示X党很有可能取得好成绩，这可能会激发那些犹豫不决或不情不愿的选民当天晚些时候把更多的票投给Y党。

群体思维的现象早就被人们所知。人们由于渴望和谐和凝聚力、希望尽量减少冲突而达成共识。群体思维有助于群体成员避免争议。个体思维被压制，给群体目标让路。这可能是危险的，因为建立一个内群体（"一群思想正确者"）可能会产生一种扭曲的无懈可击之感，群体的价值观被视为神圣，不能容忍有任何异议。同时也就产生了外群体，群体成员受到相反的对待。

一旦一个群体决定不喜欢某个人，任何学生都很难站出来为被排挤的人辩护。这是另一个让成年人来管理课堂行为的好理由。我们都必须设计小组任务，把没有人愿意与之合作的不受欢迎的学生包括进去。

在想法需要加以发展或适应的情况下，这尤其危险。举个例子，想象一下，如果飞机工程师担心安全问题，却感到无法向其项目经理提出异议。直言不讳是不会受到鼓励的，持不同意见的外群体成员会受到制裁，而且其观点会被认为不那么有价值。内群体成员往往会被说服，赞同群体的行动，即使他们正常情况下会认为这些行动不道德。恶劣对待外群体成员（"思想错误者"）在更大程度上得到允许，因为这些人被视为地位低下，而且被非人化。

这在社交媒体中十分常见。在社交媒体上，人们会接触到各种各样的观点和信仰，而什么是可以接受的言论往往会受到其他人常规式的管控。许多人发现，在自己的社交媒体圈子中，某些信仰比其他信仰更难以宣之于口。

许多人倾向于随大流，因为这比自己做决定更容易；因为这样能使个体为群体所接受；因为他们不希望遭到拒绝；因为这样做更利于生存；还因为安全；等等，不一而足。但这一切都不是决定性的。个体不需要随波逐流，而且通常情况下他们也不这样做。即使他们这样做了，也并不意味着他们会遵从受欢迎的或对社会有益的行为。

癔症传染是指群体中的人表现出相似的疾病症状，即使对这种疾病没有生理上的解释，这表明其根源是心理上的。人们通过暗示的力量互相模仿彼此的行为。许多人都会熟悉暗示的力量，从而对我们进行微妙的感知恶作剧：如果有人谈论瘙痒、爬行或其他与昆虫相关的恐怖故事，我们中的许多人也会开始感同身受。六月的毒虫病毒流行就是一个很好的例子。

我们发现在中世纪有关于群体舞蹈病的报告。舞蹈狂躁症可能持续数周时间。从13世纪早期的儿童十字军东征事件，也许可见一斑，其表现出的特点就是这种群体宗教狂热，驱使大批穷人以极端不计后果的方式行动。其中一次行动中，数千名青少年跟随自称为先知的12岁少年，克洛耶斯的斯蒂芬，离开了他们在法国的家，开始了和平夺回耶路撒冷的远征。他们相信大海会分开让他们通过。然而遗憾的是，大海并没有分开。

学生们经常真切地报告说，他们患有与班里同学一样的疾病，即使没有任何明显的原因（"哦，我也头痛！"）。事实上，学校似乎特别容易出现这种现象。1965年，在布莱克本，有几个女孩子晕倒了，而仅仅几小时内，就有85名女孩被紧急送往医院，并伴随有牙齿打颤、呻吟不止和呼吸困难的症状。然而在她们身上并未发现任何疾病，故而得出的结论是，这场群体爆发是由压力和"患者"的性格特征共同引发的。1999年，在比利时，一大群学生喝了可口可乐后"病倒了"。2009年，阿富汗一所学校的女生们报告眩晕、晕倒和呕吐等等，诸如此类。

在更现代的背景下，我们看到了群体歇斯底里和追星族晕倒事件；举国上下一片哀伤，集体悼念家喻户晓但并非自己家庭成员的人物，如戴安娜·斯宾塞（Diana Spencer）……这种集体歇斯底里背后的想法可能非常荒谬，但因追随而产生的情感和社会回馈却绝非如此。

凡此种种。我们不必深究就可以理解他人的行为对我们自己的行为有着巨大的影响，反之亦然。而且，从这些简单的例子中可以看出，这种影响可能是极其强大的。社会群体不仅为可接受的行为提供了强有力的模式（同时，也让新来者理解了他们应该如何行动），还对行为和价值观产生了强有力的影响。他们认为，提供给一个新人的强有力的既定规范不仅是指导他们怎么做，而且是指导他们应该做什么。

过度顺从

德国电影《浪潮》探索了对人为制造的和有毒的社会规范极端顺从所带来的可怕影响，对这种效果进行了有力的虚构式的表现。一位年轻的教师，作为一位理想主义者和无政府主义者，被安排给一个班的高中生讲解独裁的主题。他鄙视从众，在学生表达了法西斯主义在德国不可能卷土重来的意见后，这位教师决定向班级展示法西斯主义的诱惑是多么危险和诱人。

他创建了一个群体身份，并宣称自己是班级的领袖。没有人可以质疑他的命令。他创造了口号，定制了制服。他声称自己的班级比其他任何班级都要优秀，并建议班级里的学生远离其他班级的学生，因为那些学生很弱，低人一等。慢慢地，他开始与他们建立起深厚的内群体一致性。在一些方面，他们表现都很积极，为彼此挺身而出，创造出共同的身份、自尊和归属感。但渐渐地，这种极端主义的阴暗面开始显现出来，影片的最后以悲剧收场。

从众有其阴暗危险的一面。艺术作品和文学作品经常将反主流和反偶像主义理想化是有原因的，即使它也会创造新的偶像。猫王埃尔维斯·普雷斯利（Elvis Presley）和詹姆斯·迪恩（James Dean）在他们的时代被视为革命性的人物，下一代人将他们视为创新和安全的前卫反叛的代名词。从众提供了安全感和归属感，但也提供了万事永不改变的理由——包括向更好的方向改变。我们可以看一下1984年的电影《浑身是劲》。影片中，在禁止跳舞的县里，爵士乐迷凯文·贝肯（Kevin Bacon）与小镇娱乐警察发生了冲突。此外，我们还可以再来看看可怜的伽利略。他因哥白尼的异端学说而被教会囚禁至死，就因为他大胆地主张地球是按日心说运行的，与那些偏爱从《创世纪》中推断出地心主义天体模型的人相悖。

更为阴暗的是，我们可能仍然会对20世纪60年代耶鲁大学进行的臭名昭著的米尔格拉姆实验不寒而栗。该实验研究的是，如果权威人士指导志愿者们对陌生人进行电击——甚至可能致人受伤或死亡，志愿者们的意愿强度。事实上，电击是假的，病人也都是演员，但关键是志愿者并不知道这一点。实验发现，尽管有些人并不情愿，但愿意服从指令去伤害他人的人却多得令人沮丧。当从众与服从无良的权威嫁接到一起时，从众可能就成了我们最大的恶习。

任课教师应该从中吸取的经验是什么呢？那就是既要公平、善良，还要尽可能地做到公正。永远不要为了一己私利，或是为了让自己觉得自己很重要，而让别人觉得自己很渺小；抑或为了自娱自乐，而滥用自己的权威。这也是教师的道德罗盘是我们做什么和我们是谁的重要组成部分的另一个原因。

这对我们有什么用

理解这一点在课堂上对我们有两方面的帮助：

1. 它可以帮助我们理解学生的行为，以及作为一个群体的一部分会对他们产生什么影响。

2. 它为我们提供了一个改善问题的方法。如果我们能在群体层面，而不仅仅是个人层面设计变革，那么我们或许就可以设计出能以可持续的方式改善整个班级行为的方法。

全球黄金法则

作为一种心理机制，社会从众由来已久。它是人类文化的基石，被广泛视为在群体中传播和维持行为的一种方式。

它可能是作为一种有助于生存的行为习惯出现的：我们在群体中寻求保护，在原始的联盟中相互联系，这也许都是以大家庭为基础。但是一旦群体规模足够大，就很难保证有共同的行为准则、仪式或关于对错的观念。一个群体中的人越多，他们就越有可能在正确的行为方式上产生分歧。当然，人越多，就越有可能出现自私、轻率或粗心之举。将我们同意按照其生活并努力遵守的准则——换言之，即法律和规则——写下来是明智之举。或者这不仅仅是明智之举——这可能对任何社会的生存都至关重要。

有趣的是，如果我们纵观历史上的文明，我们会发现它们似乎都有许多共同的道德准则。在2019年的一项研究中，牛津大学的一个人类学家团队确认，似乎有七条道德准则可以说是在世界各地和任何时代都普遍存在。基于对来自60个社会的民族志记述的研究，他们得出结论："虽然道德可能不一定是先天固有的，但所分析的每一种文化似乎都受相同的道德戒律支配。"作者还说：

> 世界各地的人们都面临着一系列类似的社会问题，并使用一套类似的道德准则来解决这些问题。正如所预测的那样，这七条道德准则似乎在不同文化中都是普遍存在的。各地的人们都有着一个共同的道德准则。大家都认为合作、促进共同利益是正确的做法。

在所研究的每一种文化中发现的七条道德准则最终归结如下：

- 重视家庭——帮助你的直系亲属
- 忠于群体——帮助你所属的群体
- 互惠——你希望别人怎样对待你，你就怎样对待别人
- 勇敢——为自己的信仰挺身而出
- 尊重——服从商定的等级制度，接受权威来源
- 公正——公平分配资源
- 产权——保护所有权

如果我们接受道德可能不是固有的，这似乎表明道德的出现可能是为了促进合作。不同社会对这些概念的解释各不相同，但价值观的普遍性和

相似性表明，它们对人类文化的凝聚力和连续性至关重要，甚至是不可或缺的。政治哲学家们仔细研究了社会应该如何运行的各种模式，但可以说，如果没有以某种方式建立于这些准则的基础之上，社会是不可能存在的。从克鲁泡特金（Kropotkin）到马克思（Marx）再到吉姆·琼斯（Jim Jones），他们都曾推测过摒弃这些原则中某些部分的替代性乌托邦模型，但令理论家们烦恼的是，这些例子中没有一个足够大、寿命足够长或足够有吸引力。小型群体可以依靠信任和心照不宣、一致认可的仪式生存；大型群体可以在短时间内生存下去。但说到底，法律是必要的，否则人类进化会残酷地与这些实验背道而驰。

牛津大学的这项研究"验证了一种理论，即道德的进化是为了促进合作，而由于合作有很多种类型，所以道德也有很多种类型"：

> 根据这个"道德即合作"的理论，亲缘选择理论解释了为什么我们对于照顾自己的家庭这件事情有一种独特的责任感，以及为什么我们对乱伦深恶痛绝。互惠主义解释了为什么我们会形成群体和联盟（人多力量大，安全系数高），这也解释了为什么我们重视联合、团结和忠诚。社会交换理论解释了为什么我们信任他人，互惠互利，会感到内疚和感激，会进行补偿和原谅。而冲突的解决则解释了为什么我们要付出高昂的代价来展示勇敢和慷慨等品性，为什么我们要服从上级，为什么我们要公平地分配有争议的资源，以及为什么我们要承认先占。

这一系列问题确实值得我们思考，特别是如果我们想把课堂设计成安全、有道德、有尊严和有支持性力量的空间。你所打造和管理的课堂以哪些原则为支撑？你的立场是什么？

也许没有这些对行为的假设和期盼，社会群体根本就不可能存在。也许这些规则（以及对规则的信念）是任何一个社会群体生存的基本组成部分。换言之，在某些事情上，为了社会能够蓬勃发展，某种程度的一致性是必不可少的。我们可能会允许自己在许多领域（艺术、表达、信仰、崇拜等）一试身手，但决不允许自己去触碰其他领域（谋杀、盗窃等）。

从众显然与许多我们可能十分憎恶的事情有关，比如对暴君的服从等，但是也可以被视为一种积极的力量，一种必要的力量，一种将我们彼此联系在一起的黏合剂。我们已经看到，托马斯·霍布斯可能会认为，如果我们对于在大的群体中彼此如何相处没有广泛的共识（社会契约），那么人类社会就根本不可能存在。

另一方面，遵从健康和积极的规范，旨在增进群体的福祉和群体所有成员的个人发展，这不仅是实现共同利益的有效机制，更是一项大型的道德事业。它要求我们基于为最多数人谋求最大利益的原则，在个人权利和群体权利之间取得平衡。这个圆圈可不好画圆满了。但这是所有社区，包括课堂，不可避免的、必不可少的组成部分。这项责任不容推卸和逃避。如果教师选择不去解决课堂的规范问题，那么规范仍然会存在，只不过就不一定是理想的规范。而事实上，规范几乎肯定会变得非常糟糕，除非你相信孩子们在没有大人指导的情况下，会自然而然地将自己组织成善良而有尊严的群体，而我却没有这个信心。正如杰克·奥布里（Jack Aubrey）船长告诉我们的："你想要无政府状态的话，那就来错地方了。"

在下一章中，我们将开始研究教师如何使用规范，并能够成功运用到课堂上。

良好的关系要建立在
组织结构和高期望值之上

师生关系固然重要，但它是建立在信任的基础上的，而信任是建立在相互可预测的行为上的。这需要真正得到执行的规范和惯例。

但我们并不期望学生只有在与所有教职员工关系良好的情况下才会表现良好。我们的期望是学生表现良好，是因为这是正确的事情。

第六章

建立有效的课堂规范

　　教师通过教导学生如何行为得体来建立安全、安静、有尊严的课堂是至关重要的，而且这也是标准做法。教师需要对这些规范进行设计然后教授给学生，以便每个人都能保持同步。

　　如果就如何表现、何时可以在教室里走动这些事情学生得不到指导方针，或者如果他们经常打断教师讲话，那么教师是不可能进行教学的，学生也是不可能进行有效的学习的。

　　这给我们带来了一个趣味横生的挑战。学生们常常遵从集体行为，但不是每个人都这么做，也不是总这样做，而且也不都做得一样。有些人积极寻求办法不随大流。但即便如此，他们还是会被志同道合的同龄人吸引。他们想要融入，不是因为他们是盲目的追随者，而是因为我们都在寻求赞同和认可，而实现这一目标的最简单的一个途径就是行为举止遵循一个群体认可的方式。事实上，任何一个能给予我们想要的激励，让我们觉得自己有价值，感觉被重视，觉得自己很重要的群体都可以。

　　孩子们很快就能领悟规范。要搞清楚什么是可接受的规范的行为是非常容易的，而仅仅理解往往并非教师想要规范呈现的样子。规范是通过行动，而非我们的希望，展现出来的。规范不是贴在教室墙上的规则。它们是实际发生的，而不是我们希望发生的。规范是我们所看到、听到和触摸到的东西。

行为黄金法则：让守规矩轻松自在，不守规矩则寸步难行。

我们需要为孩子们扫除尽可能多的障碍，让他们尽可能容易地做到行为得体。与此同时，我们还设置了小的、常常是可见的（有时是非常显眼的）绊线和障碍，引导他们避免犯错。路标不仅标出限制（例如限速），而且用减速带和猫眼引导司机做出正确的行为。这不仅仅是"胡萝卜加大棒"。这是为优秀行为设计的课程。

我们如何建立正向的社会规范

知—教—护模式

首先，我们需要知道我们想要建立什么样的规范。你希望看到展示什么样的价值观？它们在实践中会是什么样子？

接下来，你需要把这些规范教给学生，而不是告诉他们。

最后，你要维护这些规范。

为他们定义何为正常

在建立规范时，要弄清楚其含义。

想象一下，你希望学生们在你的课上不要大喊大叫；你想要一个安静的空间。但是什么是"安静"呢？对不同的人，这个词有不同的含义。对有些人来说，"安静"可以指安静地说话，在课堂上安静地走动；对其他人来说，它意味着小声或沉默。不仅在通常情况下，而且在执行不同任务时，它实际上看起来和听起来是什么样的？阅读一本书的时候呢？进行辩论的时候呢？

对你和学生来说，如何定义"安静"以及正常情况下它应该是什么样子都很重要。

示例：

教师要学生们普遍保持安静，不要大喊大叫。但是教师并非仅仅假设他们已经知道这一点，或者只是告诉他们"保持安静"，而是要教他们在不同的情况下正常的音量是什么样的：

无声的声音——只有你自己脑海中能听到的声音

同伴的声音——只有你的同伴能听到的声音

同桌的声音——只有同桌才能听到的声音

班级的声音——全班都能听到的声音

教师会让全班同学试一试，然后调整音量，这样全班同学就可以听到作为一个小组正常音量是什么样的，而不仅仅是想象：

"各位同学，我们开始吧，我只想听到'同桌的声音'！开始！"

"做得很好，但有些学生的声音是'班级的声音'。谁能告诉我这一做法为什么很重要？"

我所见过的对规范解析得最好的一个教育领域是早教/幼儿园，因为在那里每天都要打交道的孩子可能还不理解你所说的"要善良"或"要耐心"是要做什么。那里的工作人员明白，我们可能认为理所当然的东西，孩子们并不容易领会。

在早年的环境中，我最喜欢的一张海报是这样一张经典的图片：

这张图片并不是为孩子们准备

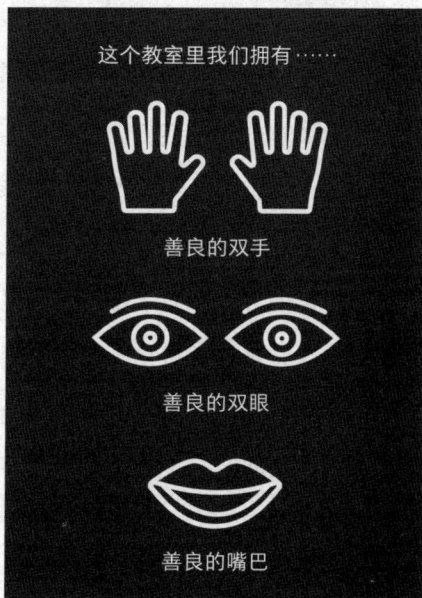

这个教室里我们拥有……

善良的双手

善良的双眼

善良的嘴巴

的——他们不识字。它是为早期教育专业人士设计的一个提示，用来作为对话的视觉道具，讨论在不同情境下友善的含义。请记住，非常小的孩子还没有习得有关利他主义、分享和宽容的全部知识，需要有人来教他们。我们通过谈论和强调这些内容，并让他们加以实践，从而来教会他们。没有谁会像教师那样善待和理解孩子（除了父母），所以学校成为了一个训练场，在那里，孩子们可以安全地犯错，以练习应对走出校门后往往很艰难的现实困境。

优秀的早期教育工作者知道，有时即使是最显而易见的行为，他们也必须进行解读和解释。当幼儿园里的小瑞安用威震天模型狠揍别人时，教师可以从以下两件事中选一件来做：

1. 让他起开。"别打他！"

2. 和他坐下来，然后问他："那是善良的双手吗？"看看他的反应。然后给他讲讲善良的双手可能是什么样的，并让另一个班级成员来做一下示范。请瑞安试一试，再就此进行讨论。接下来让他们说说下次他们想要做什么，比如用威震天模型揍某人的话，应该怎么办。

如此一来，行为模式以瑞安能够理解的方式清楚地展示了出来，而不是就简单地下一个不能做某事的指令。从根本上说，这就是你如何教导良好的行为和习惯的方式，而不仅仅是处罚不正确的行为（尽管通常情况下这种行为是故意的，特别是即使你也这么觉得，你仍然要如此处理）。专业行为管理机构的从业人员也知道这一点。他们意识到，年龄较大的儿童通常也需要这种级别的精准而有针对性的支持，以帮助他们学习健康的价值观和行为。

传达规范

我们可以用多种方式交流什么是规范的。我们需要清晰明确地定义、展示和示范什么是规范行为，以及什么价值观支撑或证明它是正确的。这样做的真正好处在于，你可以决定什么样的价值观和行为应该成为课堂规范（在合理的范围内）。你是在倡导善良吗？勤奋？宽容？坚定的态度？先把它弄清楚，然后再教给学生。

示例：

在伦敦西北部的米凯拉社区学校（Michaela Community School），有一项课堂价值观就是感恩。他们希望学生明白，总有一些东西是值得感激的。他们相信，懂得感恩的人往往更快乐。想一想你应该感激的人，能迫使你走出自己的自私而为他人着想。这是促使学生去做正确事情的一个动力。

为了鼓励这种价值观成为一种规范，教师必须教授感恩。这意味着要和孩子们大量讨论什么是感恩，它意味着什么，以及为什么它很重要。但这也意味着期望他们能够心存感激。讨论和思考这个问题很重要，但这只是第一步。下一步就是要有所行动，否则就只是空洞的姿态。

因此，学生从进入教室的第一天开始，就要教育他们在正常的日常交往中表现出感恩的行为。他们教给学生们在下课时说谢谢。他们提醒学生们要感激学校对他们的关心，并鼓励学生感谢教职员工为教育和照顾他们所做的努力。他们会训斥那些没有表示感谢的学生——比如面对为他们服务的餐厅工作人员时。每当午餐时间，在午餐后，整个年级都会安排时间对生活中任何帮助过他们的人公开表达感激之情。

示例：

学校还有一个规范是社区规范；学生需要明白他们是学校社区的重要成员，也是更广泛意义上的邻里社区的成员。为了做到这一点，他们会提醒学生们"你永远不会有第二次机会给人留下第一印象"。他们教导学生在社区里一定不能做的行为——推搡、大喊大叫、打架——并鼓励他们认定自己做得比这更好，并为自己面对他人时的样子和行为感到自豪，即使面对的是陌生人。

他们告诉学生不要在社区大量聚集，要在当地商店使用"请"和"谢谢"等简单的礼仪用语，还要考虑学校和自己的声誉。他们提醒学生在公共汽车站要有礼貌，要规规矩矩地排队等候，如果另一所学校的学生与他们敌对，不要受其影响。

通常情况下，学生只有出了什么状况才会在学校听到这类信息。而在这所学校，他们会讨论这些信息，所以他们会行端表正。

你越是重复规范性的信息，它就越有可能被看作是一种规范。

一位班主任每天都会对着三年级的学生背诵他的四个主要期望："好了，在我们准备坐下来之前，请记住：要善良，要玩得开心，要努力学习，要多学东西。萨米，你能告诉我昨天有人做了什么好事吗？贾斯敏，你今天要怎么努力学习呢？"

一个规范性信息越被维护，它在班级群体中就越是被认真对待。

教师告诉全班同学，他们每天需要带三支铅笔，每天都会对此进行检查。如果学生没有三支铅笔，就会要求他们说明原因，或是从朋友那里拿一支。

还有一百种其他的方法可以做到这一点。但是，为了使价值观得到鼓励，就必须将它们有意识地、持续地梳理出来，坚持下去，并加以展示。只是说说"我们认为感恩是伟大的"是不够的，必须让学生进行体验。这意味着要把它分解成许许多多现实生活中实实在在的事情，期望学生们去做的事情。

如何传达规范

通常情况下，我们通过以下方式了解什么是课堂上的规范表现。

- **正式的指导** 有人明确地告诉我们，在课堂上应该重视什么样的东西：感恩、善良、坚持不懈，诸如此类。这可以在集会上、报到时间、课前、课上、海报上等进行。重点是要让指导清晰而明确。做这件事的最佳时间是在你与一个群体刚开始建立关系时。次佳的时间是之后的任何时刻。

- **示范** 至关重要的是，孩子们要看到你展现这个规范，而且不是隔一段时间，而是时常不断地进行示范。最好是让他们注意到你正在做的事情，并且要明确地指出来。"我们拿来三支铅笔，以此来显示我们的善意和有条不紊：一支拿来用，一支以备丢失，一支用来借给别人。"

- **举例** 当有人在班上展现出一个规范行为的时候，要指出来，让孩子们清楚明了地看到这就是你想要的，这么做是能获得关注和支持的。"太棒了，乔纳，我真的很高兴看到你没有放弃，而且真的尽了最大努力去检查你所有的拼写。坚持不懈能帮助你把事情做得更好。"

- **后果** 如果规范没有被展示出来，或者展示出来的是其反面，那么你就必须清楚、明确、公开地以某种方式进行质疑。我们将在后面讨论后果，但就目前而言，我们可以说，这并不总是意味着训斥；它可能意味着我们要求某个学生做一些不同的事情，和学生进行一场心平气和的聊天，纠正学生的行为，或者确实是义正词严地训斥学生，甚至可以要求另一个学生示范一下什么是正确的行为。你可以这样说："谁能告诉我为什么我们不能在教室里扔东西？""说的没错。这么做不安全，因为你可能会打到别人。而在这个教室里，我们得相互关照。"

一以贯之

我们可以用许多不同的方式来应对不当行为，但是因为训练不足，没有完全掌握相应的技能，我们才不断地得到一成不变的结果。但是，如果规范被破坏，必须做出反应，否则就会发现，这个规范不是一个规范，而是一种可能。事实上，规范的不确定性变成了规范本身——每次学生的表现都不一样是很正常的。当孩子们知道有些东西有时是规范，有时又不是时，他们就会明白，规范就是不确定性本身。这意味着你想要灌输的规范将永远灌输不了。

因此，每当你要求开展某项工作时，至关重要的是，你要确保学生遵守规范。一旦你放任自流，学生就会明白你会让步。互动中那个确切的瞬间至关重要。那一刻，你的规范变成了现实，而不仅仅是你告诉他们的一个童话故事。

示例：

> 教师正要下课。她教给学生的规范是站在椅子后面，收拾好背包，这样她就可以让他们一次走一排。然而今天是星期五下午，一些比较兴奋的学生扎堆堵在门口，急着要走。还有一些学生在他们的课桌前等着。其中一些学生看到了堵在门口的一堆人，也开始慢慢挪向那里，心想着："好吧，如果他们能这么做的话……"

> 这就是关键时刻。如果教师看了看时间，累了，想，"哎呀，

真见鬼"，然后让他们走了，那么规范就是"扎堆一起走；等着的就是傻瓜"。因为规范变得可有可无，规范就从"我们要这么做"变成了"不，我们就要这样做"。

　　明智的教师会坚持让每个人都按照她要求的那样回到自己的座位上。她坚持要执行自己给他们的指示。这可能需要多花一分钟时间，但学生们接收到了信息：她说话算数。她甚至可能会让扎堆的学生回来待上一分钟，重新解释一遍这个规范以及它为什么那么重要。

总结：要想让事物被视为常态，就必须让人频繁、持续、长时间地看到这些东西。

　　这就是为什么你不能仅仅通过给孩子们讲一次，或者让他们把规则记在书上并假装这些规则对他们有影响，就可以建立起规范。

教师的榜样作用

　　在课堂上传达规范的最有力的一个方式是通过教师的榜样作用。所有教职员工都要以他们希望学生效仿的方式行事。这做起来并不像听起来那么容易。同伴群体的影响是非常强大的——到了后青春期，大体而言，其影响会远超父母。群体社会化理论预测，决定儿童教育成功的最重要变量是其学校的同伴文化。但是，如果教师努力成为一个权威人物，为群体提供身份、安全和保证，就可以承担起群体领袖的角色。

　　请记住，我们所以为的自己的样子往往并不是我们给人留下的印象。给你自己拍摄一段视频，看看你是如何表达自己的，或者让一名你信得过的同事观察你。

要非常小心，不要违背自己的价值观。有时教师仅仅说了几句话，而我们所看到的是比之有力得多的信息。这意味着不要说一套做一套。这还意味着不要让自己做你说过的认为是错误的事情，如迟到、表现粗鲁或说脏话。当然，教师的行为标准与学生并不完全相同——由于他们的地位和身份，他们拥有更多的特权——但也有许多事情是我们可能期望学生和教师都能做到的，比如有礼貌，以及注意安全。

示例：

守时常态化意味着每天都要想方设法准时（或稍早）到校上课，而不仅仅是大多数日子里这么做。这样你就可以告诉学生守时是多么重要，他们也就会相信你。但是，如果你迟到了，这就会告诉他们，做一个伪君子也是正常的。在你说要发回作业的时候就要发回去，除非在特殊情况下，否则不要延期。按时完成教学。准时下课。不要因为有迟到的学生就重新从头开始上课。

谦逊常态化将意味着如果你做错事就要道歉，并且向他们证明这样做很重要，还要展示如何去道歉。因此，如果你迟到了，那就向全班同学简单地道歉，以表明迟到的确是不可接受的，然后继续上课。简单而扼要地道歉，不要拖泥带水。让他们看到这很正常，而且你这样做不需要付出任何代价。让他们看到，你可以道歉，并且仍然有尊严。许多孩子（还有成人）纠结于此事，因为从来没有人为他们做过这样的示范。所以要成为这样做的人。

感恩常态化可能意味着如果有学生做出明显的善举，甚至是日常的文明行为，都要感谢他们。定期感谢全班同学的长期努力或表现。在你的日常话语中拿你生活中感激的人做例子。

善良常态化可能包括为他人开门，并坚持让学生们也这样做；或指出每一个善意的行为并加以赞扬；或举行善行比赛；或向学生展示如何在学习上相互帮助。或者还有一千种其他的方式。去决定你想要关注哪些规范，然后思考以何种方式在你的课堂上把它们表现出来，这可能会让你深感欣慰。然后，有意识地、明确地在你的教学过程中建立这些规范。有意识地去做别人不知不觉中做的事，要带着目的地去这样做。

学生大使

考虑在你的班级中为学生创造角色，以此为模范品格和能力提供机会进行展示。学生在很大程度上受到同伴群体的影响，所以与其自己承担所有的重担，不如创造机会，让优秀的学生站到聚光灯下，成为效仿的榜样，如班长、学长、小组长、队长等。

示例：

学生交了一份家庭作业，作业的目的是记录他们在周末做了什么。在这个例子中，学生们付出了巨大的努力，画了一整幅关于在慈善商店做志愿者的漫画。这幅作品已经在语言选择、文案和准确性方面经过了多次编辑。教师除了给它打分或评级外，还花了一分钟时间把它举到全班面前，祝贺学生的作品，并具体讨论其中所需的努力、这项活动所具备的同情心和改写的准确性。任何对什么是"好的"家庭作业有疑问的学生（很多人都有疑问）都会从中学到他们如何能做到这一点。而教师已经用实例提供了证明，明确而清晰。

这种展示应该被视为一种特权和荣誉——必须是真正值得关注的学

生，而非仅仅是受欢迎的学生或者是那些认为该"轮到"自己被关注的学生。如果学生认为表扬就像饭后平分账单一样进行分配，那么他们就不太可能比平时更努力，也不太可能改变自己的行为。

教师为班级设定标准

教师要与学校的价值观休戚与共。如果教师的行为表明他们认为学校的价值观愚不可及、无关紧要或单调乏味，学生可能会认为你很酷，也可能会认为你很古怪。但你肯定会以一己之力削弱学校试图实现的东西。这是一条很容易走的路，经常源于错误地认为学生会更喜欢你。但这既不专业，又具有破坏性。

示例：

> 在家长会上，瑞安的父亲表达了对学校的不满："你还好，但是那个科学老师哈里森先生简直是多余。他对瑞安吹毛求疵。"老师："是的，他是有点那样。"结果：第二天，瑞安的父亲打来愤怒的电话（"连班尼特先生都同意我的观点！"），瑞安（当时在场）明白了，他已经获得许可，可以对恶毒的哈里森先生无礼。

这很难，但当你成为一名教师时，你不再只对自己的行为负责。这就像为人父母。你所做的就是你所要进行规范化的。

教师需要对学校、其他教工以及学生，或者至少是对学生们的潜力，表现出持续的、无条件的积极态度。学生需要看到这一点。他们需要看到你对学校、对他们有信心。你绝不能有损学校的权威。学校的存在是为了支持你和学生。如果每位教师都这样损害学校的权威，那么整个学校文化就会蒙受损失。如果你有什么要批评学校的地方，请向能够改变现状的人说，或者以专业的方式私下交流你的观点。

你的课堂文化并不是一个独立于你的东西。它是由你、你的行动、你的期望以及你所允许或禁止的事物组成的。一旦你停止为它注入生命，它就开始消亡。你永远不会下班。

代表学校

学校的规章制度和价值观必须始终明确地贯彻在学校生活的各个方面——走廊上、操场上、旅行中、接待来访者时、比赛中、上学的路上、集会中、宗教仪式中和颁奖晚会上。每个人都要对行为负责。如果你能做到的话，请试着自己坚持这一点，并鼓励你的同事也这样做。

这并不容易，特别是如果你恰好对学校的规章制度或价值观持有异议。但你必须这样做。这是你选择在一个机构工作所要做的权衡之一。通过破坏整个学校的规章制度，你让其他人处境更艰难，最终也让你自己处境更艰难。

真诚的和不真诚的规范

学生通过他们的所见所闻来学习什么是规范，而不是因为你希望规范存在学生就会执行。教师经常忘记这一点，并试图建立规范，结果自己却破坏了这些规范。让我们来看看这样一个方法，教师们试图建立一个规范，但结果却意外地创造了一个他们并不想要的规范。然后我们可以看看有什么方法可以做得更好。

举个反面例子：

> 班级有一条规则："提问时要举手，然后等着被叫到。"这是预期的规范。教师问全班："黑斯廷斯战役是什么时候？"瑞安——因为总是有一个叫瑞安的孩子——放肆地喊出"1066年！"。现在

教师尽管不赞成这样的回答方式，可能还是会想"至少他回答了一个问题"。

也许他们的同情心甚至会因为瑞安很少做出贡献或很少答对问题而增加，所以在这个例子中，教师可能不会像平常那样对被打断感到恼火。

教师可能会很容易做的——但是是错误的——就是对着瑞安摇摇手指，温和地斥责他说："现在，瑞安，你知道关于大声喊叫的规定……"——一阵心跳过后——"……但是，是的，是1066年，答得好。现在谁能告诉我……"

也许你看出来刚刚在这个小片段中出错的地方。瑞安从这次经历中得到了他想要的东西：他答对了问题，他引起了大家的关注，他得到了教师的表扬，他比同龄人多了一分，他打破了规则并逃脱了惩罚……在这一刻，瑞安基本上就是比利小子，他心目中的英雄。通过给予瑞安这些奖励，教师实际上强化了一种规范，即一个人应该大声喊叫好让别人听到。教师已经不太可能让他在未来表现得体，而他更有可能再次使用大声喊叫的策略。

而其他乖乖举着手的孩子们也学到了另一个教训：要想被人听到，就得大声喊出来；通过比谁的声大来获得教师的关注。他们的行为也以一种不同的方式得到了强化，而不是以教师预期的方式。那班上的其他学生——那些把手放下的孩子，那些选择性沉默的孩子，那些置身班上的口头文化之外的孩子呢？他们已经从教室的公共生活中被推得越来越远，尽管是无意的。如果瑞安是教室里唯一的学生，那么这件事就不会有这么大的影响。但瑞安是一个群体的一员，在这个群体里，每个人都影响着其他人。

正确强化规范

重复这个场景，只是这一次，当瑞安大声喊出来时，教师应该直接地：

• 微微做出一个非语言性拒绝。也许是一只手朝下的样子。

• 用"我在等人举手"来强化这个拒绝，不管瑞安吼叫多少次。

• 然后说"有谁能举手回答这个问题吗？有吗？"来支持这个态度。

• 扫视全班，再无视瑞安几秒钟，重新提出期望。

• 然后说"啊，来吧，贾斯敏，举手做得很好，谢谢"，"1066年，对了，回答正确，做得好"。

• 当瑞安在角落里懊恼地独自生气时，只需说"还有，瑞安，我稍后需要和你谈谈大喊大叫的事"，然后再继续；或者发出一个温和的惩戒或警告，或任何一种学校规定的方式。

它的美妙之处在于，这花费的时间与第一种情况完全一样，却产生了更强大、更积极的效果，因为它建立在现有的规范之上，并加强了这些规范，而不是削弱了这些规范。

如果有人在想，"如果瑞安从不正常回答问题怎么办？你不是已经把他压垮了吗？"那么我们所要做的就是补充以下这一点：

• 在课后的聊天中，向瑞安解释，你真的很自豪他愿意回答这个问题。你还可以为他答对了这个事实再添上喜悦的一笔。

• 然后再加上："但是你可以理解为什么我们在课堂上不能大喊大叫，对吧？如果你能把手举起来就更好了，我保证我最终会叫到你的。"或者类似的话。你可以在鼓励某人做得更好的同时，在表扬或惩戒他们的同时，进行训斥。你只需要有效地进行措辞（详见第九章）。

影响规范遵守程度的因素

正如我们在第五章中所看到的，有几个因素会影响个体对群体规范的遵守程度：

· 群体的规模。如果一大群人都以一种方式行事，那么要想让学生们以不同的方式行事，就比只有少数人在做同样的事情更难。

· 群体意见的一致程度。如果群体成员都明确地同意这些规范，那么就更难抵制这些规范的影响。如果群体中有不同的意见，那么不遵守规范就会变得更容易。

· 展示规范的人的地位。地位高的个体（如教师或班级的主要成员）往往具有超凡的影响力。请注意，如果学生高度反权威，那么正式的身份（如教师）并不能自动赋予他们高地位。在这种情况下，学生很可能在把教师当作权威人物之前，就已经把目光投向了他们的同伴。

· 个体事先对行为的承诺。如果群体期望一个学生以他们自己已经同意的方式行事，那么这个学生更有可能采用这种行为，而不是自己强烈反对的行为。

在课堂上，让尽可能多的学生接受规范是很重要的，特别是在人数多的群体中。而用他们已经重视的东西来传达你想要实现的规范，是一种非常有用的方法。

示例：

· "我知道我们都希望安全，所以为了实现这一点，我们都需要快速而仔细地收拾用具。"

· "我们需要这样排队，如此我们就可以检查记事本，然后尽快开始上课，而不是站在走廊里浪费时间。"

为你的规范辩护

要对儿童定义、传达、展示和阐明什么是规范已经很困难了，但更难的是维持规范。这是因为在自己的行为和期望方面，它要求我们要比在日常生活中更多地反复进行而又前后一致。我们非常善于给自己留点余地或为自己的行为找借口。

但是，如果我们为别人这样做，那么我们就会创造一种氛围，让孩子们知道，他们的行为有时会被容忍，有时则不会。他们需要看到和感受到的是一种沉浸式的环境，在这种环境中，规范无处不在，无时不在，而且他们逐渐期待这些规范。他们需要学会相信这些规范会一如既往地遵守和保持。规范必须是常态。

零容忍——口号，而非策略

期望完美是不现实的。生活从来不是完美的，总会有一些时刻或情境需要违反规范。

示例：

> 课堂上，学生的规范可能是留在教室里坐在他们的椅子上，除非他们请求允许移动。但如果教室着火了怎么办？或者有人在地毯上生病了呢？如果仍然期望每个人都遵守规范，那会很奇怪和残酷，因为规范并不是为这种情况设计的。

这就是为什么"零容忍"这个短语实际上是一个口号而不是一个可行的策略。我从来没有去过一所零容忍的学校，尽管我去过许多声称是零容忍的学校。当我问他们"如果一个学生在那个周末被一辆公共汽车撞了，你会因为他不交作业惩罚他吗"时，很显然，他们说"当然不会"，然后我们看到"零"实际上并不意味着一个没有——它意味着一个非常、非常小的数量。总是会有例外，在这种情况下，我们根本就没有零容忍。我们对不当行为有"非常低的容忍度"。这很好，剩下要做的就是确定我们的底线在哪里，而不是假装我们可以废除它。当你宣称零容忍时，你就打开了批评的大门；当你在一个很高的标准上划定你的底线并坚持执行下去时，学生的行为就会得到改善。

我们可以从零容忍方法中得到的重要信息是：

• **例外情况必须是例外的，而且具有逻辑上的一致性**。它们必须被视为极不寻常但是可以理解的情况。

• **理由不一定总是借口**。你有可能对某个行为采取零容忍的态度，但可以采取更细致、更有针对性的应对方式。我们总是想鼓励学生为自己的行为负责，否则我们就会教导他们那是对自己不负责任。这就导致了进一步的不当行为，因为学生不想尝试控制自己。

示例：

　　一位教师有一项规定：所有没有假条的迟到都会导致留堂。有一天有五个学生上课迟到。其中两个有假条，三个没有。在这三个人中，有两个人于课间休息时在体育馆闲逛。而有一个是在课间快结束时等着上厕所被耽搁了。这听起来像是一个比较好的理由，但仍然不是特别合情合理。这三个人都被要求回来做短暂的留堂，而最后一个学生是被告知如何更好地管理时间，而不是因为拖沓被训斥。

示例：

　　两名学生在家长开放日期间被发现相互谩骂。教师在放学后把他们俩叫住单独开会。结果发现，一个是挑衅者，一个是回应者，而且他已经深感不安。完全放过后者是很诱人的想法，但这样做会让他们学到什么？如果你气得要命，在别人面前就可以骂脏话？显然第一个男生的过错更大，他的后果也应该反映这一点。但是，除非我们向所有学生灌输尝试自我控制的必要性，否则我们就会给他们许可，让他们可以随心所欲地行事。而这并不能帮助他们学会自我调节。因此，对这两个学生的反馈很可能会有差异，但对这两个学生都应该有惩罚性的威慑效应。

知道如何应对例外情况，但也要让它们与惯例保持一致，这是我们以后讨论后果时要关注的问题。

规范的一致性成就了规范。你必须保持非常高的一致性，否则规范就会慢慢变成一纸空文。但如果你不能达到完美的一致性，也不要自责。要使某件事看起来正常，它必须是正常发生的事情，而不是唯一发生的事情。夏天比冬天暖和是正常的，但这并不意味着冬天里最暖和的一天就不能比夏天最冷的一天热。如果真的发生这种情况，我们也不会忧心世界已经疯了，夏天现在变成了冬天。我们仅仅会接受这是一种不寻常的情况。

为了获得最佳行为，教师需要有非常高的标准。这一点说起来容易，做起来难。问题是，每个人都想象自己的标准相当高。很少有人认为自己的标准很低。其中一个原因是，我们往往很少拿自己与他人进行比较——我们很少看到其他教师的教学。此外，我们非常倾向于认为自己做得比实际情况好。

真正的高标准意味着，比如，几乎不接受任何关于作业迟交或不交的借口，或者在有人骂人的时候，做出极端一致的反应等等。拥有非常高的标准格外重要，而且你的反应必须高度一致，否则学生们就会将不一致正常化。正如许多人所说的，"一场战役你可能要打不止一次才能赢得胜利"。

为什么一致性对规范如此重要

这是因为我们通常理解物理世界如何运行的方式不是基于确定性，而是基于或然性。我们观察过去发生的事情（例如，太阳总是在早上升起），然后对未来会发生的事情形成一种看法（太阳明天会升起）。因为太阳在过去已经升起了那么多次，所以我们有一个非常坚定的信念，认为太阳会再次升起。或者每当你的闹钟响起时，你都认为是时候去工作了。但这永远只是一种大概率，而非确定性。我们用来判断未来可能性的过程称为归纳推理——我们从已经拥有的证据中进行推断。我们可能会在内心深处接受它可能不是确定的，但它是我们赖以生存的最接近确定的东西。我们对世界的一切认知都是基于归纳推理。我们所拥有的只是经验和概率。

例外情况必须是例外的

因此，孩子们需要相信某些行为和价值观会得到维护，以使规范得以发展。例外情况可能会发生，但它们必须是例外的。如果它们是例外，那么规范就不会被破坏，而只是承受点儿压力。教师必须以"规范被一致接受"为目标。但他们也必须对自己诚实，他们实际上已经试图尽可能地使所期望的行为常规化，尽可能地使其清晰明了，尽可能地加以强调，并尽可能地经常弘扬它。如果我们设法做到了这一点，那么我们就可以说，我们已经尽了最大的努力，已别无他求。

总结：必须尽可能地维护规范。否则，它们就不再是规范，就会失去影响力。

监测规范

如果你想保持你的规范，你必须对其进行监测。开始让事情放任自流是非常、非常容易的。一致性和卓越性是很难做到的。偷工减料是世界上最容易的事情。你在时间和标准上还承受着无数其他的压力和要求，而此时此刻，降低标准往往感觉是正确的事情。

教师们通常抱着很高的期望开始上课，并且会注意到每一个不良行为。但随着时间的推移，他们开始习惯，一天又一天，一点又一滴，直到曾经无法忍受的事情也变得可以忍受，甚至变得不那么引人注目了。正如加缪所说，"你可以习惯任何事情"。而到那时，这已经成为一种新的常态。当我们达到了从不挑战规范的阶段时，它就会持续下去，没有了改变的压力。一点一滴，点点滴滴。事情就是这样发生的。我能理解为什么教师们允许这种情况发生。有时，这是对角色压力的一种回应：如果我因为试图质疑不当行为而感到不安，我可以采取的一种应对方式是停止关注它。

抗拒引力

教师需要建立一种机制，通过这种机制，他们可以监督课堂的规范，以避免让规范失效。这可以通过以下几种方式实现：

1. 建立清晰、明确的行为标准，并将其写下来。正如我们所提到的，我们首先要明确我们期望的是什么，然后举例说明，以确保我们的学生明白其含义。所以，这可能就是像准时到校、交作业、有合适的学习用具等诸如此类的期望。

像这样明确的期望有一个好处，它们更容易追踪。如果规则含糊不清，就很难知道什么时候标准在下降。但这也意味着教师必须勤奋地记录诸如迟到、处罚等事情。如果不这么做，那么标准就会像流沙一样发生变化，

"常态"就会变成"现在发生什么就是什么"。

2. 在你的日历上安排时间，与学生一起明确地重温规范，由此可以经常、定期和明确地讨论和解释这些规范。这样，教师和学生都能得到提醒应该做什么。这和提醒孩子们一样重要。标准的制定者也必须不断地回顾他们自己的标准，以便加以维护。

示例：

> 每隔几周，花五分钟和学生一起回顾一下整个班级的规范和惯例。我可以保证，在一个30人的教室里，有一半人会说，"是的，我们知道"；四分之一的人会想，"哦，我不确定"；四分之一的人的表情会像金鱼一样，看上去目瞪口呆，想："哦，这是有规定的？"用斯诺的话来说，这样做"对所有的孩子都有益，对任何人都无害，但对某些孩子却至关重要"。

3. 外部观察制：要求每隔一段时间观察一次，可能是由部门负责人进行一次非常低风险的观察（也就是说，绝不能用于正式评估你的表现），并让观察者给出反馈，看看你所说的课堂价值观和规范是否真正是课堂价值观和规范。拍摄自己的教学过程也是一种痛苦但有力的方式，可以看到你实际展示了什么。

4. 调查：用于追踪学生在自己的环境中对行为的态度的一种方法是调查他们。最好是匿名完成，我们可以很容易地在网上设置并发放问卷，但纸质问卷也可行。问他们一些简单的问题，比如班级规范是什么、他们是否觉得规范正在发挥作用、人们真的被期望要友善吗等等。这不是硬数据，但态度信息在明确班级规范是否得到维持时是有用的。

进展顺利时纠正行为

如果你想让学生理解课堂的规范，他们必须不断地听到和看到这些规范在发挥作用。什么时候提醒他们最好？在他们言行不当之后吗？当然是在那时。但在教学中最未被充分利用的一项策略是在规范发挥作用时强化规范。

栅栏好过救护车

这一说法让一些人感到惊讶。发布行为指导的最佳时间是学生表现良好的时候。我们更倾向于在事情出现问题时发出提醒——我们仍然应该这样做。但这就错过了一个重要的机会。学生们在冷静的时候最有可能接受行为指导。如果我们总是等着他们行为不当，那么我们就总是与他们的情绪状态作斗争，并试图打断他们过度活跃的头脑活动。不，谈论行为的最佳时间是学生们平静、安静、自在的时候。

示例：

> 每隔一段时间，在学生按照规定进入课堂的时候，反复强调他们做得好的地方。在他们坐下来以后，提问一下全班学生为什么这次进教室做得这么好，以及这对他们的学习和安全意味着什么，再问问他们下次如何做得更好。关键在于，这个讨论是在事情按部就班的时候进行的，而不是在事情被破坏时进行。

> 如果他们确实开始行为不端，这是提醒他们应该如何行事的第二重要的时间。我们称之为反应性提示——当他们开始做相反的事情时，提醒他们应该做什么。这给了他们一个改弦易辙的机会。这样做的目的是为了：

- 强化正确的行为。

- 在规范开始滑动时立即抓住它，而不是在它变成雪崩时再
去抓住它。

许多教师认为，如果他们看到一个负面的行为，他们应该等等，看看
它是否会自己修复。这是错误的，因为：

- 通常不会。

- 如果情况变得更糟，你往往需要一个更大的干预措施来解决它——
这通常更具破坏性，并引起学生对破坏性的关注。

- 即使行为真的好转了，学生们知道你看到了，并悄悄地开始认为你
可以接受它。

正如英国教育部前行为顾问查理·泰勒（Charlie Taylor）所说："教师
需要在一切顺利的时候考虑改善行为，而不仅仅是在有问题需要解决的时
候。"尽早抓住问题，进行小修小补，而不是等待，导致必须进行大修。预
防胜于治疗。正如大卫·克莱格（David Clegg）所说，"悬崖顶上的栅栏比
悬崖底下的救护车更可取"。

跟进并贯彻到底

我们通过实施规范来确保规范被学生牢牢记住。仅仅讲述、演示和示
范规范是不够的。对于维护或破坏课堂规范的行为，必须有某种形式的后
果。如果学生可以轻易地违反课堂规范，那么有些学生可能会因为想遵守
而依然遵守规范，但如果机会允许，有些学生就会不遵守规范。

必须要有某种应对举措，某种官方的反应，以表明某个规范被违反了。
我们后续再看后果，但在此我想强调一个观点：当规范被打破或被忽视时，
就必须进行查问。当规范被打破而没有进行查问时，就会使不当行为正常

化。只是在心里嘀咕着"如果她再犯，我就会处理"是不够的。一次就足以造成不确定性，两次就会形成一种模式，三次就会让大家开始认为违规就是规则。

没有被执行的规范不是规范，你也不必费心假装你的课堂有这些规范。事实上，你必须对自己诚实，即使很痛苦。我真正的准则是什么？不是那些我希望自己拥有的准则，或者我愉快地想象自己拥有的准则。因为你为自己创造的幻觉可能会阻止你接受自己并不像想象的那样始终如一或高度期待。沉溺于这种幻想就太危险了。

示例：

教师反复告诉学生们家庭作业极其重要。但是到了该交作业的时候，她却经常忘记收作业。当作业迟交时，她接受任何借口，而且从不追究不交作业的学生。作业不会及时返还，有时教师是返还了作业，但是对作业却没有任何有意义的反馈。低质量的作业被标记为"棒极了！"，并带有一个笑脸，和真正的好作业有一样的待遇。学生们很快就会明白，作业对这位教师来说不是很重要。因此，他们不会优先考虑完成作业或者高质量地完成作业，甚至根本不会上交作业。然而，每次布置家庭作业时，她都告诉他们这很重要。但她的行动比她的话语更有说服力。

规范与归属：感觉融入群体的重要性

课堂文化不是抽象存在的，它们是由那些自觉或不自觉地认为自己是该文化一部分的人打造的。而成为该文化的一部分意味着在某种程度上认同它。他们必须感受到课堂文化的一部分——它就是你，你就是它。

考虑一下有些人对他们家庭的感受（同时当然要记住，在这个领域里，感受千差万别）。他们相信自己是家庭的一员，是家庭的一部分。他们与其他家庭成员共享某些信仰和价值观，他们表现出对彼此的忠诚，甚至排斥家庭之外的其他群体。最重要的是，他们觉得作为这个家庭的成员有好处或价值。或者至少，利大于弊。

这种关系是双向的。我们视自己为群体的一员，因为我们和他们拥有同样的价值观，而之所以会和他们拥有同样的价值观是因为我们把自己看作是这个群体的一员。我们在这种关系中找到了价值。但是，如果我们认为这个群体对我们怀有敌意，或者给予我们的更多的是不安，那么我们就很难视自己为这个群体的一员，我们可能就会想要离开。

大多数孩子会从属于一个群体，但这可能是一个外群体——一个将其价值观与内群体（你的群体）相对立的群体。如果一个外群体变得足够强大或足够活跃，它可能会使行为变得有害。

换句话说，如果我们想让人们认同正确的群体价值观，我们需要确保他们在成为该群体的一员时能感受到某种形式的好处。在课堂上，这通常表现为他们感到自己被重视、被尊重和被支持。如果学生在课堂上感到自己被忽视、不受欢迎、被嘲笑、被谩骂或被虐待，就不可能会愿意成为这个群体的成员，也不可能认同自己是这个群体的一员。他们可能身在其中，但他们是游客。在这种情况下，他们不太可能觉得自己应该遵守其价值观和道德观。

这样做的结果是，学生需要感觉到他们被重视。这不是一些模糊的、感觉良好的劝告，来笼统地表扬学生。但这是一种认识，即所有的学生，如果我们想让他们留在班级，融入班级，作为班级的一员不断成长，那他们就需要在某种程度上感受到自己被重视。他们必须受到有尊严的对待，他们需要知道教师对他们抱有很高的期望，而且教师相信他们能够达到这些期望，并会以某种方式告诉他们如何做到这一点。

那些觉得自己蠢笨或不受欢迎的学生，会通过采取一种反文化的策略来解决他们的处境冲突：他们不会坐在那里一动不动，觉得自己又蠢又笨，而是会构建一个场景，在这个场景中，他们可能不受欢迎，但他们不受欢迎是班级的错；教师对他们吹毛求疵；这堂课乏善可陈；那些表现好的人都是书呆子或马屁精，诸如此类。

如果我们想让所有的学生都参与到课堂规范中来，就必须让他们感觉到这些规范是为了他们的利益而存在的，而且成为班级俱乐部的成员是有价值的。这可以通过以下行动来实现：

• 清楚地解释为什么课堂必须按照结构和惯例运行，以及集体和个人的利益将是什么。这样做的好处是帮助学生理解你为什么要设定界限，避免他们误解你这样做是出于怨恨或报复。

• 在一对一的对话中，不断重申这名学生是班上有价值的一员，教师希望他或她能成功。

• 向学生灌输这样的观念：他们可以成功，你希望他们成功，你会告诉他们如何成功。

• 同时提醒学生，无论他们的天赋、兴趣或以前的成就如何，他们都可以变得更好，他们付出的努力和相关的结果将和整体的结果一样受到重视。

• 关注行为多于关注人。避免使用绝对化的谴责语言，如"你是个坏学生"，而应尝试把注意力集中在"这是不好的行为"上。运用鼓励性的语言，让学生把偏离合理情况的行为看作是一种反常和一种令人失望的现象，而不是一种罪恶（注意：这并不是要完全拒绝这种语言。如果学生做出了非常野蛮、残忍、恶意或虐待的行为，有时不使用谴责的语言是不合适的，会降低这种问题的严肃性）。

• 如果学生需要受到处分，你要强调你希望他们做得更好，他们是因为他们的行为才受到惩罚的，而不是作为某种形式的报复。告诉他们有回头路可走。

• 适当地使用表扬（见后续我们对后果的讨论）。

请记住，建立课堂文化的首要目标之一是创建一套行为和态度的提示，让学生很容易地、习惯性地融入其中，尽可能使阻力降低到最小。实现这一目标的最重要的一个方法就是创造一种内在的动机，使学生愿意身处其中、参与其中，并最终学习和成长。这意味着，所有学生都需要知道，参与课堂规范意味着他们将：

• 享有身体不受伤害或伤害威胁的安全

• 成为班级里有价值的一员

• 能够学到有用或有价值的课程（可能两者兼备）

• 被倾听

• 受到有尊严的对待

当然，这不是一个单向契约。课堂契约坚持其所有参与者都通过这种方式被对待，这意味着他们都必须学会期待这种待遇，必须向他们展示如何以同样的方式对待他人，他们必须坚持这些规范。这就是社会契约理论的精髓，但这是课堂上的契约。我们逃离混乱的教室，在那里没有人是真正自由的或安全的。我们心甘情愿地逃到我们附近同学的怀抱中，通过协议把我们彼此捆绑在一起，以支持和维护彼此。

在课堂上，协议即规则，但远不止于此：协议是规范，是期望，是惯例（见下一章），是为了成为课堂中成功的一员而培养的习惯。在这种情况下，教师是主宰者，他定义期望，维护期望，坚持期望，并通过一些手段让那些不符合期望的人承担责任。

如果我们不试图创造一种群体认同感，那么我们就不是在帮助学生融入。这对他们中的一些人来说没什么，因为他们已经认同了学校、班级或学科，或者他们对在学校如何表现有自己的动机和预先设定好的想法。但许多学生并不觉得自己与学校有如此密切的联系。对他们来说，学校似乎是一个恶意满满的地方，充满了险恶的成人权威和与他们格格不入的规则，而学习又是那么困难，让他们对自己感觉那么不好。在这种情况下，这些学生自然而然就会不顺从，因为我们当中有谁会顺从一个我们觉得不舒服的群体的规则呢？

认知失调——不是我的问题，是你

认知失调是指个体在经历信仰、行为或态度上的冲突时感受到压力的状态，例如，你被迫做一份你认为在道德上是错误的工作。有些人解决这种压力的方法是改变他们对工作的看法——"这并没有错得那么离谱"。

示例：

a. 我的数学很差。

b. 我不喜欢感觉在某方面做得不好。

学生可能会通过相信其他的东西来消解这种紧张，从而解决两难问题。

例如：

c. 数学是没有意义的。

这种效应通常见于那些选择忽视与人们所珍视的信念（如宗教、气候变化、政治）相矛盾的信息的人，因为这些信息会让他们感到不适。通过这种方式，人们可以愉快地与自己和自己的错误行为共处。

示例：

- 我们喝醉了（喝醉了不好；我不是坏人）——但并没有那么严重。

- 我喝醉了，我不应该开车（酒驾是不对的；我不是一个坏人）——但我是一个好司机，我很安全。

- 我在节食上作弊（那是意志薄弱的表现；我不想成为意志薄弱的人）——但我可以这样做，因为我一直以来都做得很好。

- 我打了他一拳（这很暴力；我不暴力）——但那是因为他对我很无礼。

- 我背叛了我的伴侣（我是不忠的；怎么会有人这么做？）——但那是因为他一直忽视我。

还有很多类似的例子。学生们经常为自己的行为辩解，要么是回溯性的，要么是前瞻性。这引发的问题是，它往往会导致学生的表现很糟糕，并合理化地认为自己的行为并没有那么糟糕。这往往会使他们的责任外推且外包给他人，以避免受到责备。

示例：

- 我让老师滚开，因为他一直在挑衅我。

- 我挥舞着书本打了同学一下，因为我今天过得很糟糕。

教师的部分工作是教学生们不要出于本能轻易地找这些借口，或者至少在他们这样做的时候能意识到自己在做什么。这一点可以通过预先阻止这种行为来实现，并教导学生有些行为是没有正当理由的，无论他们多么愤怒或悲伤，抑或是疲惫。这样一来，当不当行为真的发生时，就可以更容易就这些问题进行讨论。更容易，但并不容易。

责任规范化

这就是为什么教育学生为自己的行为负责的规范很重要。它是道德的基本原则之一。如果你从不承担责任，那么你可以做任何事。显然，年幼的孩子——以及一些年龄稍长的孩子——在控制自己方面可能确实有困难。但是，我们越能鼓励学生认识到他们是最能自控的人，我们就越能教会他们不要感到无助，教会他们认识到有时他们需要改进。这是帮助学生理解如何成长和成熟的开始。

欲望路径

人们往往会以一种他们认为可以得到他们想要的东西而避开他们不想要的东西的方式行事。这听起来可能有点理所当然，但事实并非如此简单。我们要在两件事之间做出直接的选择时，我们往往会选择能带给我们最大满足感的那个选项。我们很少会故意选择那个我们知道会导致我们不那么快乐或得到更少想要的东西的那个选项。

我们通常认为自己的行为是为了追求自己的目的、目标和欲望，但在这方面我们并不是完美的战略家，我们常把长期目标和短期目标混为一谈，把理想的东西误认为是好的东西。正如边沁所说，"大自然把人置于两个至高无上的主人之下：痛苦和快乐"。人们试图做他们最喜欢的事情。通常情况下，这意味着快乐，而且这意味着追求具有美好结局的行动，而不是艰巨的和具有考验性的行动。水会找到阻力最小的流淌路径。

这一点很有意义，因为我们需要学生执行那种使他们能够茁壮成长的行为，而这种行为往往比其他行为更不容易执行。集中注意力比做白日梦难；写作比放松难；等待轮到你要比在你喜欢的时候抓住机会难得多，等等。孩子们需要一些时间来习惯不去做一些事情。在很大程度上，这本书讲的就是要教孩子们怎样做。行为往往像水一样，沿着最容易的路径流淌，除非将精力投入到另一种选择上。

你就是泵

在建筑学中，我们发现了"欲望路径"的概念。这是一个简单而有用的人类行为原则，在考虑物体被设计成如何使用，以及个人希望如何实际使用它们时，可以考虑这个问题。通常这二者非常不同。如果人们渴望做一些设计师没有想过的事情，那么我们就碰到问题了。如果在规划过程中没有考虑到这一点，就会导致设计和实际使用之间的巨大差异。

我们每天都能看到这一原则：我们看到草坪中人们更乐意穿行而过的小径；即使附近有垃圾桶，房屋附近的街道上也有垃圾。城市规划者在设计新的道路时必须考虑到这些事情；建筑师、程序员和工程师在将产品发布之前，会通过测试产品来考虑这一点。

当我们在影响学生的行为时，我们需要考虑到这一点：人们不想做他们不想做的事。他们会试图追随他们感知到的、直接的欲望，以及这些欲望带他们走的路，而不是其他人说他们应该走的路。在1963年的电影《大逃亡》中，不朽的德国战俘营越狱事件就很好地说明了这一点。你可以在一个人周围建立尽可能多的界限，但当你睡觉时，他们会在你的围栏下，就在你的鼻子底下挖一条隧道——在最有挑战性的条件下。在《肖申克的救赎》中，监狱里的无期徒刑犯安迪·杜佛兰用一把小小的锤子，凭借顽强的毅力和旷日持久的行动敲打出了通往自由的道路。人类才思敏捷；当他们不聪敏的时候，他们也会坚持不懈；当他们做不到坚持不懈的时候，他们就会善于借鉴那些坚持不懈的人的想法。

要克服这个巨大的障碍来指导他人的行为，其变通的方法就是创造环境，让他们要么：a. 想做你想他们做的事，因为他们认为这很有价值；要么：b. 想做你想他们做的事，因为这样可以获得他们想要的东西。

前者可以通过多种方式实现。本书的大部分内容都致力于此。说服他们你所描述的行为是最好的。后者是一种工具主义的方法——"如果你努力学习，你会得到一块饼干、好的成绩或工作"。哪一种方法都可以，我建议两种方法都用。

诀窍是要让想要达到的行为（你所渴望呈现的行为）对他们来说尽可能容易做到。消除任何障碍，加以鼓励。这条经验对于我们如何看待行为管理意义深远，值得写在金字招牌上，展示在大会堂和乡村绿地上：

让守规矩轻松自在，不守规矩则寸步难行

这本书的写作就是以这一原则为基础的。在他们习得正确行为的道路上，你要消除一切障碍，并在他们犯错的道路上设置障碍。通过劝说、教育和约束，将他们的欲望引向新的道路。"走这边，"你的新路说道，"这就是如何走上这条路的方法；这就是为什么这是一条适合你的路。"记住要在它的周围筑起几道墙。

- 教你想要看到的行为。

- 只要你能够做到或有需要，就经常重复教它。事实上，即使在你不需要的时候也要教它。

- 如果学生的行为没有达到你的要求，就选择一些应对方法来改变这种情况：问他们是否明白；让他们练习；给予处分和奖励；鼓励；责问等。

这些是我们让做出正确行为变得更容易的主要方法。我们让这些行为：

1. 显而易见，因为我们很清楚和明确。

2. 可取，因为我们会解释为什么这些行为是有用的和有帮助的。

3. 成为习惯，因为我们经常让他们这么做，使之成为常态，因此也就成了默认的行为。

至关重要的是，你要关注这些最基本的基础知识。实现这一目标的其他方法包括：

- **座位安排和教室的布局**：学生们是否面对面，从而在应该集中注意力的时候鼓励他们进行社交互动？也许应该将桌子和课桌朝向教室的活动区，使你的基地成为主要焦点。

- **学习用具**：建立制度，快速应对缺少学习用具的学生，或教他们如何自己获得学习用具。

- **家庭作业**：教给学生关于家庭作业提交的时间、如果迟交了该怎么办以及如何交作业的惯例。

- **教学**：你的课程是否过于"繁忙"，即你是否将学生淹没在不必要的信息中？如果是这样，请考虑一下你如何精简你的指令，使其清晰明了、重点突出。如果你使用幻灯片，它们是否充满了不必要的图像，会分散学生的注意力？当你计划课程时，你的方法有多少是以娱乐学生为目的？无论你的学生年龄是多大，都要考虑一下洛森西因（Rosenshine）的"教学原则"。

- **节奏**：你的课程是缓慢而零碎地开始，还是迅即而快速地开始？如果你让孩子们在教室里无所事事，那么他们调皮捣蛋，就不要感到惊讶。

这尤其适用于课程的开始——确保你有一个明确的开始时间，有足够的内容让大家动起来。总是让每个人都有工作可做，这样那些提前完成的人（或自认为提前完成的人）就有事可做。在课程结束时，确保你已经教会了他们如何收拾东西，"整洁"是什么样子的，什么时候可以下课离开以及如何离开。

- **科技产品：** 你允许他们有机会去接触智能手机、科技产品或其他让人分心的东西吗？这项任务是否需要在电脑上完成，还是你规定这样做只是为了让他们开心，或者是假装你在以更创新的方式教他们？

总要想着，"我的课程设计是清晰的还是混乱的？我有没有给他们带来不必要的诱惑，让他们放弃学习或行为不端？"

本章已经说明了规范的重要性。现在，我们可以更详细地看看如何在课堂上运用惯例来建立这些规范。

第二部分
执行课堂惯例

也许唯一最有效的提高课堂效率、专注力和严谨性的方法就是设置强有力的程序和惯例。你定义了一种正确的方法来完成重复的任务；你和学生一起练习，这样他们就能像时钟一样缓缓前进。

道格·莱莫夫

第七章
具体教导而非简单告知课堂惯例

什么是惯例

惯例是指为了达到某个目标你需要经常进行的一系列行为。一个例子是你刷牙的惯例程序，或者你如何制作黄油吐司。惯例是一种配方，是"做完这件事，再做那件事，之后再做那件事"的做事顺序。惯例类似于规范，两者都能体现群体的期望，而惯例的特殊之处在于惯例通常：

- 更加具体
- 一般有固定的顺序
- 更容易教授，因为它们的定义更明确
- 指一套行为模式，这些行为对群体文明的高效运作至关重要

规范既可以是广义的，也可以是具体的，比如"做到善良"或者"尽力而为"。惯例则更为清晰明确，例如：

- 进入教室
- 离开教室
- 转换活动
- 课上回答问题

培养习惯，而不仅仅是行为

研究表明，我们的很多行为都是无意识的或习惯性的。养成稳固的课

173

堂习惯有诸多好处，习惯会变得简单、自发运作，更易被遵守，而且学生不需要考虑那么多。习惯是教师的圣杯，具有神奇的魔力。更好的是，习惯也成为学生们的圣杯。让孩子们养成良好的课堂习惯正是我们所追求的。我们不想只是一次性地改变学生的行为。我们想改变学生的习惯。我们并不是在试图鼓励学生吃一顿健康的晚餐；我们想培养他们健康的饮食习惯和生活方式。而后者会困难得多。

这就是为什么专注于惯例会如此有用。惯例能够创建一种行为助推的气氛——鼓励某种特定的行为，而不必依赖老师不断给予明确的指示。如果学生习惯于他们应该怎样做，那么这种习惯能帮助他们做出正确选择。

下面以一个简单的进入教室的惯例为例：

1. 准时到达教室上课。

2. 在教室外排队。

3. 检查并整理校服。

4. 拿出笔记本，等候老师检查。

5. 径直走到课桌前。

6. 脱下外套，搭在椅子上。

7. 只拿出上课设备和文具。

8. 书包放在课桌旁边的地板上。

9. 把书翻到上节课结束的地方。

10. 画一道线。

11. 写下课程名、学习主题以及日期。

12. 开始做黑板上布置的作业。

请注意，这些行动都非常具体。有些教师看到这些活动可能会觉得太精确了，也完全没必要教，毕竟有哪个学生不是自然而然就会做到这些的？我希望我已经说明，对于很多学生来说，这些没有一样是直观的或者浅显的。一节课可以有几千种方式开始，但如果你不了解的话，那么没有一种方式是显而易见的。例如，一节课也可以这样开始：

1. 尽快到达上课地点（留出上厕所的时间等）。

2. 立刻进入教室，无须等候。

3. 自行登记。

4. 穿任何适合自己的衣服。

5. 等候全班人到齐再开始学习。

6. 在此期间，对上节课的学习内容进行自我测验。

这两种惯例本质上都没错，其他数百种惯例也都没错。我曾走访过数百所学校，发现各个班级虽然上课方式大不相同，但都是非常好的学习环境。有些事情对于课堂管理十分关键（例如事先设定我们都将以特定的顺序发言），有些事情则是全凭喜好（例如在走廊的哪一边走）。

重要的是课堂惯例在班级里要众所周知，要得到了充分的讲解与维护，就像是课堂规范一样。有些课堂开始于握手，有些则先进行拼写测试，而成功的课堂与其他课堂的区别之处就在于教师对于这些惯例能够理解、演示并坚持到何种程度。

总结：惯例是课堂文化的基石。学生的日常行为需要教师教导而非告知。

与社会规范一样，惯例不是人们自然而然或者天生就知道的。我们并非生来就知道惯例。惯例必须习得，也就是说需要有人来教，即使是你班里表现最好的学生，也在其他地方学过这些惯例。这意味着当你要求他们在班里重复这些惯例时，他们能够借鉴之前学过的内容快速记住这些行为是什么。

但是在你帮助学生认识惯例之前，很多学生对惯例的要求知之甚少，或者有错误的想法。我们也已经看到，帮助别人理解行为和帮助别人理解其他知识非常相似，不管是多么学术性的知识。（读起来有点别扭）这是一个教授惯例而非告知惯例的问题。我们不能简单地告诉某人要执行某种行为并且希望对方能够百分之百地遵守。技能必须经过学习、练习和巩固才能习得。

可得性法则

这也可能利用了一种众所周知的现象，即可得性法则。这是我们在做决定时经常采用的一种思维捷径，我们往往会根据容易获得的事例来做出判断。例如，如果有人问我们所在的地区犯罪率有多高，我们或许会根据最近看到的一些入室抢劫案的新闻报道做出回答，认为犯罪率很高，即使实际上犯罪率很低。这些事例会极大地影响我们认为犯罪率有多高，从而影响我们夜间是否外出、是否购买锁具等的决定。我们做决定时常常依据容易获得或容易回想起的信息，因为这些事情刚发生不久，并且让人印象深刻。

这就是我们要教授惯例的原因。我们要求学生一天之中做出很多决定。如果我们希望他们做出正确的决定，那么就需要有快速、现成的例子让他们知道如何做到行为得体以及什么是正确的事情。这样一来，他们就不必每次都要从几个月前的遥远记忆里为自己苦苦寻求答案。

换言之，通过由我们自己，或是通过观察他人，向学生提供一系列清晰的行为示范，他们能更容易决定如何做到行为得体。

惯例的好处

对任何一名教师来说，惯例对于帮助学生学会举止得体都十分有用：

• 惯例能够大量节省你重复指令的时间。如果学生能把惯例当作习惯来学习，他们就更有可能去执行它。你是否发现自己在同一时间一遍又一遍地不断重复相同的指令？你或许需要把这一指令当作一个惯例来教给学生。

• 惯例让全班同学安心，让他们知道课堂具有连贯性、公正性，结构清晰，意义明确。要让学生感到整个课堂处于管理之中，而非仅仅是坐在了教室里。学生需要在一个有界限和规则管理的地方，感受到安全和保障。

• 惯例能够先发制人，防止不当行为的出现。惯例向学生展示他们应当做什么，而不是放任他们误入歧途。

• 惯例展现了你的高期待。如果你说学生们应当以某种方式行事，这就暗示着他们可以做到。如果学生认为自己能做到，他们就更有可能去尝试。有些学生一辈子都有人会说他一事无成。你已经向他们展示了如何抬起头来，像你看待他们那样看待自己。

• 惯例教给学生良好的习惯，而这些习惯成了他们品格中的一部分。你通过改变他们的行为改变了他们。

• 惯例为更重要的事腾出思考空间，我不想让我的学生总在想他们的书包哪儿去了，迟到了该怎么办。我想让这些琐事都成为习惯。我希望学生把有限的思考空间从这些事情中解放出来，去思考更有价值的事情——比如艺术、数字、单词、历史、音乐，以及其他一切我们渴望教给他们的美好的事物。我不想让他们整天想着该把自己的外套放在哪儿。

• 惯例减少了潜在的行为失当，减少了巡逻检查和处理违规行为的情况，减少了处分，降低了不当行为发展为严重问题的可能性。

我需要什么惯例

有很多惯例可能相当普遍，也有很多惯例相当主观且具有阶段性。要解决这个问题，我们需要关注以下两个方面：

- 你希望看到，或者说需要看到哪种行为？快速进入教室？迅速转换活动？学生之间更有礼貌？创建并教授关注这些行为的惯例。

- 你希望纠正哪些不良行为？迟到？吵架？作业交不全？创建并教授学生惯例，促使他们做正确的事。让他们有事可想，有事可做。

如果你正带着一个班级，或者是接手了一个新班级，你就已经能够清楚地了解哪些行为是次优选项——哪些行为不仅不会促进学习，反而会阻碍学习。

我们很难确切地列出明确的基本惯例清单。有些学校有适用于公共区域的惯例，有些学校则没有。有些学校有严格的校服制度，有些学校则认为校服无关紧要。在某种程度上，你任教的学校的文化将会决定你所需要的惯例。

清楚地界定一些惯例总是有用的：

- 进入教室
- 离开教室
- 回答问题
- 提问
- 转换活动
- 课间去卫生间

- 引起注意

- 收发器材

- 如何寻求帮助

你的学校文化通常会决定和影响你制定惯例的细节和范围。有些学校喜欢将行为系统化到非常微小的细节，几乎可以细微到眨眼或心跳的频率的程度。而其他一些学校则会比较放任自流。神奇的是，这完全没有问题。在调研成功学校案例的过程中，我得到了一个重要的启示，那就是这些学校可能形式各异，规模不同，但它们仍然都很成功。换句话说，并没有一种完美的模式是所有学校都应该追求的。如果你的学生们已经具备了你想要的习惯，那么你可以把注意力放在他们还没有掌握的惯例上。

好的课堂似乎都有着许许多多共同的特点，但这些特点往往是主题性的，而非确定的。换句话说，只要每个学生都知道你所不断要求的惯例是什么，那么你的惯例就可以和其他学校的不一样。

这样做的好处是，这意味着各所学校可以迥然不同，风格千差万别，但仍然是成功的。教师也是如此。你的个头儿可高可矮，可以高声大嗓也可轻声细语，可以幽默风趣也可不苟言笑，所有这些风格和类型都有成功的机会。注意：你制定的惯例不能与学校的要求背道而驰。即使你对学校的惯例有异议，也要遵循它们，否则学校的制度就会分崩离析，而学校对此格外重视。

你需要制定的惯例也会受到你所教的学生的影响。

年龄小一点的学生需要便于掌握的较为简单的惯例，比如有关应对分享、排队、如厕、不安情绪之类问题的惯例。年龄大一点的学生可能在使用技术、独立工作、如何进行辩论等方面有着更复杂和严格的惯例。

179

有些惯例是针对特定科目、特定年龄或特定阶段的。有趣的是，在早期教育中，我们看到更多的发展里程碑，其本质是社会性的以及学术性的。这种基准测试在婴儿期—学步期—儿童年龄段的使用要远远多于后期阶段。除了在某类学校报告系统中那些特别难以管教的孩子外，你很少会看到主流学校的大龄儿童课程会将社交技能作为评估标准。在对低龄幼童的教育中，我们通常会提及诸如他们彼此同步玩耍的能力，能够正确握笔的能力，能够混合音素和描述简单数字拆分关系的能力，以及能够分享、排队或独自上厕所的能力。

在有些学校，智能手机成为一个问题，可能需要就持有和使用智能手机这件事制定一些严格的规定。在一些学校，走廊上时常发生粗暴且令人生畏的行为，这就需要非常严格且系统化的管教。但是在其他的一些学校，学生们可能会在课间迅速且文明地转换课堂，不会争吵或胡打乱闹，故而在这种情况下，就不需要对这一领域进行如此系统的管教。所以，实际情况非常重要。

但是对于所有的学生来说，思考这些问题是非常有用的：他们需要表现出什么行为？关于如何做他们需要知道什么？要教给他们如何做，直到这些行为变得轻而易举、流畅自然。

这就是说，要注意不要把良好的行为视为理所当然。现在可能进展顺利，但请确保你在行为课程中建立起一个培训制度，即使是在那些正在运转的领域。它们可能会失去活力，所以要保持警惕。

示例：

在使用台式电脑时，A班的学生通常都表现得很好。但是为了不使学生认为这是理所当然的，教师仍然差不多每星期花一点时间来重申可以访问哪些网站，以及遇到IT问题时他们应该做什么。

这样一来，他们就再也不会忘记他们应该做什么。

一些重要的惯例

有一些事情你可能需要学生们去做，但是这些事情往往太稀松平常，以至于我们忘记了要确保他们能够做好这些事情：

说话——每个人都知道如何说话，不是吗？也许是吧，但是他们不知道你希望他们如何说话。教给他们可以开始说话的信号（这样他们就不会在你的指令讲到一半时就开始说话），结束说话的信号，以及他们在任务过程中应该如何说话。要强调必须坚持完成任务以及避免说一些与任务无关的偏离主题和重复烦琐的话。如果你愿意，可以教他们说话时互相看着对方，身体要转过来。教他们轮流发言。教他们总结对方的观点以表示理解。如果你愿意的话，还可以教他们做笔记。教他们如何进行一场正式的辩论。教他们如何向来访者打招呼。说话不仅仅是张开嘴巴，然后想到什么就说什么。教他们对努力有所期待，并且如果是全班的活动，每个人都应该参与讨论——不可以弃权！

不说话（或倾听）——这一点也被忽视了。倾听不仅仅是"不说话"。就像教说话一样，要向他们展示开始倾听的提示，并告诉他们身体应该怎么做来做到倾听，例如，转向前面，放下笔，合上书，等等。教给他们如何快速实现这一目标的惯例。教他们做摘要笔记。教他们释义。

将注意力放在教师身上——这是教给学生的最重要的一个惯例。它能创造并保持课堂节奏，节省大量的时间，传达紧迫性、保持注意力以及维系课程内容与学习主题的相关性。那么多的时间都浪费在等待教室里的人集中注意力上了。再次强调：要有一个明确的信号，并且要教给学生必须以多快的速度做出反应。钢笔应该放在哪里？书应该合上还是打开？双手交叉还是放在桌子上？椅子都要四腿着地吗？要面向前方吗？还要不断强调做这些要用的时间。这应该需要几秒钟时间。这种反应速度是可以教的。

回答问题——教他们如何回答问题。你是选择举手的学生，还是随时直接随便点一个学生起来回答问题（"冷不防地点名"）？教会他们期待什么。冷不防地随机提问很有用，因为这意味着每个学生都知道他可能会被提问到，所以能激发学生的注意力，防止他们走神。但是许多学生喜欢举手发言，这表达了他们对于课堂的热情和参与课堂的积极性。因此，我采用了两者相结合的办法——举手回答问题并随机提问——以达到两全其美的效果。学生们可以举手，然后我可以挑选我想叫的人，没有例外。教他们用完整的句子表达自己的想法，示范良好的遣词造句。示范优秀的回答句型。给他们一点等待的时间，让他们学会思考。告诉他们你有时会深入探究他们刚才所说的内容。通过创造一种期望，即你可能会要求班上的任何一名学生根据另一名学生的回答来回答一个后续问题，从而教会他们专注地倾听。

从一个活动过渡到下一个活动——要教给学生改变活动的提示。教给他们可接受的节奏，教他们明白事情的发展走向，还要让他们明白在上一个活动中必须要做的事情。你经常会看到即使是勤奋的孩子，也会忽视开始新任务的指令，因为他们太专注于完成上一项任务了。要教给他们对于继续进行下一项活动你是认真的，所以你不必重复说两次。在你等着学生们的时候，学生们不必等。为他们的过渡行为计时并告诉他们这一点，然后要求他们下次做得更好。

写作——针对如何布局页面格式、如何创作一本书、如何安排文章结构、如何组句、如何提供论据等，要创建确凿且清晰的惯例。我们做过的最糟糕的一种假设就是认为学生们知道如何以我们所期望的那种结构化方式写作。但这并不是显而易见的。要假设他们都需要学习这些东西。即使是硕士阶段的研究生，也经常要接受有关硕士论文写作的培训。

这还有很多。把惯例看作是建筑用砖。其中一些看起来就非常平凡且显而易见。切洋葱就是一件很稀松平常的事。没有人会因为能熟练地切洋葱丁而赢得奖项。但是，这一点，再加上其他上千个微程序，是成为一名出色厨师的必经之路。

如何教授惯例

一旦你确定了哪些惯例，就该考虑如何教给学生了。如果没有详细的教学策略，我们就又退回到只是简单地告诉他们。而当我们简单地告诉一群孩子去做什么时，就会出现以下这些情况：

- 有些人完全理解并完全遵守。
- 有些人完全理解，并在一定程度上遵守。
- 有些人完全理解，但只遵守一点儿。
- 有些人完全理解，但不遵守。

而以上是比较好的情况。以下这些情况也会发生：

- 有些人部分理解并尽可能完全遵守（即部分遵守）。
- 有些人部分理解并部分遵守（即比上述情况遵守得更少）。
- 有些人部分理解，但根本不遵守。

而最糟糕的是：

- 有些人不理解，但如果你运气好的话，他们会意外地或凭直觉遵守一点。

- 有些人不理解，也不遵守。

看到这些，很明显，只有第一组的有些行为接近于达到高标准。其他的一切都听天由命了。但是，如果你能够保证这些惯例是教给学生的而不仅仅是告知他们，那么你就最大限度地提高了学生们按这些惯例行事的可能性。

教授而不是告知正确行为

1. 确定你想看到的惯例。

2. 详细传达你的期望。

3. 不断地训练学生，直到他们能够掌握这些惯例。

4. 不断强化、保持和检查这些惯例。

示例：

你希望他们在上课前排好队，这样你就可以在他们进入教室时检查他们的校服和计划本等。

- 你自己要**决定**这到底如何进行（让他们保持安静？学生手持计划本？两人一组？）。

- **提前设定好**你对于行为的预期——在最开始就明确告诉学生："要这样排队。"

- **不断练习**直到完美为止。你可以跟学生说："这次队排得很好。但是我们应该如何做得更好呢？"

- **不断提醒**他们；要么口头提醒，要么通过后果提醒（见后文），"谁还记得我们平时是怎么排队的？"。

洛森西因的教学原则

2012年，巴拉克·洛森西因在《美国教育家》杂志上发表了一篇文章，震惊了整个教育界。洛森西因从一名历史教师转而成为一名教育心理学家。他研究了教育中最重要的一个问题：如何教授学习材料，以使学生可以尽可能地学习、理解和记住这些材料。他将认知心理学的研究、课堂实践和认知支持结合起来，帮助学生学习复杂的任务。他还提出了一套原则，这些原则对那些需要与他人沟通信息和技能的人都极其有用。这些原则分别是：

1. 每节课开始时，复习之前的学习内容——洛森西因建议每节课应该用五到八分钟的时间复习上一节课的内容。这样可以检查学生对知识的理解和记忆程度，加强每节课课程内容之间的联系。

2. 循序渐进地引入新内容——学生不应该被一大块又一大块难以吞咽的新内容所淹没；相反，应该把可消化的内容一块一块喂给他们。这可以减少他们工作记忆的认知负荷，使他们能够更容易处理新信息。

3. 提出大量的问题（对所有的学生）——提问题迫使学生回忆以前的信息，从而产生检索效应。这意味着储存在长期记忆中的事实会被检索出来，这使它们在记忆中嵌入得更深，巩固了对它们的记忆。这有时被称为测试效应，是教师为促进学习所能做的最有力的一件事情。提问题还可以质疑错误的概念，引发思考。

4. 提供模型和有效的实例——教师应该将学生所学的知识与他们已经知道的知识联系起来，从而在各种思想之间建立联系，而不是将知识当作自由浮动的信息孤岛来进行教授。当知识成为一个更大的知识网络——或课程——的一部分时，特别是对于更概念化的知识，如亚原子物理学或数字，能更成功地被记住。

5. 练习使用新材料——熟能生巧。对于新的学习材料，与同一领域的专家相比，学生需要更多的练习才能掌握。学生们一遍又一遍地处理材料，纠正错误，就更难忘记其内容。练习得越多，效果越好。

6. 经常检查理解情况并纠正错误——教师应该经常使用有针对性的问题以加深理解，而不是问"你明白了吗"这样的开放式问题，并在发现错误时采取相应措施。这将有助于纠正常见的误解。

7. 获得高成功率——确保学生在学习新内容之前对所学材料掌握得非常好。这使他们能够更有把握地理解下一个主题，并确保有些学生不会因为他们理解中的根本错误而落后，这些错误可能需要数年才能发现和纠正。

8. 为困难的任务提供支撑——当材料很复杂时，使用诸如写作框架之类的支撑，让学生更容易读懂材料。

9. 独立练习——在某些时候，训练的进程必须按计划进行，学生必须自己尝试一些事情，也不得不犯一些错误。在被允许做独立练习之前，学生应该具备了这个能力。独立练习允许出现洛森西因所说的"过度学习"。

10. 每月和每周复习——在第一个原则的基础上，学生应该定期地在中长期间隔内复习材料，以更充分地巩固旧的材料，并抵抗学习曲线的下滑。

这些技巧是对几个世纪以来优秀教师所做事情的出色总结，但这些教师可能并非有意识地这样做。大量的教师实践是逐渐地、凭直觉或分阶段地习得的。许多人看到这些原则，认为这是非常基本和浅显的。但是，虽然这些原则可能零星地会被普遍使用，但从整体上看，所有这些原则都被彻底地执行是非常罕见的。

洛森西因的原则和行为课程

我们已经看到，在课堂上的技能、知识、习惯和才能方面表现良好与任何其他有组织的知识体系或课程非常相似。推而广之，这就意味着，在以类似的方式向学生教授行为课程时，我们最好还是要采用洛森西因的原则。这就避免了两个主要陷阱：

• 告知，而不是教授行为。简单地把规则传给学生，让他们记在练习本上，这么做与学习的关系就如同读一本医学词典与成为一名外科医生的关系一样。你还不如用古希腊语对他们发号施令。

• 将行为视为对所有人都显而易见、能理解清楚并容易掌握的东西——因此不需要进行教授。相反，我们把表现良好的学生视为道德高尚的人，而不是受到更好环境滋养的幸运儿。

因此，使用洛森西因的原则，我们可以建立一些有用的技巧，以便在教授惯例时使用：

1. 每节课开始时，复习之前的学习内容——在每节课中，总结你在之前的学生学习过程中讨论过的惯例；让学生展示自己的行为来表示他们已经理解。

2. 循序渐进地引入新内容——每次介绍一个新惯例时，仔细想想如何把它分解成小的步骤。这里最大的问题是仅仅试图教他们"行为得体"——一个不可思议的宽泛概念，可能意味着任何事情。相反，把所有"良好的"行为分解成小的部分。我们怎么排队？这包括了像这样站立，穿那样的衣服，用这么高的音量说话，这个时候要站在这里，等等。分开教授这些部分，然后把它们放在一起组合成一个更大的行为："排队"。

3. 提出大量的问题（对所有的学生）——总是通过直接探究来检查他

们的理解。提问那些你非常确定没有理解的学生，或者那些最需要了解的学生。督促他们每天有意识地思考对他们的惯例和习惯要求。让他们不可能忘记他们应该做什么。

4. 提供模型和有效的实例——不要简单地把新的惯例扔给他们却不加解释。和他们谈谈为什么这些行为和惯例很重要，他们会取得什么成就，以及这些是如何与班级文化所重视的其他事情，例如善良、宽容、尊重、努力、坚忍等等，联系起来的。

5. 练习使用新材料——总是让学生做你想让他们做好的惯例。让他们排好队；或分发图书；或坐在他们的座位上；或练习放学程序；或换好衣服上体育课。不管是什么，都要和他们一起做。这是看看他们是否能按照你的要求去做的最好方法。这样有助于使他们流畅地做这些事情，迫使他们思考这个惯例，并帮助他们把惯例的每一步都和其他步骤按顺序联系起来。他们看到周围的人都这样做，这纠正了他们的误解，建立了群体规范。

6. 经常检查理解情况并纠正错误——学生通常会一次又一次地犯同样的错误。找出这些错误是什么。当一个惯例执行不正确时，要加以纠正。让他们再做一遍，看看他们是否理解了。

7. 获得高成功率——在你期望他们做任何更复杂的事情之前，确保课堂惯例的绝对基础已经深深地扎根在他们所有人的心中。例如，学生必须牢固地掌握如何提问和回答问题、如何开始和结束课程，然后才能让他们做其他任何更复杂的事情，如成为操场监督员或参加学校旅行。如果基本的东西不牢固，那么你就是在为他们表现的下滑做准备。

8. 为困难的任务提供支撑——如果你想让学生了解如何写文章，就提供一个写作框架；如果你想让他们能够与陌生人或老年人相处，那就给他们提供一些对话提示，并加以示范，说明你的意思。给他们行为和语言脚本。

9. 独立练习——提出期望，让他们在你没有要求他们做这些事情的时候也能做到，就像你要求他们做的时候一样。让他们给其他学生展示一下这个惯例是什么。

10. 每月和每周复习——每隔几周，对期望进行一次重启；每隔几个月，花大块儿的时间和他们一起回顾一下行为惯例，练习这些惯例，并要求他们有意识地总结或展示他们的知识。这些惯例可能已经被内化了，但再次明确惯例会迫使学生面对任何可能已经下滑的标准，或者在他们的习惯中慢慢累积的错误。

通过使用这些技巧作为一个框架，你可以以一种结构化和可控的方式在他们的日常课堂生活中建立惯例。好好利用它们，把它们纳入到你需要达到的目标中，而不是把它们本身作为目标。与任何课程一样，所有的活动都应该为学习服务。

如何改变习惯

习惯很难打破，也很难养成。作为一名教师，你的工作不仅是改变行为，还要改变习惯；你是在帮助他们变得独立、品行端正、更强大、更自律。这样做是为了帮助他们即使没有你的监督也能茁壮成长。我们可以将此描述为成为一个合格教师的项目的一个伟大支柱：引导孩子们逐渐成熟。

养成一个习惯需要多长时间

答案是"视情况而定"。习惯很难养成，但很容易丢掉。"多长时间"取决于你为获得这些习惯付出多少努力。一些研究表明，可能需要18到

254天，取决于个人和环境。这告诉我们，有些人可以很快养成习惯，而有些人则极其缓慢。另一项研究观察了新的健身会员需要多长时间才能养成健身习惯。重要的是他们坚持了下来——每周至少四次。如果他们这样做了，那么他们需要大约六周的时间来养成这样的习惯。虽然这只是一种提示，但它与我的教育经验相吻合。大多数学生（平均而言）需要大约半个学期的时间来养成一些能让他们变优秀的习惯。不是所有学生，是大多数学生。

我们何时开始培养学生新的习惯

一些证据表明，当惯例被一些客观原因打破时，比如学期结束或搬进新楼，人们会更愿意接受改变自己的习惯。当学生处于明显的学年、学期的标志性时间点伊始的时候，如新学年的开始或学期休假刚结束，我们可能会更容易给他们培养新习惯。当然，你可能没有那么多时间来这样做。好消息是，你可以随时开始改变他们的习惯。

使习惯改变具体化

我们还可以利用执行意向的力量。我们知道，人们往往难以坚守承诺，即使是公开许下的承诺。"我要戒烟"是我挣扎了多年的一个承诺。我是真诚许下这个承诺的，但发自内心的承诺并不足以让我戒掉这个习惯。我们都在与自我调节做着斗争，有时意志力似乎是一种非常有限的资源。我们发现很难开始并坚决执行我们的决心。如果我们都在挣扎，你可以想象孩子们会挣扎得多么厉害。

有一件事可以有所帮助，那就是执行意向。如果我们能使意向更加明确具体，那么这对我们执行的能力会有积极的影响。与其说"终有一天我会戒烟……"，不如说"从星期一开始，我只在饭后吸烟"。这样，你就会开始看到一些成果。截止日期是有帮助的。

如果我们把日常惯例安排得尽可能具体，设定好完成这些惯例的时间表，并通过完善一些想法，让学生能更容易遵循惯例，这将使他们受益。与其说"你今天应该好好表现"，不如告诉他们好的表现是什么样子的。与其说"交作业"，不如告诉他们何时何地交作业，以何种方式交作业，以及如果有问题该怎么做。否则，有可能会无意中教给他们一些让他们更加无助的惯例，而不是减轻他们的无助。

弗莱彻·伍德指出了改变习惯的三个主要因素：

● 重复——学生需要多次重复该动作。

● 提示——学生需要明确的提示来执行之前训练好的行为。这可能是一只手在空中，一根手指放在嘴唇上，一只手在头上，吹号角，任何你设计的提示都可以。

● 奖励——学生需要外在的奖励，如奖品等，但也需要（或特别需要）内在的奖励，我们借此鼓励学生重视行为本身，或通过有针对性的表扬点明他们做得好的地方。

学习性和社会性惯例

我在本书中讨论的大多数惯例都是社会性惯例，这些惯例直接涉及我们如何与彼此互动。但是，正如我所论证的，行为是一个更广泛的概念，其中包含着学生在学校的每一个行动。因此，它不仅包括如何沿着走廊行走和餐厅礼仪，还包括我们在工作或学习时的行为方式。

我们可以称之为"学习行为"，它对学生的成功（最终）同样重要。

例如：

- 如何安排论文结构

- 当问题太难时该怎么办

- 如何支撑一个论点

- 如何辩论

- 如何交作业

- 如何做家庭作业

- 迟交作业了怎么办

- 如何学习

- 如何做总结

- 如何做笔记

因此，如果你足够明智，你也会同时关注这些行为。当然，学生的学习行为和社会行为之间没有明确的界限，但是为了让教师和学生都能够有清楚的认知，将两者分开讨论大有裨益。

业余练习与专业练习

在形成惯例的过程中，有一个要素不能遗漏：实践。行为是一个实际问题，而实际问题是以实践为基础的。仅仅通过理论和思考就能留在脑中的东西是有限的。一位美国中学校监乔治·W. 卢米斯（George W. Loomis）在1902年精辟地概括了这一点：

> 我们必须承认，拼写的教学并不成功；事实上，困难在于教师们很少教拼写。学校安排了拼写课，学生们学习了拼写，背诵了拼写，但教师们就是没有教过拼写。大部分的时间都花在听孩子们背单词拼写上——孩子们猜到拼对为止。实际上，这些时间

应该用在明确的教学过程中，教到他们不会拼错为止。

这段话后来被多次改编和引用，比如这个精练的版本："业余的人练到能把事情做对；专业的人练到不会把事情做错。"

而最近，道格·莱莫夫借鉴此话作为正确执行惯例和指导的核心之一："在你能做对之前不要开始行动——一直练习，练到不会把事情做错为止。"

练习、练习、再练习。即使是最平平无奇的行为也需要进行练习，以确保真的学会了。而且最重要的是，要正确地学习。因为重复意味着会在头脑中嵌入被重复的东西，其中也包括你做错的事情。如果你以错误的方式练习惯例，那么你就会习得错误的惯例，你就会学到坏习惯。练习的危险在于，如果不能完美执行，孩子们会在做坏事方面变得更擅长。大多数不良行为的最大原因是这种行为经过了练习。行为不端的学生往往非常擅长做坏事，因为他们有很多时间去练就这方面的技能。这就是为什么有人出现并打破这种习惯是如此重要。比如，你。

让练习变得完美

摒弃习惯比养成习惯更难。因此，你与孩子们练习完成的任何惯例都要达到非常高的标准，这一点非常重要。如果在孩子们练习的时候，你接受他们的三心二意，接受他们部分成功的结果，那么你以后就会看到更多这样的情况。你想尽可能地为执行惯例打下扎实的专业基础，以防止新增加的惯例难以落实，这很有道理。但是要练习并努力使练习变得完美，这样才能做到完美。

这一原则同样适用于许多事情，从乘法表到动词词尾，再到午餐排队。

- 明确描述你需要他们做什么。

- 然后告诉他们如何做到。

- 然后教他们如何做。

- 然后让他们以表演的方式完美（或者尽可能接近完美）地完成它。

- 坚持让他们每次都做对。

比如：

如果学生的练习册页面格式不正确，那么就教他们如何做。如果有些学生在写出完整的句子、准备演讲、小组合作或独自学习方面存在困难的话，那就教他们如何去做。

在后果模型中，对于错误执行的惯例的唯一反应就是认为这需要处分，而这种方法减少了使用过于简单的后果模型的需要。我们之后会看到，温和的处罚是非常有用的短期激励措施，但主要是为了阻止蓄意实施的不当行为，而不是为了改进练习的表现。如果学生的行为不正确，可能只是需要重新教导，或者更多的练习……

示例：

在一所音乐小学，教师会尽可能清楚地告诉学生他们需要做的事情，以确保所有学生都能以很高的标准进行惯例练习。学生从一项任务过渡到另一项任务时，教师会教他们过渡前的惯例做法，以吸引他们注意到他们即将转换任务的事实：教师举起手。孩子们看到后，也举起手，并且目光跟随着教师。随着噪声越来越小，其他学生也很快注意到，也开始做同样的事情。教师竖起大拇指来进一步鼓励孩子们听话，并在此过程中不说话。教师等待大家安静下来。当学生注意到手举起来时，必须立即停下所有的对话。

这一惯例要教给所有学生，并且所有教职工都要运用。这很重要。随着学生们升入更高的年级，他们期待遵循同样的惯例，并通过重复而一次又一次地加深印象，直到这一惯例变得轻而易举、自然而然。

活动之间的转换有一个单独的惯例程序。这也需要教师去教，并且反复应用。

执行惯例会使学生变得低能吗

如果你做的方法对，学生就不会变得低能。事实上，恰恰相反，这些惯例是为了解放他们。教一个人开车或做饭是压迫他们还是解放他们？我们教给他们惯例，这样他们就能够自己行动了。学习惯例会腾出工作记忆，即他们可以用来思考的空间。练习并不会让他们变得无助，而是让他们变得比所能想象的更加强大。下面的惯例是很好的例子，能够说明我们如何教孩子们独立，而不是一味地放任他们却又希望他们能应付自如——对于任何一个不注重有意识地去教授如何执行惯例的系统而言，这是一种会默认的情况。

比如：

- 如何系鞋带

- 如何独自上厕所

- 遭受辱骂了如何解决

- 迷路时该怎么办

- 如果他们需要报告重要并且私密的事情时该去问谁

- 如何使用字典

- 如何借助互联网进行安全的调查研究

- 如何做到健康锻炼、健康饮食

诸如此类。教会孩子们如何做他们以前做不到的事情，为他们打开了世界之门，而且不仅仅是学习的世界。

这个过程简单易懂，却很难做到。我们教他们怎样执行惯例，然后我们期望他们这么做。之后我们让他们对此负责，期望他们为自己而做。然后我们在旁监督他们做得是否正确。我们会一直这样做。

我们能上一堂有趣的课吗

谁不喜欢有趣的东西呢？但是，尽管趣味是极好的，但并不是我们看重的一切都是有趣的。想要擅长某件事通常都不好玩，而是需要大量的练习，而练习往往没那么有趣。但是它会使我们获得有价值的东西，比如：专业知识、更高的才能和自由。练习可能会很艰苦，甚至可能有点枯燥乏味，但是我们却不能让学生习惯性地认为，一碰到不是特别有趣的东西他们就可以放弃。在你的课堂上，创建的最好的惯例包括：坚持不懈是有价值的；即使事情变得艰难，也要坚持下去；不是所有的东西都需要有趣。这些规范会帮助学生建立他们需要的惯例。

正如哈蒂（Hattie）告诉我们的，学习"并不总是愉快和轻松的，因为在某些时候我们可能需要过度学习，需要在知识的连续体中上上下下盘旋，我们需要和其他人一起建立工作关系，以努力完成具有挑战性的任务，等等。这就是刻意练习和全神贯注的力量"。

无独有偶，迪道也提出："那些在学校学习过程中可能会轻易认输的孩子，却愿意在《使命召唤》游戏中坚持下去，直到他们突破自己的局限性。他们为什么会这么做呢？因为他们想赢。无休止的失败会让人感到挫败，快乐源于掌握。"

快乐来自掌握。我们可以观察一下那些在某方面很擅长的人，比如弹钢琴，我们可能会说："如果我也有他们那样的天赋就好了。"好吧，这种想法可能也有一定的道理——毕竟天赋至少有一些遗传成分。比如说，我们的身高，遗传就起到很大的作用，你不太常会看到个子不高的职业篮球运动员。但是这些艳羡者真正的意思（尽管他们自己可能都没有意识到）是"好想像他们一样，在这方面的练习能那么多"。

当我们考虑在学习过程中必然会有一些困难，以及面对困难学生需要学会坚持时，我们可能会意识到设计"有趣"的课程可能就成了学习的敌人。学习中肯定会有有趣的地方，正如其他所有事情一样。它可以缓解不断加码的工作的强度；可以当作对自己的奖励；可以帮助建立关系。不同的活动混合在一起更能增强趣味性，而千篇一律会降低专注度。但是，如果我们总是把学习换成我们觉得有趣的东西，那么我们进行替代时必须格外小心。我们这样做是为了获得更大的学习红利，而不仅仅是为了填满课堂时间或者防止学生发生骚乱。把趣味当成工具，而不是当成你应该做的事情的替代品。

总结：

- 任何行为，想要做得更好，都需要练习。
- 练习往往艰苦且无趣。
- 但是它仍然很值得。
- 练习得越多，越得心应手。
- 练习要达到高标准，否则就有可能养成坏习惯。

成功的惯例的七个特点

1. 它们是激励人心的、极具挑战性。找到它们所指向的事情的标准，然后提出更高的要求——不管是什么。你的任务就是去挑战它们，无论它们有多棒。

2. 它们体现了你想在你的课堂上培养的价值观。

例如：学生轮流回答问题的惯例体现了礼貌待人、谦逊耐心以及尊重他人的价值观。如果你看重这些品质，你就更有可能重视实现这些品质的行为。

3. 它们让生活变得更美好，但是不一定变得更容易。不要期望惯例会很简单或是不需要费多少精力。没有努力和决心，就得不到任何重要的东西。如果你觉得这个过程轻而易举，那可能是它还不够难。

4. 它们营造了一种沉着冷静、富有尊严和互惠互利的感觉。你的惯例必须成为促进课堂上这些品质的一个途径。

5. 它们必须得到所有学生的理解。如果做不到这一点，你就有可能造成一种行为差距，从而可能加剧和强化学生之间在学习或者优势方面现有的差异。

6. 它们平等地适用于处于相同境况的人。

例如："进入教室"的惯例意味着安静地落座，然后开始学习。我们不会因为今天是某人的生日而破例（除非我们允许所有人这样做），或者因为我们偏爱这些学生，或者习惯性地说"哦，他们总是迟到"。学生们能立刻窥破其中的不公平，紧接着反抗这种行为。

注意：对于那些在执行这些超出他们控制范围的行为时有实质性困难的学生，必须为他们提供特殊便利。稍后我们会讨论此类特殊情况。

7. 在整个课堂上，随着时间的推移，它们表现出高度的一致性。如果它们只是偶尔执行，或者当它们被打破时教师没有提出异议，那么它们就称不上惯例。

构建成功的惯例的五个步骤

构建成功的惯例有五个步骤，且与形成成功的规范背后的过程相似，即：

1. 设计

2. 描述

3. 呈现

4. 要求

5. 脱离

设计

你想要和需要什么样的惯例

这是你首先需要尽量确切思考的问题。你想要学生能够执行什么样的微行为，以及这些行为到底是什么样子的？把你希望学生在整个课程或一天中要做的事情，以及为了成功，他们必须做的事情，列一个清单。把它们写下来，不管它们有多小。记住专业知识的诅咒：对你来说可能很明显直观的东西，对他们来说并非显而易见。

以下是一些例子：

- 按时到教室，如果可能的话最好提前一分钟。
- 穿好校服，以便看起来整洁干净。
- 在教室外安静地排队。
- 走进教室。
- 把外衣挂起来。
- 把书包放好。

- 拿出上课所需的学习用具。

- 找出来课本或者练习册。

- 分发练习册。

- 抄写新作业。

- 提问。

- 回答问题。

- 和同桌讨论问题。

- 从课桌移到地毯上，反之亦然。

- 在地毯上占一块儿空间。

- 拿一本需要阅读的书。

- 默读。

- 查字典。

- 寻求帮助。

- 请求上厕所。

- 上厕所。

- 登录电脑。

- 使用笔记本电脑或者平板电脑。

- 收集材料。

- 分发队服。

- 调试乐器。

- 检查耳机是否正常。

诸如此类。这些微行为会因年龄、科目、校规、你的课堂标准等因素而有所不同。以上行为可能有些并不适用于你的课堂，有些会适用。还有一百万件事情可能会出现在你的课堂上，但在清单里却没有写出来。

这些小的行为构成了"良好行为"这个大概念。最重要的是，这些行为必须加以教导。因为尽管一些行为看起来极其显而易见，但也只是对我们来说如此而已。稍微反思一下，我们就会意识到，这些小任务中的大多数也可以以很多截然不同的方式得以完成。

示例：

> 布置一项新作业。是否写下作业标题？日期呢？是否加下划线？要在新的一页写吗？用彩笔还是铅笔？

> 拿一本需要阅读的书。他们能带自己的书吗？这本书必须是教室图书馆里的吗？必须要遵循一个读书计划吗？他们能留着这本书吗？必须是一本书吗？杂志可以吗？

> 上厕所。多长时间才算太长？有特定路线吗？他们需要什么通行许可吗？多少次就算频繁了？他们必须等待规定时间才能上厕所吗？

清楚传达信息

每个行为指令之后都会出现问题，不管这个指令多么简单。如果你想让学生做到最大限度的服从，那就要尽量给出清楚具体的指令。这可能看起来迂腐得毫无意义，但却至关重要。每当你要求学生规规矩矩的时候，清楚的指令能省掉很多事儿。

学生们一天可能要坐到座位十几次。如果你没有给他们讲清楚这个行为是什么样子，那么你就可能有无数次的机会被拖进乏味的对话中，提醒学生们如何坐下来。很多教师都曾被气得生无可恋："要排队！我告诉过你们多少次了！"但是如果教师们事先没有花时间讲清楚排成什么样的队，或者为什么排队很重要，那么他们就可以指望学生对模糊的指令做出宽泛的解读。而当你明确了指令时，其结果也会变得明确。

惯例可能涉及具体行为（比如，怎样削铅笔）或者更复杂的系列行为（比如，如何开始一节课或者一天）。两者唯一的区别就在于细节的多少。

为了教授相互关联的一组细节，我们需要教：

- 单个的行为

- 必须执行的顺序

我们需要把大的行为分解成小的行为。

示例：

> 为了学习如何开车，我们要学会调整座位、调节后视镜、检查汽油、控制方向盘、转动点火装置、选择挡位和使用离合器等等，直到我们将这一系列的行为进行了练习、记忆和内化。一旦掌握了每一个行为，我们就要同时练习使用它们。

钢琴家从单音开始练起，然后是旋律，然后是和弦、双手、踏板、节奏等等。朗读者从发音开始练起，然后是声音，然后是意思，然后是句子，然后是故事，等等。我们将能力建立在基础之上，然后向更强的能力迈进。

学校希望有什么样的惯例

对于学生的行为表现，学校往往会有一定期望，你教的一些惯例会代表整个学校的期望。对于新教师来说，这是一件好事，因为他们将能够依靠已经存在的做法和仪式。学校越好，这些惯例练习得就越多，就越能被大家接受（和执行）。可悲的是，许多学校没有充分重视这个方面，学生们根据自己的喜好来塑造自己的行为。正如我们已经提到的，如果这所学校是服务于受过良好教育的儿童的社区，这可能没问题，但如果这所学校里学生对于学校要求他们的行为类型不习惯，这就可能不会执行得太成功。

对于任何一位加入学校的新教师来说，最好的建议就是确切地了解整个学校对学生的常规要求是什么，并尽可能严格地执行这些要求。通过这种方式，教师可以倚重学校规范和惯例，并加强它们。反过来，他们自己的行为也得到了加强。

如果学校的惯例太薄弱，怎么办

当教师的期望比学校的惯例更高，或者比学校的惯例更不灵活时，就会出现困难。这也许不是坏事；教师的期望可能并不合理。但通常情况下，情况恰恰相反，教师会发现自己在与一个不怎么重视一致性的学校制度作斗争。

在这种情况下，最好的建议是要记住，只要你的规范和惯例不与学校的惯例相抵触，通常你可以在全校的惯例之上自由地添加你自己的课堂规范和惯例。

示例：

一名教师入职一所对校服和学习用具要求非常严格的学校，但是对于不交作业的后果却没有明确的规定。只要学校的规定没有特别提到这一点，那么教师就可以自由地给家长打电话，设置惩罚措施，进行提醒，奖励按时交作业的学生，或者实施任何其他他们认为合适的策略。

设计阶段的重要性

这个设计阶段是至关重要的。如果你跳过这个阶段，你就会让学生陷入一个终日都在玩的游戏——"猜猜我脑子里在想什么！"或者更糟，"猜猜这个反复无常的军阀今天心情如何！"你需要清楚自己希望看到什么样的行为，这样他们才能清楚自己应该做出什么样的行为。如果你自己心里不清楚自己想要什么样的行为，那么你就会临场编造。祝你好运吧。

描述

你将如何确保学生知道你所决定的惯例

现在关于你想让他们做什么，你已经有了一个清晰、连贯、最好是书面的记录，你需要制定一个该如何告诉他们的计划。这个工作最好在刚开始建立关系的时候做。应该对其进行解释和解读，这样学生们不仅明白这些惯例是什么，而且明白为什么它们很重要。让学生相信一种行为很重要，这对说服他们实际去执行这种行为会大有助益。我们更关注对我们重要的事情，而不是无关紧要的事情。告诉学生"我说怎么做就怎么做"并非完全没有好处（毕竟，可能在很多情况下你正是想要这样做，这是建立所有这些惯例的最终目标），但作为单独的一个策略，它的效果有限。试着在指导的时候说服学生，只要你记住你这么做是把它作为一种工具，而不是因为课堂是民主的。它不是。你的教室，你说了算。

推销行为

不是所有人都会接受，但是聊胜于无。你无法让每个人都相信这种行为是有价值的，而你也不需要这样做。每种不同策略的目标都不是要完全获胜，而是要部分获胜。赢得足够多的胜利后，你就会开始赢得整体。对于非客户，你可以使用其他策略：

重复——一遍又一遍地告诉他们。

• **对我有什么好处?** ——试着用不同的论点来说明为什么这种行为对他们和他们的目标很重要。

• **重新教学**——告诉他们怎么做，或者让他们再做一遍。

- **后果**——每次惯例没有被执行的时候就质问他们。

- **常态化**——始终将惯例视为完全的标准，而不是对他们的一些特殊要求。

像教课程一样教惯例

坦率地告诉他们需要做什么行为。清楚地过一遍。提问问题来检查他们理解的程度。让他们告诉你你刚刚说了什么。让他们分组讨论。让他们进行演示。称赞他们的努力或成功。在必要的地方再教一遍。不断评估他们的理解情况。在你确信他们已经正确地掌握了这些惯例后，继续推进下去。

建议以下方式：

- 有关惯例的口头讲座/课程

- 收入他们文件夹或书中的讲义

- 墙上的海报

- 角色扮演这些行为

- 全班讨论

或者上述任意方式的组合。重要的是让它们变得重要，让它们为人所知，让它们成为现实。

你将如何确保他们都理解这些惯例

可以通过多种方式检查理解情况。例如：

- 口头提问。经常提问他们行为标准是什么。把它融入到关于课堂内容的一般对话中。

- 测验。通过设置小测验，使他们对惯例的理解成为课程的一部分。

- 演示。要求他们向你展示如何做某件事。

重要的是，这不能靠运气。这不能留给他们自行想象。不是由他们来决定或解释课堂的标准是什么。这并不是要看看哪个孩子可以在没有帮助的情况下茁壮成长，哪些孩子会蹒跚而行地练习。他们都应该得到高标准的支持、清楚的表达、仔细的教导、严格的教养。这是一种园艺行为，而花园需要园丁的努力、爱和坚持。除非你喜欢野生花园或森林。但是森林并不是弱者、迷惘者或不确定者的乐园。要做园丁，而不是丛林之王。

你将如何确保班级的新成员了解惯例

最后要考虑的一个因素是：不要忘记新生、年中入校者、临时转学者和其他类似的学生。他们也需要了解班级文化。请记住，对于在同一起跑线上的新生来说，这些已经足够令人困惑和具有挑战性了，而对于来自另一个学校、班级或国家的人来说，这会是非常可怕的。如果你的课堂惯例严格而明确，那么有很大概率新学生很快就会养成好习惯。但为什么要听天由命呢？为什么要和一个可能已经有点迷茫的人赌一把呢？有很多事情可以做，以便让他们学得更容易。

• 指定一个班级伙伴、导师或者朋友。他们应该很负责任，是你期望中的那种行为的榜样。他们应该天性友好善良，他们应该在一定程度上接受过成为一个伙伴的培训。这意味着要明确他们每天、每周和持续的职责是什么。你应该定期和他们联系，看看新来的学生做得怎么样。你应该问一些有针对性的问题，以了解他们所关心的问题。

• 设计一些方法，将班级规范和惯例明确地传达给他们。也许可以安排一次简短的课外辅导，谈谈班级规范的基本框架。这不仅是一次课，也是一次鼓舞人心的谈话。可以理解的是，没有多少教师有足够的时间来做这件事（因此采用导师法），但这是一项必要的投入，至少可以尝试一下。

对于学生来说，必须有一个正式的入门体验，让他们感到自己受欢迎，并得到了如何取得成功的明确指导。学生结束辅导时应该觉得自己是团队中有价值的一员。

• 创建一个时间表来检查他们的进度。不要只是问他们"你好吗?"，然后接受一个含糊的挥手和微笑。你什么时候跟他们说话? 你会问他们什么? 从行为上看，他们的进展目标是什么? 如果他们没有达到目标，你会怎么做? 再教一遍吗? 什么时候教?

这种情况需要付出更多的时间和精力才能做好，但这有可能使学生在今后的人生中保持良好的行为、学习和获得认可，或者也可能是恰恰相反。这是一项非常值得的投资，无论你如何实现它。

请记住：始终让孩子们更容易做到行为得体，而不是行为不当。

呈现

帮助孩子理解期望的一个最佳方法就是让他们去做。做会让期望变得具体而不是停留在理论上。做会让他们思考，这意味着他们必须在头脑里进行处理，而不是转身就忘记。所以，一旦我们不厌其烦地解释了这个惯例，就积极行动起来吧。

让他们加以练习，直到他们觉得做起来很习惯，直到你确信他们每次都能做对。

比如：排队；举起手来；学习用具检查；从小组学习过渡到结对学习；课程开始惯例；课程结束惯例。

不要害怕重复这些行为，要练得直到你满意为止。这就是将惯例嵌入他们行为中的方法：为了让他们做正确，你投入的时间越多，从长远来看，你节省的时间就越多。要不断推销其好处。让学生知道为什么这些惯例很重要。解释的语言很重要。一些看起来很沉闷的事情（比如练习课程转换）可以通过赋予其重要性而变得充满活力。

让他们知道为什么他们所做的是一件正确的事。你可以随心所欲地表现得妙趣横生或直言不讳。每个人都有自己的风格。我见过有的教师在地毯时间结束后，授课方式从地毯上转移到桌子上变成了一项竞技运动，还用上了秒表等所有的东西。我见过有的教师把下课变成了一场音乐定格游戏。只要适合你就行，但是要通过实践来教授。

要求

在某种程度上，这是最难的部分，也是很多教师开始失手的地方。确保学生们一直遵规守纪并非易事。如果你对他们不做出要求，他们的行为就会越来越差。但长期保持高标准并非自然而然。所以，如果没有人坚持，就很难在一开始就把它们建立起来。这对于习惯形成阶段至关重要。监控和保持学生的行为是：

- 令人疲惫的
- 重复的
- 耗时的
- 重要的

在任何时候都要优先考虑惯例的设定。将其列入你的教学计划中，详细考虑你将何时付诸行动，并找准恰当的时机。建立一个短语列表，当学生的行为出现偏离时，用这些短语来提醒、鼓励、暗示或提示他们回归正轨。

示例：

与其不断地要求全班保持安静并注意听你讲，不如运用一个提示，比如一个单词或一个手势，来表明他们需要执行之前教过的一系列动作。一些教师可能会拍拍手，或是默默地举手。

先掌握简单的行为

应该鼓励学生在学习其他更加复杂的行为之前先熟练掌握基本行为。这意味着教师必须要求他们这样做，因为学生不会集体同意以一种使所有人利益最大化的方式行事。这时教室中的教师或其他成年人就要发挥他们的重要作用了：坚定不移；对后续的行为提出要求。提要求并不仅仅是建议或请求（尽管也包含这两部分），而是要求学生们能够做到某些行为。这需要教师们有很强的意志力和决心，而这并不容易完成。

道德罗盘

我能给教师们最大的鼓励就是你们一定要记住这一切有多么重要。如果你不这样做的话，工作就会变得越发困难，学生的学习退步，安全感消失，不能像本应该的那样茁壮成长，教师也一样。我将这种现象称为教学的道德罗盘。如果你自己都不相信自己教的东西，是无法做到坚定不移的。但是，如果你相信教育的力量及教育之所能为，如果你相信你的学科，如果你相信知识和学习是孩子们生活中的变革力量，如果你从内心深处认为教育是人类璀璨的瑰宝——如果你对这一切都深信不疑，那么即使你不太情愿，你也会每天早上从床上爬起来，打卡上班，拼尽你的全力。因为这很重要，比我做过的任何事都重要。你很重要。

因此，提出要求吧。要求他们去尝试。要求他们竭尽所能。提出要求，因为他们按要求或不按要求去做，都影响深远。向无知宣战，为他们的未来宣誓。汉娜·阿伦特（Hannah Arendt）曾经写过她所谓的平庸之恶，即有些最让人不寒而栗的事情都是由最普通的人做着最普通的事而犯下的。

我认为这也适用于善行。我们通过一次一节课，一点一点地来拯救世界。教师不是救世主。他们是孩子们生命链条中微不足道却又至关重要的一环。这是多么大的荣誉，又是多么大的责任啊。请你每天晚上躺到床上的时候都想想这件事，而不是去想九楼的瑞恩骂你了，或者全班都不好好听课。你的工作不是像魔术一样从你完美的帽子里变幻出完美的课堂和完美的学生，你的工作是高举镰刀，尽力砍去无知的藤蔓和杂草，能砍多久就砍多久。

在很长时间里，教师需要一次又一次地做着同样的小小善举。

向学生提要求的最佳方式

• 在建立师生关系的过程中提前灌输惯例——从你们第一次见面的那一刻开始就教给他们这些惯例，以显示它们有多重要。

• 不断重复它们——把它们变成口头禅。

• 每次要跟进，决不能放任自流。

• 永远不要让学生或教职工忽视惯例。

• 在对话中重申你对他们的期望，每一次对话都这么做。

• 如果必要的话，可以停止其他活动来强化这些惯例。

• 采取无视战术和跟进战术。这意味着，如果这样做益处更大的话，你可以适时忽视学生的不当行为，并且随后公开跟进。

尽你所能。你只能做力所能及的事情。你无法做到跟进所有的事情。在你力所能及的范围内，尽可能地多跟进。你永远也不可能将学生的每一个不当行为都抓住。尽你最大的努力，尽量少放任自流。优先处理严重的不当行为，然后再着手处理较小的问题。

正如莱莫夫所言："重新做一遍是对惯例执行不力的最佳回应。"

如果一个学生或一个班级没有做到你所要求的那样，最佳的处理办法就是让他们重新做一遍。不要当作是惩罚，而是给他们一个机会，下次把事情做好。这很劳心劳力，但是每天提醒学生一百次把事情做好同样累人。

我孩子还小的时候，我会让他们说"请"和"谢谢"。每一次他们忘了说，我就会说："我们该说什么？"然后他们便会按要求加上"请"或"谢谢"。但这种情况总在发生。所以我改变了我的要求。每一次他们忘了说，我会让他们把整句话再说一遍，再把"请"或"谢谢你"加在最后。这需要更长的时间。但他们最终会明白，第一次就把事情做对会更轻松。我不用再像贪睡闹钟一样一遍一遍地提醒他们。他们知道自己必须在第一时间就起床，把事情做好。

最后一点——对大部分学生来说，互相尊重比针尖对麦芒更管用，所以当你提出要求时，并不代表你要表现得生硬或直白（尽管有时候你气得发抖时也需要使用这样的语气），而是与学生交谈时，要给他们应有的尊严，但是要告诉他们，他们有任务要做，而且是必须完成的。

脱离

现在给他们一个机会，来真正尝试一下这些惯例。尽管学生们的行为需要不断的提示和纠正，但如果你想看看他们是否真的学会了如何表现，我们还是需要把训练稍微停一下，看看他们是不是在你不要求他们的情况下也能举止得体。否则，你可能会让他们产生一种期待，觉得你总会纠正一切。

- 有针对性地表扬学生来强化优秀表现，并使其成为新常态。要表明他们的行为是对其他人的提示，其他学生或教职员工应当效仿他们。

- 你可以放下戒备吗？如果你不一直提醒他们会发生什么？仔细观察，

看看是谁忘了惯例，又是谁一直想要无视规章制度。

- 当学生们没有充分地遵守惯例时要及时介入。做好盘点并在课堂尾声时反馈给学生。

重要提示：偶尔明确地重温一下这些惯例，即使是惯例正在被执行的时候。引导学生们注意这个过程，这样更不容易遗忘。比如可以说："现在大家都在排队，很不错……我看到每个人都穿好了校服……只是有几个同学还需要把书包从肩上拿下来……做得好。"

永远不要忘记，你只能把你的注意力从一个惯例上移开这么久。他们需要你不时地检查他们的表现。一旦你忘记这一点，学生的表现就有可能开始退步，因为你把他们遵规守纪看成是理所当然的了。

人们不做你期望的事，而是做你检查的事。

郭士纳

这并不意味着只有在你对他们紧盯不放的时候，学生才会表现良好。远非如此。但这确实意味着你需要找到一个健康的平衡，既相信他们会做正确的事情，但又不能太相信他们。不是因为他们不值得信任，而是因为他们是人——更重要的是因为他们是一群具有不同容忍度、意志力和耐心的独立个体。因此他们需要一个成年人来指导他们，那就是教师。

第一印象很重要

初期惯例——即和学生相识的初期就开始的，从而为你们其后的相处时间设定了预期的惯例——尤为重要。如果要扭转已经存在的具有挑战性的课堂文化，这愈加重要。你一开始传达给他们的信息对他们来说是一个强有力的信号。如果之后再改变沟通内容，他们就会很困惑，觉得你的期望是变化无常的。

惯例的范例

• 开始上课前：

在外面排队/直接进教室；校服——进班前穿好/进班时检查/坐下时检查；学习用具——在门口检查/上课期间检查/下课时检查；书包和夹克——放在桌子上/放在地板上/放在橱柜里/放在储物柜里/放在储物筐里；课堂材料——在书包里/在桌子上/在储物筐里/自己带来/由每月指定的班级监督员分发；开始任务——确定任务/自己登记/到黑板上写题/复习之前的课程/默读/允许交流/新闻视频/小测验/等等；如何坐/坐在哪儿——在指定的座位或桌子/提示调整坐姿。

• 活动转换：

当前一项活动结束，一项新活动开始，学生们立即停下来听教师讲话；放下笔，目光跟随教师；从地毯走回座位教师要计时；转身面向前方，双手交叉，把手举高。

• 下课：

书本放回到书包或储物筐中；学生把外套穿好或拿在手中；站在桌子后或坐在椅子上；面朝前，保持安静/允许学生小声交谈；在最后一刻重申任务；快速测试；自我测试；安排学生把学习用具收走；以行列、表现好坏解散学生。

• 开始上课：

每节课开始时，学生是否要回答关于上节课内容的小提问？是否开始一项随机点名活动？是否有需要运用到之前的知识的任务？是否需要一些准备工作来考查学生对之前学习内容的掌握情况？

• 测试和评估：

学生清楚地了解关于如何寻求帮助（如果允许的话）的准则；想上厕所时如何请求允许；需要努力到什么程度；没有足够努力的话会发生什么？完成任务了该怎么办？身体不舒服了该怎么办？

许多教师还发现，如果他们思考一下在以下情况下学生应该遵循什么样的惯例，会很有帮助：

• **课业遇到困难时**——教给他们一个过程，帮助他们自己摆脱困境，并告诉他们，他们不仅可以做到这一点，而且这也是对他们的期望。一些学生感受到了这种困难，并将其看作是一个让自己停滞不前的好借口。

• **课业完成时**——如上面所述，学生应该知道如果自己比其他人提前完成，还有其他一些事情需要他们去做。他们可以检查一下自己的课业；校订语法或演示文稿；选择一个扩展活动；选择一本读物；寻求反馈；帮助同伴；等等。

• **必须上交作业时**——何时布置作业；如果他们错过了这节课，又去哪里得知作业；什么是恰当的努力；如何以及在何处展示作业；如果要迟交作业该怎么办；何处上交作业；等等。教会这些惯例会减少你一半的问题。

• **课堂上的职责**——学生是否必须分发图书、收集用具、分发钢笔、打开窗户、充当抄写员或发言人、转达信息、帮助代课教师？有些班级为来访者安排了迎宾员，低幼年级的小孩子尤其喜欢这种形式，这为客人营造了一种美妙、积极的氛围。

• **在走廊上**——离开课堂并不意味着离开课堂文化。你可以教给学生你期望他们能以多快的速度到达你的课堂；他们在路上如何规范自己的行为；他们不应该在哪儿停留；他们如何排队或进入教室；他们如何做好准备。

像这样的场景有几十种，甚至上百种。你不需要，也不可能，事无巨细地全都教给他们。但你要选择自己最需要的部分，以此为开端，注重细节，付出最大的精力和最强的关注度。然后你写下自己的清单，牢记自己需要不时地回顾以前的内容以进行强化。

惯例与性格

> 所以，优秀不是一种行为，而是一种习惯。
>
> 威尔·杜兰特

当惯例得以成功地传达、实施和反复练习时，它们就会成为一种习惯。习惯是"在特定情景下我们通常的行为方式"，例如，我一醒来总是喝杯咖啡，或者当我坐在办公桌前时，我会先查看电子邮件再开始工作，等等。你就这样做了，有时候并不会注意到。一旦养成了习惯，它就会成为你性格的一部分。这个人已经改变了，不仅仅是行为上的改变，因为如果性格不是习惯性地以某种方式行事，那性格又是什么呢？

示例：

> 十几岁的时候，只要有机会我就睡懒觉……直到找到工作。起初很挣扎，但是后来我就习以为常了，并改变了我的习惯。后来，我有了自己的孩子，我不得不每晚起床三次哄他们。起初这很难，但后来我也习惯了——而且也习惯了在他们早上六点准时醒来时起床。现在我很难睡过早上六点，我正在努力改变这一点。我的习惯成就了现在的我。要想改变自己，我就要改变自己的习惯。

我们可以通过鼓励、教导、坚持和提醒学生在某些方面的行为，帮助孩子培养性格特征。这是一种塑造性格的外在方法。内在的方法是设法说服他们某些性格特征和价值观是可贵的，并说服他们，努力培养这些性格特征和价值观是可取的，但最终都要回归到操练与这些特征相关的行为。教师可以为学生树立行为方面的榜样，如果你在学生面前展现出守时、同情、坚韧不拔和其他上百种品质，并且对学生报有足够的期望，你就可以教会他们这些品质。有朝一日，他们出于习惯这么做了，他们就不再是第一次走进你的课堂时的那个人了。

惯例与一致性

一致性是文化的关键。不同于惯例的例外之事有可能会发生（有时也是可取的），但它们必须非同寻常，并且在逻辑上与其他例外之事相一致。不能保持一致就注定了难以取得进步。你需要每年对惯例进行一次大规模的、高度可见的重启。在这个过程中，你需要通过每天不断的提醒来作为支持。

维持惯例

惯例需要尽可能频繁地进行强化，而且次数可能比你想象的要多得多。正如我们之前提到的，在事情进展顺利的时候去校正，不要等事情崩溃了再亡羊补牢。使检查惯例成为你惯例的一部分。

检查惯例是否正在执行

许多人发现维持惯例很难。这有时是因为人们不习惯长期坚持自己的行为。我们可能都很熟悉试图改变我们生活方式的宏大尝试——比如新的饮食或锻炼方式——但几天或几周后，这些尝试就会杳无踪影。健身房在一月份挤得水泄不通，而二月份却空无一人。在人们的空房间里，积满灰尘的闲置健身自行车比海洋中的沙丁鱼还要多。要是我们能发明一台让惯例更容易维持的机器该有多好。有一件事可以帮助教师比较久远地保持他们的惯例，那就是建立另一个惯例，检查这些惯例是否正在执行。

换句话说：要有计划表。

美化计划表

我曾经在美国一家大型餐饮连锁餐厅工作，日常工作中最不受欢迎的一部分是被命名为"美化"这个拙劣而华丽的名称的一个过程。在你开门迎客之前，还有清洁工作要做。但这个饭店地方很大，需要清理的地方也很多：从高级的美式家具，到仿真纪念品、晃动的桌子、咖啡机、吊扇、菜单等等。一间餐厅会有上千个固定部件，而且都非常脏，所以必须清洗。

问题是，即使在那里工作的每个人都非常干净整洁，也很容易：

- 只清洁你看到的东西
- 有些东西清洗两次，而其他东西从不清洗
- 只清洁你喜欢清洁的东西
- 用错误的方式进行清洁

这是假设你有一群愿意尽可能勤于清洁的人。这也忽视了一个事实，即每个人对"干净"的定义的标准大相径庭。另外，有这么多人参与清理过程，谁来追踪检查清理过的东西呢？如何解决这一问题，答案是：

美化计划表。在某个时刻，把所有需要清洁的东西都列一个清单。然后，他们估计了每件东西需要多长时间才能清理干净。此外，他们又衡量了平均每样东西真正需要清洁的频率。然后他们确定了哪些物品需要轻微清洁，哪些需要深度清洁，以及什么时候需要清洁。

　　然后，他们将这一切做成了一个365天的计划表，将每日、每周和每月的任务都考虑在内，甚至包括使用什么材料的指导。于是前台领班和经理每天都会打开这个时间表，并在当班人员之间进一步划分任务。最后，任务一旦完成，就由当值领班（领班服务员）进行检查。只有领班感到满意，员工才能完成工作下班回家。之后，值班经理又会检查领班，只有值班经理满意，领班们才能依次回家。由此领班才会愿意彻底检查员工的工作。

　　第二天早上，下一位当班经理会检查前一天晚上的结账情况，并记录下任何问题。总经理将检查整个过程是否正在有条不紊地进行，并对任何未能完成这项工作的经理追究责任。

　　我刚才所描述的事可能看起来极其简单或迂腐，令人难以置信，但它却能绝对确保事情得以完成。你可以想象，如果没有这种简单的官僚主义，对事情放任自流是多么轻而易举。因为事情很少会一下子变糟，而是会逐渐恶化。污垢灰尘会渐渐堆积。你可以一天略去一处的清理，待一周之后，看看你的垃圾箱会变成什么样。

使惯例惯例化

　　许多教师都犯了一个错误，那就是没有把他们的惯例惯例化。这意味着有的事可能做了一次、两次或几次，但没有确保不断地、反复地强化你想要的行为。这就是一个好的尝试和一个成功的策略之间的区别。

　　这就是美化计划表可以帮助我们的地方，因为我们对学生的心理有所了解：

- 他们知道我们通常开局很好，但很早就会灰心丧气。
- 他们知道我们倾向于放弃。
- 他们知道我们会忘事。

- 他们知道我们的看法会随着时间的推移而改变。

由于这些因素，保持惯例比不保持惯例更难。改变习惯需要努力。我以前吸烟时，读到过一篇关于预期寿命的文章，我很容易就会对未来感到担忧，然后发誓要为此做些什么……这种状态大概会持续一周的时间。在那之后，旧习惯又卷土重来。旧思维依然根深蒂固——也就这支烟——是不会杀了我的，对吧？那么为什么不抽了这支烟呢？那再一支呢？

我们很难全方位地进行思考；我们奇妙地沉浸在当下，随着时间的推移，很难看到危险。我们非常善于直接在人类的尺度上去理解世界，但从微观的或宇宙的角度理解世界的能力就差得多了。

教师们的出发点很好，但生活却成了他们的阻碍。你承诺要每天检查他们的校服，但有一天发生了其他的事情需要你加以关注。第二天，你又重新开始这项工作，但决心却不再坚定。又过了几天，这件事似乎毫无意义了。你仍然看不到结果。那为什么要添麻烦呢？然后有一天你迟到了。又有一天你请了一天病假。然后等你返回工作后有一天你又忘记了。如此等等。生活阻碍了我们所有的美好愿望。保持惯例比陷入例外情形更难，而例外最终会变成混乱。随着时间的推移，你打破常规的概率会增加，直到习以为常。

记住美化计划表。以下就是为什么它为我们提供了一个很好的例子：

- 将需要做的事情的信息记录在纸上，然后，我们就可以忘掉它，至少可以把细节忘掉。我们现在唯一要记住的就是去哪里找计划表，这对我们的记忆而言是一个很小的要求。
- 将计划表上的时间分解为方便记忆的时段，这就使我们免于计算何时需要做这些事情，因为我们的思考已经被纳入到了计划中。

- 它有助于推动如何执行这些事情。

- 最重要的是，它客观而公开地描述了事情成功完成的样子。其他人可以检查清洁工作是否完成。责任制，甚至个人责任制，由此成为可能。

这些都是明确规划行为课程的真正好处。运动员可以在训练计划上做到这一点。课程规划者在课程设置和内容序列方面实现这一点。教师则不再需要每天都问自己："我应该教什么？"相反，他们可以专注于内容传递、追踪和评估。

这在确保你记得不断教授和监控行为方面作用非凡。教师需要问问自己：

- 我期望看到什么行为？

- 我需要教他们什么行为？

- 我什么时候评估这种行为？

- 如果此行为发生了或者未发生，我该怎么做？

换言之，他们需要一个计划表，规定何时教授行为、教授什么行为以及何时检查正在发生的行为。

有些行为会经常检查，比如大声喧哗、扔东西等。教师应实时观察这些行为。其他行为可能检查得较少，例如，图书审查可以每周进行一次，或者一个月一次。有些行为需要每天检查，但不需要重复检查，例如校服或学习用具。

泰勒行为检查表

威洛斯小学（北伦敦一所针对有严重行为问题的儿童开设的小学）的前校长查理·泰勒（Charlie Taylor）运用类似于美化计划表的方法为教师们写下一份检查清单，这份检查清单是仿照外科医生阿图·葛文德（Atul Gawande）为手术室的外科医生设计的一份简单的检查清单而写的。他之所以这样做，是因为他注意到，即使是经验丰富的外科医生也会忘记遵循一些最基本的程序。但通过使用一个简单的检查清单，外科医生发现术后并发症或死亡事件明显减少。

泰勒给教师们的检查清单如下：

教室

- 了解课堂上所有成年人的名字和角色。

- 当学生进入教室时，与他们见面并打招呼。

- 在课堂上展示规则——并确保学生和教职工知道它们是什么。

- 在课堂上展示处分标准。

- 建立一个制度来贯彻所有的处分。

- 在课堂上展示奖励措施。

- 建立一个制度来贯彻所有的奖励措施。

- 在墙上贴一张直观的时间表。

- 执行学校行为政策。

学生

- 知道孩子们的名字。

- 为可能行为不端的孩子制定计划。

- 确保课堂上其他成年人知道该计划。

- 了解学生的特殊需求。

教学

- 确保提前准备好所有资源。

- 表扬你希望更多看到的行为。

- 表扬做对事情的孩子，而不是批评做错事情的孩子。

- 差异化教学。
- 保持冷静。
- 有明确的转换活动和下课惯例。
- 教授孩子们课堂惯例。

家长

- 向家长反馈孩子的行为——让他们知道孩子表现好的一天和表现不好的一天。

通过遵循这样的清单，教师可以避免在教学过程中犯简单的错误。此外，当记忆压力大或时间紧张时，它也会有所帮助。

示例：

> 教师决定他们的关注点是校服。他们在记事本上写下"星期一，检查校服"，还可以写下"星期五，提醒学生们着装标准，并告诉他们为周一的检查做好准备"。那么到了周日，他们就会看到自己的记事本上写着"检查校服"，这样他们就会记得在上课时间里留出一点额外的时间。到了星期一，他们就会去检查校服，因为他们提前写了下来。因为他们提前告诉了学生，所以学生们比通常情况下做得更好（为什么要抓他们的错处呢？目的不就是要让他们正确穿着校服吗？）。

如果你真的制定了一个长期计划，你就更有可能遵循它。如果你把这个计划切分成几个部分，并为每一部分设定一个完成日期，你就更有可能记住计划的每一部分是什么。也许有些人可以在脑子里做到这一切，但我不能。所以，写下你需要做的事情，直到这成为一种习惯，你不再需要它。

教师的惯例会促成学生的惯例

如果你想让孩子们遵循惯例，你就要培养自己的惯例。

当教师将例行检查纳入自己的日常习惯时，也就为其他人建立了习惯，因为学生们已经习惯了对自己的行为负责，故而他们开始期待如此行事。

所以，为了让学生们改变习惯，教师需要先改变自己的习惯。教师不能指望学生在听了一次教导之后就能永远完美地遵守指示。学生们需要教师的行为提供框架以指引他们的行为。这是一项艰苦的工作，需要你不断努力，并时刻保持警惕。

示例：

> 每节课开始前，教师都让学生在教室外排队。此时，他们要穿好校服，拿出记事本，安静地站成一排。教师应每次都守在门口，无一例外，并且在他们进教室的时候，通过头脑中的检查清单检查他们的进班要求，指出发现的任何问题：
>
> 1. 队伍排得正确吗？
> 2. 大家都安静下来了吗？
> 3. 每个人的校服都穿对了吗？
> 4. 每个人都带着他们需要的学习用具了吗？
> 5. 每个人都拿着自己的记事本了吗？
> 6. 每个人都有作业要交吗？

最重要的是，教师在这方面越勤奋，学生的行为就会变得越勤奋，直到在一种理想的情况下，教师几乎不需要在场，学生无需提示就能做好上课准备。这个时候你就知道一个习惯已经形成：它只需要很少或者根本不需要你的刺激就能发生。如果一开始的界限足够严格，那么随着时间的推移就可能放松，只要稍加提醒，学生仍然会遵守这些惯例。

注意：它总是需要一些刺激。教师放松警惕，认为"我再也不用检查学生的这个问题了，他们似乎已经可以了"之日，就是标准开始下降之时。学生们总是需要鼓励和提醒来维持标准（有些人比其他人更需要）。有时需要很多。这就是为什么教师既像教练又像学科专家。人们需要别人来帮他们找准定位。被人观察中的行为与无人观察时的行为迥然不同。观众很重要，他人的尊重也很重要。

因此，要让学生真正牢记这种行为，即使学生已经"学会了"，也要不时地重提对他们的期望。最重要的是，要计划好这么做，而不要听天由命。不要认为"我会记住这个"。你记不住的，你肯定会忘记，要不然就是会记错。每当你忘记做你说过要做的事情时，学生们就会注意到。他们可能时不时地会原谅你，但最终他们只会明白，你总是忘事、你说话不算数、你的标准乱七八糟，这些都成了他们意料之中的事，这就意味着他们的行为不会保持你想要的那样了。

你的行为很重要

教师对学生的行为有很大的影响。这并不意味着学生行为不端是你的错，也不意味着你是唯一影响他们的人。但永远不要低估你作为一名教师、作为一位权威人士和作为一个成年人的影响力。你的行为很重要，对他们来说非常重要。如果你设置了鼓励偷懒的暗示，那么他们就会偷懒。如果你欢迎、允许或鼓励调侃，那么你就会等来调侃，而且通常是在你不想开玩笑的时候。如果你迟到，或者你允许迟到，那么你就会看到那些本来应该加快动作、匆忙赶到的学生迟到了。如果你接收家庭作业的截止日期是灵活的，那么学生们就会认为这可以灵活对待。

但是，如果你明确规定要准时——以及这意味着什么——如果你明确规定允许什么程度的幽默以及什么时候允许调侃，而且如果你明确规定必须按时交作业，那么假以时日，学生们最终也会把这些事情做好。但不是所有人，也不是所有时间都可以做好，但学生的表现会比以前更好。请记住：

> 没有一种行为策略在任何时候任何地方都适用。我们使用的每一种策略在某些时候都会影响到一些学生。我们需要使用多种策略。

高期望值

高期望值是个很有趣的东西。每个人都说他们具备，但显然不是每个人都有。如果你问一位教师："你有很高的期望值吗？"如果有人回答说他没有，那他肯定是一个相当糟糕的样本。在阅读学校文化和行为管理的相关文献的过程中，你会读到很多关于高期望值的内容。当你阅读学校行为政策、使命宣言和愿景文件时，你也会读到很多相关内容。当政治家们谈到他们对教育，尤其是对学生的雄心壮志时，他们总是会谈到很高的期望。高期望值无处不在。

那为什么我们没有一直看到高期望值呢？

1. 我们不喜欢认为我们的期望值很低，所以承认自己的期望不高会让人不舒服。因此，我们必须有很高的期望。无论我们的期望是什么，这些期望都很高。这又是认知失调在起作用。

2. 高期望值是高度主观的。这是因为我们大多数人都生活在一个极端主观的世界里，尤其是在道德层面。在我们的世界里，我们自己的品味和

225

信仰是明智的、美好的、正确的，不管它们实际上意味着什么。与我们差异太大的人会被视为古怪、怪异，或者——如果足够极端的话——不可理喻、令人不快、错误甚至邪恶。

示例：

> 在你开车的时候，你会意识到，任何比你开得慢的人都像是一个过度谨慎的蜗牛，如果他们不能以一个合理的速度驾驶，那么他们就应该重新参加驾驶考试。而任何开车速度超过你的人都是疯狂的神风敢死队飞行员，他们根本不在乎你或者其他人的安全。

你喜欢听音乐的音量、洗澡的水温、你杯中酒的高度，在这些问题上，我们的个人品味就是北极星，而其他人的偏好是一种偏差。

你认为你有很高的标准，其实你并没有

如果我要求每个人在明天之前上交一份作业，我可能会预先为自己的高期望感到自豪。但是第二天我发现有十个学生没有交作业，其中三个人理由充分，还有三个人说"把作业落在大巴上了"。还有四个人没做作业，但他们的道歉方式很滑稽。我把他们都放走了，并要求他们第二天把作业交上来。我为自己的聪明善良沾沾自喜。我仍然认为自己有很高的期望值，因为大部分的作业都交上来了，而我对没有交上来的进行了监控，做出了反应。

第二天我又收上来了五份作业，但是这五份作业写得马马虎虎。还有五份作业没有上交。我给其中两个人延长了截止期限，因为他们真诚地表示非常抱歉。我又让其中两个人留堂，因为我指责他们拖拖拉拉时，他们嬉皮笑脸。

那两个该留堂的调皮学生并没有留在班级里。我当时很忙，无暇顾及他们。第二天见到他们时，他们上交了两份作业，客气点儿说，真可以用脏乱差来形容，他们是这样完成作业的：在校车上，拿彼此的背当桌子，只用了两分钟就写完了。我对他们摇了摇手指……但还是接受了这两份作业。不过我的标准还是很高的，因为我把所有的作业都收齐了……

但是在这种情况下，标准本可以高得多。学生第一次错过截止日期就应该受到某种处分。因为一个人对高标准的看法可能与另一个人不一样。我们很容易想象自己是心地善良却又坚定不移的监工，但在很多情况下事实并非如此。当我请教师们描述一下他们的课堂管理风格时，他们经常将其描述为"坚定但公平"。巧合的是，几乎每个人都这么说。（谁会希望自己"软弱而不公正"呢？）但是他们不可能都做到如此。我们常常自欺欺人。

如何拥有真正的高标准

这就是为什么，如果你真心想体现高期望，并将其传达给你的班级，那么你应该：

• 对你的标准有一个清晰的、口头的、明确的理解。这是一切的开始。如果连你自己都不清楚你的标准，那么这对其他人来说肯定是晦涩难懂的。

• 一定要多观察其他教师。多多观察。将自己的期望与周围人的期望进行对比是很重要的，这样你就能知道自己是否严格，是否善良，是否慷慨。也许你是全校最随和的教师，尽管你可能对自己的想象完全不一样。

• 质疑任何超过你界限的行为。这比我们想象的要难得多。我们总是让事情放任自流，并且我们迅速调整我们的期望值——通常是向低调整。

• 时不时反省自己的行为。是不是我之前严词责备的事情现在放任自流了？还是我之前从不过问的事情现在严加痛斥了？年初的时候我要求学生们做了什么？他们还在做吗？如果没有的话，我该如何应对？我教过他们不守规矩吗？你可以问一些成熟的孩子，他们对你现在的教学和以前的教学有什么看法。或者观察一下自己的教学。

你对表现差的孩子有什么期望

教师最容易犯的错误之一就是对表现最差的孩子的不当行为置若罔闻，因为，嗯……你对那样的孩子能有什么期望呢？我知道这么写很大胆，听起来如此残酷，可能是有点儿。但是这是出于最善意的提醒。如果我指出我们会因为学生的背景等原因而对他们的良好表现不抱太大期望，我认为大多数教师会对这样的看法躲躲闪闪，但实际上很多人就是这么做的。说一句"我对所有的孩子都抱有很高的期望"很容易，但如果你没有充分的理由就对某些孩子放任不管的话，那么你就没有做到这一点。

我们对学生们可能有不同的期望，因为他们：

- 来自艰难的环境

- 刚来到新学校

- 是一个男生/女生

- 在以前的学校经常行为不端

还有很多其他的原因。有时候，差异确实很重要。我不会期望一个英语语言能力较差的学生在没有接触大量的翻译工作的情况下处理复杂的文本。在这种情况下，你应该调整你的期望以适应这种情况。但如果这种差异并没有那么重要呢？我经常看到教师们与调皮捣蛋的学生进行如下的交易："如果你能安安静静的，我就不会对你要求太多。你只需要像惰性物质一样坐在那里。"

当然，没人会这么说，但事实就是这样。通常，他是班里最难对付的学生。有时候，能让他们安静地坐着就是一种胜利。因此，教师不要求他们加入、参与、执行或完成任务，而是经常给他们安排忙碌的工作，让他们保持待机的状态，直到下课铃响起。有时这种忙碌的工作仅仅是与助教或教师聊天。他们什么也不做，什么也没有产出，什么也没有获得——但至少课堂没有被打扰，课程可以继续进行。

我能理解这种做法；我对此感到同情，即使我不同意这样做。这个策略通常是走投无路的产物。当遇到很难对付的学生时，这似乎是在难以忍受的情况下最好的结果。

或者，你教的学生可能很脆弱、很粗暴、很好斗，如果对他们太过严厉，就会招致灾难。那么你该如何应对呢？你或许对他们敬而远之。我曾见过教师们被这种痛苦所麻痹，完全无视此类学生的大声咆哮，但是又会对其他学生的不良行为给予处分。在这种情况下，通常是最老实本分的学生受到的伤害最大。这是完全错误和不公平的。学生们也知道这一点。

或者也许学生在家里过得很艰难——也许是爸爸妈妈正要离婚。出于同情，你让他们在课上少做一点功课。如果学生正在努力处理他们的个人情况，这一次课也许你是正确的。但如果是两节课？或者是一整天的课？甚至一星期的课？或是永远呢？出于善意，我们有可能对他们的困难给予如此多的宽容，从而破坏了他们获得成功的机会。

我们让他们被迫错过了几周的学习时间，因为我们发现，比起说"我同情你——你有困难。我知道。我不希望看到你进一步落后，更赶不上其他人的进度。所以，事情是这样的，我需要你做到……为了帮助你做到这一点，我们可以……"，降低我们的标准反而更容易做到。

我们对此表示支持和真诚的同情。但是，把所有处于困境中的学生都当作无助的人对待，会强化他们的无助感。事实上，作为教育工作者，我们面临的任务是，在任何可能的情况下，帮助学生学会独立思考和独立行动，变得足智多谋，能够应对困难。

这并不意味着无视他们的痛苦——恰恰相反，我们必须做我们能做的和我们职责所在的事，了解我们的能力和界限。这意味着要努力帮助孩子们应对困难，让他们学会他们不必让逆境击垮自己。

这是一门很难教的课，对于教师而言这也很棘手，尤其是当你的本能是既要教育学生又要保护学生时。这不是一门精确的科学。有些时候，孩子们在处理你或我几乎无法想象的困难时，需要做出巨大的调整。有时他们会需要——我谨慎地选择了这个词——需要有人，一个成年人，对他说，"这太可怕了。让我来帮你学会处理这件事，以及我不在的时候你会遇到的其他可怕的事情"。

所以，要帮忙实现每个学生的抱负，而不仅仅是那些容易实现抱负的学生。

高标准表明你在乎

有时我们通过对学生提出高标准的要求来表达我们的爱，并通过你的行动和语言证明，进步不仅是可能的，而且是被期待的。你能给学生的最大的一个赞美就是对他们说："我认为你能做到。"当你有很高的期望时，要给予他们尊严，并让他们知道，你在乎。

对某些人来说，这是一种难以置信的做法，但在我看来，这是理解高期望值的最好方式。你训斥一个学生时，你这样做是因为他们需要听到他们所做的远比他们能做的要少。必须传达这样的信息："你可以做得更好的。你有能力创造奇迹。我很失望，因为你本来可以做得更棒的。"

展示与讲述

仅仅表明你的高期望值还不够。不要只是告诉他们他们可以做到。要向他们展示如何去做。也许他们不理解你要求他们所做的工作或行为。也许他们不习惯那样去做。你应当帮助他们解决这个问题，而不是总是只说"做吧"。挑战他们在理解材料方面的任何困难。从教学法上以及行为上，对可能阻碍他们进步的因素进行严谨的调查。"我相信你可以的"必须与"你可以这样做"相结合。一旦你确信他们确实知道如何去做以后，你就可以满怀信心地期待他们去做，并坚持做下去。

倚重学校标准

学校的风气、愿景以及实现这一目标所采取的策略必须前后一致且始终如一地贯彻下去。你是一个更大的整体的一部分。如果你倚重学校的价值观，其他人也都这么做，那么对学生的影响是深远的。如果你明确表示你是一个孤岛，你的规则是由你自己决定的，他们就会知道，学校不会站在你这边，因为你不站在学校那边。所以，要明确表示你支持学校的要求，并确保你知道这意味着什么——阅读学校政策和学校手册，如果你有不确定的地方，可以要求学校进一步阐释。就像一个好教师一样，一所好的学校应该教授它的价值观和惯例，而不是仅仅告知新员工。

不断强化期望

始终如一的高期望是唯一具有长期影响的高期望。

学生们很快就能分辨出所谓的边界和实际存在的边界之间的区别。花点时间在日常教学中建立这些界限，也要在每次与学生互动的时候强化这些界限——在学校旅行中、在集会中、在报到的时候、在晚间家长会上、在操场值班时。对于你是谁，你的角色，你是做什么的，他们需要有明确的认知；他们需要了解你。也就是说，你得知道自己是谁。如果你什么都支持的话，那你其实什么都没有支持。

那么你到底支持什么？

总结：

- 惯例是班级文化的基石。

- 惯例必须要教导，而不是告知。

- 惯例越清晰、越牢固，就越能渗透到学生的行为中。

- 你的个人行为必须始终如一，这样学生才能养成始终如一的习惯。

- 清单在确保你维持惯例中作用非凡。

- 惯例需要经常维护，否则就会逐渐消失。但是，如果惯例构建得一致且清晰，那么你可以不那么频繁地维护它们，也能达到相同的效果。

第八章

执行制定的规则清单

所有的规则都是惯例，但并非所有的惯例都是正式的规则。规则通常是每个人都应该记住和参照的简短指令。他们经常以简短的形式成套出现，应该简洁而且容易记住。人们经常问："我的课堂规则应该是什么？"对此没有一个简单的答案，但大致来说，应该有不超过十条的必做之事，需要让学生去理解和执行，以便使课堂正常运转。这些规则是你不能没有的。

例如：

- 禁止大声喧哗
- 发表意见和提问前要举手
- 带上你所有的学习用具
- 始终尽力而为
- 要准时
- 善待彼此
- 未经允许不得离开房间

诸如此类。这些都不复杂，也很合理。你可以用五分钟时间把它们写在餐巾纸的背面。如果我让100名教师制定他们自己的规则（我曾经这样做过），那么我们将会得到90%的重叠率。这大概是因为，正如牛津大学的研究中那七项道德规则一样，可能有一些惯例和共同的行为是一个群体必须具备的，以便能够持续下去。如果你缺少其中的任何一个，或是你允许它们经常被忽视，那你就有可能失去这个群体在教室和社区健康运转的能力。你可以制定各种各样的规则（比如"不允许举手"等），只要有一个商定的且可理解的惯例来指导答案即可。

一些评论家，如桑斯坦（Sunstein），提出，最好将规则和法律视为良好行为的表达或信号，而非当作捕鼠器避之唯恐不及。这些规则"发表了声明"。在这样的背景下，"不得大声喧哗"的规则实际上是一种有关礼貌、耐心等的规则。这个例子很好地说明了将规则用作混淆视听的范例：你想要的是得体、礼貌等，但却将其框定为你不想要的东西的范例。

桑斯坦还建议，如果破坏后果的行为以高度可见的方式受到公开的质疑，从而使旁观者望而却步，那么法律和规则就可能更加有效。最后，桑斯坦指出，如果违规者是"奖励不遵守规则行为的离经叛道的亚文化群体的一部分"，那么规则就不太可能有效。换句话说，如果学生在学校属于一个足够强大的亚文化的群体，他们可能就会对学校的规则不以为然。

当然，一份简单的规则列表不可能涵盖所有情况，这就是为什么教师还需要仔细解释这些规则在实践中的含义、可能的例外情况、违反规则的后果，以及课堂上所有其他的常规、规范和惯例。规则清单是一种简单的方法，可以让学生专注于他们需要掌握的主要的和重要的行为。这并不意味着详尽无遗。这是永远不可能的。如果你的学生认为这些规则就是他们唯一必须遵循的事情，那么他们就会开始寻找漏洞和逃避条款的办法，或者是法律条文未涵盖的事情。为了良好行为而采取严格的法律手段可能会有用，但这只是让人们做出良好行为所需的一部分手段。

保持简单

规则清单应该尽可能简单和简短。如果它们太复杂、太长或太难记住，学生根本就不会遵守它们。学生就会放弃对其进行认真思考。记住：让守规矩轻松自在。制定最少数量的规则，并确保它们易于遵守。

示例：

> 在2020年的疫情封控期间，当人们被严格要求只能出门锻炼时，你开始看到人们以"步行去野餐地点是锻炼"为由前往风景名胜区野餐。当人们将规则视为一组避免触发的绊索而不是一组以道德原则和价值观为基础的东西时，就会发生这种情况。

因此，要解释为什么存在这些规则以及它们会给人们提供什么帮助；要解释这些规则为何要紧和重要；还要说明你的法律不仅有文字，更有一种精神。

示例：

> 规则是"禁止大声喧哗"。这是因为课堂上每个人都有宝贵的意见，我们希望倾听每个人的声音，而不仅仅只是声音最响亮或者胆子最大的人的。每个人都很重要。你的所思所想很重要。这就是我们轮流发言的原因。

有些时候，规则并不足够。

但是，正式的规则是将学生以及教职工的行为集中在一系列非协商性问题上的有效方法。它们就是工具，就如其他工具一样，可以用来培养更好的行为。它们并不是应对这一挑战的完整的解决方案，但没有什么解决方案是完整的。这是我们在修正行为时一次又一次看到的情况。没有一种方法是充分的，但这并不意味着任何一种方法都是不充分的。它们都是构建课堂引擎的不同工具。

明确规则

在沟通的过程中，宽容原则要求我们尽可能用最积极的方式来解释任何有歧义的陈述。如此，我们就可以避免仅仅因为我们不喜欢说话者而产生负面的偏见。例如，如果有人说，"这个书包有一吨重"，我们不应该嘲笑他们不知道真正的一吨有多重——我们会理解他们的意思是在刻意夸大化。在公共话语中，我们经常看到相反的情况：我称之为无情原则，即我们决定以最坏的方式来曲解一个声明。

当你写下一条规则时，你唯一可以保证的是有人会以与预期截然不同的方式来理解它。这可能是偶然的，抑或是故意的。无论是哪种情况，只要你的规则有模棱两可的地方，如果你想让它尽可能容易地得到遵守，那么你就需要做点什么。

制定好班规后，任意挑选其中一项，试着以不同的方式去解读一下。他人会如何有意或无意地误解原意？大多数话语都含有歧义，这通常是无法避免的。关键在于以下两点：

1. 重新组织语言，使信息更加明确；

2. "展开讲解"，这样人们能更清晰地理解你的含义。

第一点在于合理组织语言。

示例：

"要准时"对不同的人而言，含义千差万别。

"铃响后一分钟内到达教室"则更为严格。

第二种表达更为具体，更容易遵守，或者在事情还未发生前，学生更容易清晰地意识到规则。

第二点在于讲解其含义，然后再次强调规则，以使学生容易记起规则。

示例：

- "要有礼貌"表述简洁，但人们对它的理解可能千差万别。因此，你可以先教"要讲礼貌"这一规则，再让全班学生讨论它的含义。接下来，你重点讲解你想表达的含义，并举例说明。举例子是十分有用的。这些例子可以帮助人们理解你真正想表达的含义。以后在课堂上，你就可以用"要有礼貌"来提示学生规范你们讨论过的行为。

- "让我们一起实践低声耳语"这句话源自道格·莱莫夫。当然，这需要大量的解释。但是一旦解释清楚，这句话就可以用作一个快速的提示。但这首先需要学生们理解这句话的含义。

- 所以，我说的"要讲礼貌"，意思是"要说'请'和'谢谢'。要帮别人开门。不要打断别人的讲话。永远不要侮辱他人"。这句话还能有什么其他的含义？

规则的压力测试

对某一事物进行压力测试即观察你能给它施加多大的压力它才会崩溃。任何产品设计流程中，在距产品到达客户手中之前很久就会做压力测试，因为制造商想在产品被起诉之前看看它有多结实。同样明智的做法是，在自己制定的规则在教室被违反之前，我们也应该对其进行压力测试。你可以通过以下方法进行压力测试：

- 询问不同的人该规则是什么以及它的含义是什么。

- 假设几种情况，并提问他们这些情况是否属于违反班规。如果存在广泛的分歧，那么你需要向全班澄清规则的真正含义，以免之后学生在现实生活中违反班规，而又认为自己是在遵守规则。

关键在于尽可能准确地去解释这些规则。比如，想象一下，你在社交媒体上发表了一个观点，他人对此最疯狂、最不合理的看法是什么呢？

为了尽量减少这种情况：

- 规则的定义须尽可能清晰。
- 应使用清晰的、关联性强的事例来对规则进行阐述。

示例：

"安静"——太模糊。

"不要大声喧哗"——好一些，但是采用了消极的语言框架。

你想让他们做什么？

"举手发言"——清晰而且具体。

"保持安静的意思是举手并静静地等待被提问"——更好。

用新行为替代旧行为

当你禁止某一行为时，努力想出另一种行为来代替它。这样做是因为人们很难做到"不去做"某件事情，甚至于想着千万不要去做某件事情就意味着你正在考虑要去做。这与那句古老的谚语"不要想到柠檬"并无不同。我敢保证你每次读到这句话，脑子里都会想到柠檬。抱歉！

我戒烟期间，最难熬的时刻是通常情况下我会抓住机会抽根烟的时候：饭后、喝一杯时、紧张的谈话后，等等。困难在于要时刻意识到我不应该吸烟。这种缺失感就好像幻肢一样。

此时，最好的办法就是用其他东西来填补这一空白，想出一个替代行为。饭后我去洗餐具。喝一杯的时候做些什么呢？这个相对难想到，但是我觉得再多喝点是种有效补偿。而经历了紧张焦虑的事情后，我会去骑自行车。改变一个旧习惯时，分散注意力是非常有效的办法。

所以，当你让学生停止做什么的时候，帮助他们想想他们可以做什么来代替。这为那些需要知道"双手该做什么"的学生提供了行为选择的框架。

示例：

> "不要说话"是没有问题的，但是"保持安静，开始完成这个任务"则效果更好。

落实规则

事实胜于雄辩。如果你说"这样做"，但却允许"那样做"，那么最后"那样做"就成了真正的规则，而不是你说的"这样做"。"你允许什么就推行什么"这句耳熟能详的话语对这种情况进行了总结。许多教师都会犯一个常见的错误：他们认为，仅仅告诉学生们做什么就足以让他们照做了。然后当学生们并没有照做的时候，教师不管出于什么原因采取放任不管的态度，学生就会晓得什么才是真正的规则。

示例：

> 校规要求任何时候都必须保持校服穿着整齐。真实情况：教师经常在课堂上忽视校服不合规现象。这就等于在告诉学生真正的规则是"不用穿校服，你喜欢怎么穿就怎么穿"。

换言之，教师需要落实自己制定的规则，并且要求人人都遵守规则。

如果学生不遵守规则，要追究他们的责任。

让规则变得重要

如果你想让学生意识到规则很重要，那就要向他们展示这一点。以下几个要素值得考虑：

- **何时**学习规则：如果你和他们刚接触时就教他们规则，你就在表明你把这些规则放在了优先地位。你首先说的东西必然是重要的。

- **如何**学习规则：如果教师认真详细地讲解规则，则学生会更容易理解，并会认真对待。

- **为何**学习规则：如果你向学生"推销"规则的好处，即解释规则为什么很重要，那么学生就更有可能接受这些规则。

- **何地**展示规则：如果学生随时随地都能看到规则被展示被落实，那么遵守规则就成了常态。

- **何种频率**接触规则：如果学生在整个课程中频繁看到遵守规则的行为，那么就有助于使遵守规则成为日常习惯。

学生都是社会的一员

没有人是一座孤岛。

我们的行为受到他人强烈的影响。

其他人和他们的观点对我们来说意义重大。如果你教一个班，教一个小组，那么班级或小组的动态与单独或双人的行为是不同的。

第九章
准备好学生行为管理脚本

教师经常面临复杂的情况，有很多变化的部分，处于高度紧张和情绪化的环境中。通常，他们必须与他们不熟悉的人打交道，或者和那些与他们没有紧密的预先存在的关系的人打交道。这就导致更难做到良好的沟通，因而误解的可能性更大。

我开始教书的时候，我经常发现自己每天都有很多次在犹豫应该说什么、应该做什么。我并不害羞，而且我相当健谈。但你很难为课堂上常见的那种交流做好准备。在任何一天里，我都会被迫思考如何回应下述情况：

- 有学生迟到了
- 有家长打电话来投诉他们的儿子遭受了霸凌
- 有学生试图为他们没有交家庭作业找借口
- 一位资深教工请我帮个忙，占用了我大部分午休时间
- 有学生在你身边说脏话，然后又否认
- 你被要求召集一次大会
- 你要求学生靠边走，而有些孩子对你的要求置若罔闻
- 你在操场上遇到了打架事件

诸如此类。这并不是说你真的就无言以对。只是表达的方式如此之多，

你很难知道怎么说才是对的。

比方说：

你接手了一个新班级，有几个男生对你的外表、衣着做出了评论，或者问你是否有男朋友。有很多方法可以回应这种情况。

- 你可以忽略它，希望它不会再发生。但这么做将使它正常化，或暗示它无关紧要，但实际上它事关重大。

- 你可以对他们大喊大叫，告诉他们你对此深恶痛绝。但如果他们就是想让你发脾气呢？

- 你可以微笑面对，试着表现出你对这种事并不在意。但这可能会鼓励他们。

- 你可以言语不庄重。我希望我不需要概述这是一个多么糟糕透顶的回应。

- 你可以想办法训他们一顿。画一条界线，表示他们已经越界了。但是怎么做呢？

或者还有一个常见的例子：

一个学生踢踢踏踏着晃进教室，一边化妆一边戴着耳机听音乐。每个人都停下来，盯着看他这样虚张声势，课程就这样停滞了。你能说什么？斥责一顿？让他们出去？喊叫一通？开个玩笑？讽刺一下？

这里没有硬性的答案，只有原则。

管理《泰晤士报教育副刊》在线行为论坛时，我经常遇到似乎有相同问题的人，一次又一次。我常常给他们手写工匠式的答案，这要占用我很长时间，而且常常重复。过了一段时间后，我开始问自己，如果我只是针对20种最常见的行为情境写下20种固定答案，是不是会更轻松一些？那样的话，我可以在20分钟内回答20个问题，然后早早下班。我没有这么做，因为大多数人不只是想要一个解决方案：他们想要的是消除疑虑，而这需要个性化。

但这让我开始思考。似乎教师们通常会遇到的困难是有限的。起初，问题看上去无穷无尽，但一段时间后，大多数教师意识到，有些事情会一次又一次地发生。有个学生迟到了。有学生会忘记带学习用具。有学生不是很努力。有学生在盯着窗外看。有学生在打架。有学生在逃课，等等。

飞行模拟器

考虑到这一点，我们最好的准备方式就是在这种情况发生之前练习我们将做什么和说什么。通过这种方式，我们在遇到这些事件时尽可能地做好准备。换句话说，我们是为自己建立惯例，而不仅仅是为学生。

当课堂上出现问题时，常常会有一种非常真实的倾向，即陷入一种感到惊讶、难以置信或者愤怒的时刻。我们身陷此刻的危机之中，就像被车灯照到的小鹿一样僵住了，我们的理智被抛到了窗外。我们变成了无助的旁观者，而不是当下的主宰。

其他领域是如何应对这个问题的？不出所料，情况要好得多。甚至当我接受培训成为一名服务员时，我们有两个星期的课堂培训。整整两个星期。我们坐在一起讨论消防安全、处理危险化学品、公司的历史、公司的价值观、菜单、饮料单、食材的来源、应付醉汉、过敏、清洁周期、食物准备和卫生……这样就成了一名服务员。一旦我从这里毕业，我就可以回归实地自由活动。我有几个星期的时间跟在一个有经验的服务员后面学习，逐渐得到允许可以在安静的换班时段接待客人，这远远低于我的接待能力，而且总是有一位导师在我的身边监督我。

在那之后，我才获准单飞。而一旦我做到这一步了，我就必须遵循期望的工作流程和程序。工作要定期评估，美化计划表要由部门管理人员检查，与其他工作人员密切关联，这些不断挑战着你的标准。就某些方面而言，这是一个令人抓狂的环境，但是从培训的角度来看，它会让你成功，而不是失败。

这与作为培训教师管理一个课堂形成鲜明对比。你在学校学到的理论有时很难应用到课堂上，也很难找到相关性。如果幸运的话，你会遇到一位支持你的导师，他会向你解释你应该做什么，但往往你没有那么幸运，你只能自己学习，独自和你的学生在一个课堂里学习。这可能会带来一些伟大的见解，但也可能会导致一些非常糟糕的培训经历。

把人扔进深渊并不是在任何领域训练任何人的好方法。我们不会像这样训练航空公司的飞行员，因为失败的代价太高昂了。

避免这种情况的一种方法是让新员工接受一种类似飞行模拟器的训练，这能让你在投入工作前对工作有个感觉。那么这在教学中会是怎样的呢？有两件事可以做：

1. 让教师在尽可能可控的条件下，体验实际工作的感觉。

2. 在他们需要之前，向他们提供可供借鉴的语言和行为习惯。换句话说：提供脚本。

脚本只是一套准备好的动作和一套建议使用的话语，以便尽可能有效地应对某种情况。演员的脚本能让他们变成另一个人。教师的脚本可以让他们说正确的话，做正确的事，直到他们体会到自己可能的样子和感觉。

这个想法是，在困难的情况出现前，提前准备一些小的应对措施和提示，这样教师就能够有效地做出反应。

脚本不是什么

脚本不是一种需要亦步亦趋、盲目遵循的仪式。这是有关如何应对问题的一个良好的、基本的框架。它们不是完美回应的唯一答案。你一旦想到了更好的说法，就用它来代替。演员们会把脚本变成他们自己的。

关键是，在你需要说什么和做什么之前，尽可能提前想好要说什么和要做什么。通常，我们和别人说话时，我们常常沉浸在社交的寒暄中，而忘记了谈话的重点，或者我们试图避免说出重要但困难的事情。

当我们感到压力时，我们经常会说错话，或者会专注于当下感觉正确的事情。但这可能并不是需要说的。家长们可能需要听到一个残酷的事实：他们的儿子很懒。学生可能需要听到如果他们不进步会发生什么。在职业关系中，直觉并不总是最可靠的沟通指南。

脚本是什么

我在俱乐部工作时，格雷厄姆是我的培训师。他风趣、聪明，能应付任何情况或场景。我从他那里学到了很多关于与人相处的做法。就没有他对付不了的酒鬼，没有他不能招待的聚会，没有他不能安抚的走失的孩子。他对自己角色的每一个要素和细节都了如指掌。然后有一天他直接递交了辞呈。这对我们来说是不可想象的。他是这个地方的一部分，就像小费提示铃和吧台花生支架一样。我问他为什么要离开，他说："因为再没有惊喜了。"

他已经掌握了自己的角色，因为在工作中可能遇到任何问题之前，他已经知道了所有的解决方案。他在所有事情上都领先三步，因为他已经想出了该怎么做。当然，没有了挑战，就会导致惰性和倦怠。但它也导致了对环境的掌控。

作为一名教师，你要面临的问题是有限的。在你不得不说之前准备好说正确的话，在需要做之前准备好做正确的事，这是有意义的。

拥有一个脚本会给人留下冷静、准备充分、专注的印象。它能最大限度地减少因临场应变而产生的错误。这意味着在你所需要的是真诚的时候，你不会陷入，比方说，讽刺。这意味着你要说的是需要说的话，而不是你当时脑海中浮现的东西。

重要的是：

• 脚本可以——而且应该——根据情况即兴创作，只要你坚持主要观点。

• 脚本不应该成为一个桎梏，也不应该取代真诚和专业性。它们应该是这些东西的支撑。

• 脚本并不意味着机械地说话。事实上，它们是一种培养更好的演讲技巧的好方法，而不是一种让自己降低技能水平的方法。

看看卫星导航。我去访问不熟悉地区的学校时一直使用我的卫星导航系统。它为我节省了大量用来停车、检查路线、掉头、调整路线的时间——而且由于降低了血压，我的寿命还延长了几年。但我对要去的地方几乎没有什么感觉，而且很难记住我下次要走的路线。在某些方面，我仍然对如何真正地出行一无所知。我已经把这个事情完全外包给了卫星导航系统。它可以引导我从多佛的悬崖上开下去，而我也会毫无顾虑地听从它的指示。

很容易看出这类用具是如何使驾驶员丧失技能的。以前，我想去某个地方的时候，我就买一张地图，然后规划出路线。你很快就会知道你要经过哪里，下一个转弯在哪里。但如果你完全依赖卫星导航，你需要很长时间来内化你需要的实际路线，因为你没有压力。

同样，如果你机械地阅读脚本，那么你很容易给人留下不真诚和不灵活的印象。但是，如果你把它们作为提示，并学会把它们融入到你的交谈中，你就会学会带着更大的目的交谈。幻灯片也能以类似的方式消磨教师的技能。你可以在那些亦步亦趋、绝不偏离的人身上看到这种效果。与此相反，有些人把它们作为提示，让自己走在正确的方向上，确保关键细节能展示出来。

我开始在电视上接受采访时，那些需要理智表达的纪律震撼了我。如果你到英国广播公司第四台录制《今日》节目，想谈论一些新的行为准则，你可能有很多话要说，但你会发现，采访人刚刚问完你好吗，他们就开始跟你说再见了。

你很快就会意识到，你需要做的就是写下你必须要表达的三个要点，并且尽可能急迫地把它们说出来。如果你做到了，你就可以随心所欲地即兴闲扯了。如果你没有这样做，那么你的时间就浪费了，因为你没有说出你认为重要的东西。

准备好关键的"语块"或短语

编写脚本意味着在你需要之前就准备好关键的"语块"或短语。这也意味着在使用之前你需要准备好行为短语或小型行为序列。

如果有人上课迟到了，你可以用多种方式回应。但为什么要浪费精力呢？提前想好你要说什么，然后说出来。我想说的是，上课的时候不是编造连珠妙语和俏皮话或试图抖机灵的好时机。你有一堂课要教，这需要你全神贯注。

重复，重复，再重复

重复产生强调的效果。你不需要一直想着说新的东西。这不是晚宴。只要你需要，就尽可能多重复几遍。如果某件事情是真的，那么在相同的情况下它就总是真的。这就像路标一样。道路规划者并不会担心，"这次我们该怎么告诉他们限速是多少"。他们又竖起一块牌子，和上一块一样，来提醒你。重复产生强调的效果。重复产生强调的效果。重复产生了什么效果？强调！

了解他们已经知道的内容

重复的一个有用的特征是词语会变得熟悉。反应都是意料之中的。这些反应会成为课堂文化的一部分。换句话说，你正在建立期望的规范，在每一次重复中规范变得更加深入人心。通过重复提醒，你让他们更有把握地期待将要发生的事情，而不是让他们揣测今天你是否会对事情放任不管。

做好行为准备

你是否曾经在家里按照20分钟食谱做过一顿美味饭菜，但从冰箱里拿出食材到用叉子享用美食需要一个半小时？然后你可能就纳闷了，餐馆怎么能在15分钟内就把你点的菜送到你面前。答案是：事先准备。厨师们早上七点就来上班，开始切洋葱、制作酱汁、把混合蔬菜分成份儿，把任何可以提前做的东西都做好。当你点你的晚餐时，它已经做好了一半。

同样，教师也应该在需要之前准备好自己的语言和套路。这节省了思考该说什么的时间，也降低了他们做错事的可能性。

课堂脚本的示例：

- 该上课了，所以我需要你们：脱下外套，书包放在地板上，把书拿出来，准备开始上课。

- 谢谢你们，杰丝敏，德雷克，埃迪，开始得不错。

- 谢谢你，布朗温……谢谢你，罗兹。

- 等着五个人然后开始学习。

- 谢谢你，马丁。现在只有四个了。

- 很好，大家都准备好了。下次让我们快一点来完成准备工作。

以下是一些吸引注意力的脚本示例，用于从一个活动转换到下一个活动。请注意这些步骤是多么清晰和有序。无论是行为还是语言，都是由学校为教师编写的，以便尽可能地保持课堂文化的一致性和清晰度。

迪克森音乐小学脚本的要求和示例如下：

- 所有的指示都应该简短、清晰。

- 记住要避免任何幽默/旁敲侧击/反问/讽刺——那是行不通的（这可能对你身边的几个人有用，但他们的反应会让其他人感到困惑）。

- 在再次发言之前，一定要给学生留出时间，让他们按照你的指令去做。

转换惯例1 转换之前吸引注意力
教师举手。在迪克森音乐小学，这代表着"静默信号"。 **孩子们停下来，举起手，转身看着老师。**
教师等待学生安静下来，对做对的孩子给予非语言的表扬，例如"竖起大拇指"。 注意： 你手举着的时候不要说话；举手的时候，停止与学生或其他成年人的任何谈话。 全校所有课程使用静默信号来吸引注意力。 教师唱出儿歌"1，2，3，看向我"，学生回答"1，2，看向你"。这一转换惯例只能在早教基础阶段到小学二年级中使用。 从小学三年级开始不使用儿歌或拍手歌。

转换惯例2 从按组就座到在教室里走动 （例如，在数学课上"从地毯回到课桌"，在音乐/体育课上"坐下完成小组任务"。）	
教师必须清楚地说明即将转换活动，并确保所有的孩子在开始转换程序之前都在看着教师。对于早教基础阶段到小学二年级的学生，可以使用诸如"现在要转换到桌子上了，看着我"这样的话语。对于小学三年级到六年级的学生，可以说："现在是时候过渡到我们常规状态下使用的桌子上了。看着我。"	
1	教师举起一根手指表示"1"。 **孩子们站着但继续看着教师。**
2	教师举起两根手指表示"2"。 **孩子要面对正确的方向，但要紧盯着教师。** 注意：孩子们可能面对着不同的方向，这取决于他们下一步要去的地方。
3	教师举起三根手指表示"3"。 **孩子们平静、无声地移动，面向他们所在的桌子的方向。**

| 4 | 教师清楚地说出"4"（举起四根手指）。
孩子们坐下来，拿出学习用具，然后看着教师，等待下一个指令。
注意：如果学习用具已预先摆放在了桌子中间位置，可能需要增加这一步骤。比如科学或数学学习用具。 |

转换惯例3
坐在桌前，然后移动到另一个地方，例如回到地毯上或排队
（例如，在早教基础阶段的课程中说"回到地毯上"或"排队走出教室"。）

教师要清楚地说明即将进行的转换程序，并确保所有儿童在开始转换程序之前都看着教师。对于早教基础阶段到小学二年级的学生，可以使用类似"现在要转换到……看着我"的话语。对于小学三年级到六年级的学生，可以说："现在我们要转换到常规的排队状态了。看着我。"
注意：在开始转换之前，学习用具应该已经收拾起来了。

1	教师举起一根手指表示"1"。 **孩子们把椅子收好后站起来但要继续看着教师。**
2	教师举起两根手指表示"2"。 **孩子要面对正确的方向，但要紧盯着教师。** 注意：孩子们可能面对着不同的方向，这取决于他们下一步要去的地方。
3	教师举起三根手指表示"3"。 **孩子们平静、无声地移动。**
4	教师清楚地表示"4"（举起四根手指）。 **孩子们看着教师，等待下一个指令。** 注意：如果孩子们坐在地毯上听教师讲课，可能会需要增加这一步骤。例如在早教基础阶段到小学二年级的课堂上。

转换惯例4
走廊上的午餐时间和休息时间

教师要完成转换惯例1—3。

教师要提醒孩子们在走廊上要保持安静，并与赢得自主权联系起来。对早教基础阶段到小学二年级的学生，可以说："我们的规则是不说话，为了获得下一个自主徽章，你必须证明你在走廊上是可以被信任的。"

对于小学三年级到六年级的学生，可以说："记住，我们是以常规状态在学校里活动。"

教师应站在位于教室和走廊之间的"转换位置"。教师要表扬良好的行为，并处理学校行为政策中概述的不当行为。

注意：所有教职员工都有责任在走廊上保持安静做出榜样，并在转换期间应对各种行为。

转换惯例5
进出会场

1	教师完成转换惯例1—4。 注意：教师要提醒孩子们成为更低年级孩子的榜样的重要性，以及在任何时候都要紧跟前面年级榜样的重要性，与"成为布拉德福德最好的学校"的愿景挂钩。强化小学三年级到六年级的"常规状态"。
2	班级在班主任的带领下进入会场。教师带领孩子们穿过大厅，形成一队，面向前方。 教师指出下一队开始入场的时间。 **孩子们保持安静站立，直到全班学生排成一队进入会场。** 注意：孩子们应该有策略地排成一队，以预先防止可能引起的任何混乱。需重点关注的儿童必须有成人在旁边监督。
3	教师要站在队伍的前面，确保所有的孩子都跟上。当所有孩子都跟着时，教师要用一个信号指示他们坐下。
4	教师在集会期间完成对学生的反馈/干预。 制定时间表让成人待在集会现场应对各种行为。 注意： 成年人应该面对他们的班级，而不是面对召集集会的成年人。 在演唱环节，所有教职员工必须和孩子们一起唱歌作为示范。
5	成年人认真听着他们的班级何时可以解散。一旦被点名，教师要站在班级前面，确保所有的孩子都跟上。当所有儿童都看着教师时，成年人要用一个信号表示起立。 成年人按排解散班级，并确保带孩子进入大厅时安静地转换。

好的脚本

一个好的脚本是：

- 尽可能短（但不能更短）。

- 切中要害。

- 清晰、线性、具体。

- 功能性而非感性。

- 事先进行练习，以确保强有力的表达。

你自己试一试，不管这感觉有多尴尬。把你要说的话当成一个脚本写下来：

- 开始上课。

- 发出留堂令。

- 因为一个负面的理由给家长打电话。

- 因为一个正面的理由给家长打电话。

- 解散一个班。

- 指示一个班级改变活动。

- 要求安静。

- 让学生集中注意力，并保持住。

如果可以的话，把它全文写出来。读给自己听。把你说这话的过程拍下来。对一个非常要好的朋友说，如果需要的话，可以配上一杯酒。征求建议。思考如何完善它。然后把它变成几个你必须说的要点或你必须传达的东西。接下来，在没有笔记的情况下把它讲出来。不要只做一次，要多做几次。坚持做下去，直到你完全厌烦，直到你每次都能抓住重点，但你不需要一字不差地逐字复制每句话。这时你就可以实地尝试了。

不要试图把所有可能的回应都写在脚本里。不要试图编排整个对话，因为生活没有那么简单。"每个人都有自己的计划，"拳王迈克·泰森说，"直到他们的脸上挨了一拳。"生活会一拳打到你的脸上，就好像你只是一个糖果罐一样。所以，与其把每一个可能的对话分支都编写下来，不如把你的要点写下来，然后紧急时用到它们。

脚本化行为

同样的原则也适用于你自己的行为序列。在遇到困难之前，问问你自己：我该怎么办？我的回应会是什么？或者在遇到一个日常情况之前，问同样的问题。

- 我该如何欢迎一个班级？
- 我该如何给出指示？
- 我该如何宣布最佳读者奖？
- 我该如何教他们在活动之间转换？
- 我要说什么，好叫他们知道自己应该做什么？

这些问题可以通过尽可能多地关注细节来思考。

- 我该站在哪里？
- 我的工具会在哪里？
- 有人迟到时，我的行为脚本该是什么？不仅仅是我该说什么，还包括我该做什么。
- 我该叫他们在外面等吗？
- 我该让他们坐下吗？
- 我会立即采取惩罚措施吗？
- 然后呢？
- 有人留堂时我该如何"表现"自己？

- 要来一场恢复性谈话吗？

- 需要和家长见面吗？

- 在家长会上我该做什么？

- 我准备好课本了吗？

- 我该从行为还是后果开始谈起？

- 我可以从闲聊开始吗？

如果你想了解这方面的行为管理，莱莫夫的《像冠军一样教学》是一个很好的资源。

这并不意味着要对每件事都进行过度计划——记住泰森的劝告——但它确实意味着你要在子弹开始飞舞之前对你可能要做的事情有一个草图，而不是到了战场上再去制定你的战略应对方案。请记住，在压力下做出的决定往往不是最优的，而在平静的情况下提前做出的决定通常更深思熟虑，更有用，也更明智。所以，利用明智的"你"，接受他们的建议，而不是让压力山大的"你"受制于当下。

脚本的作用是提供帮助，而不是设置阻碍。你用得越多，就越不需要它们。一旦你把它们融入到了你的日常对话中，你就知道训练轮该停下了，你已经成长为一名教育者。但很多人在很长一段时间都需要它们，而且我们中有许多人仍然在使用它们，无论我们的职业生涯走到了多远。

PART 3

第三部分
给出行为反馈

两个人的相遇就像两种化学物质的接触：如果发生任何反应，那么两者就会转变。

卡尔·荣格，《寻找灵魂的现代人》（1933年）

第十章

构建反馈循环

这是有效教学行为三脚架的第三条腿。到目前为止，我们已经认识到了学生接收到应该如何表现的强烈、清晰又一致的信号的巨大重要性。然后，教师们要通过耐心而持续的重复教学来强化这一信息，以支持他们发展自己的技能、知识和对不同行为的理解。慢慢地，他们学会了更好的行为方式，逐渐培养起他们茁壮成长所需的肌肉、习惯和反应能力。可以信赖的一点是，大多数人都被善良、合群的愿望、成功的愿望、归属于一个群体等各种各样的动机所激励。这些都是强大的力量，它们会起到支持性和滋养性的作用。

但这些策略并不能保证每个人都做出完美的行为。这些对很多学生都大有裨益，但还远远不够。这些策略并不适用于所有人，也不是任何时候都能起到效果。

以交通规则为例。大多数人乐于服从规则，其原因各种各样：他们喜欢安全驾驶、自我保护、善良、不想吓到别人等等。但这些也还不够。良好的道路行为不能仅仅通过清晰和良好的教导来保证。

即使世界上每个人都被教会了完美驾驶，并且都知道公路守则，仍然会有很多人违反这些规则。他们会生气、着急、炫耀、粗心等等。很多人会高估自己的能力，或者低估了路况。有些人喜欢开得飞快，有些人喜欢开在其他汽车前面。简而言之，有很多动机会让一些人忽视他们所学的东西，从而导致不良驾驶。

因此，我们仍然面临着让每个人都规规矩矩的挑战。仅仅知道该做什么是不够的。即使只有为数不多的几个人是自私的司机，这也是发生事故的全部原因，而且事故不仅仅发生在他们自己身上，而是发生在更多人的身上。任何一位教师都会告诉你，即使是少数孩子的不当行为，也会对学习环境的质量产生根本性的影响。记住霍布斯的名言："如果人们知道一座城市里存在一个小偷，那么所有的人都有理由关上他们的门。"在课堂上也是如此，哪怕只是几个学生就可以导致教学进行不下去。即使我们假设只有一小部分人会故意公然地违反规则，我们也必须采取预防措施。

当然，这忽略了一个事实，即社会并不是整整齐齐地平均分为两类：一类是遵纪守法的好人，另一类是不遵纪守法的坏人。我们大多数人都有能力在某些情况下打破规则。违反规则的频率和类型因人而异，你能想到的每一个伟大的男男女女都有恶习。像你我这样的凡人都会说一些善意的谎言，悄悄地超速行驶，不去声明侵犯版权，非法掉头，等等。我们做得有多严重、多频繁取决于：我们的性格；我们身处的环境。有些人在这些事情上比其他人更坚决；有些人更放纵。有些人从未经受考验，因此从未犯罪；有些人是不断被考验，但也没有去做。

不论我们内心想怎样，我们都面临着要做正确的事的挣扎。在论及此时，使徒保罗所说的话令人难忘："我所愿意的，我并不做。我所恨恶的，我倒去做。若我所做的，是我所不愿意的，我就应承认律法是善的。"

在课堂上，这意味着没有绝对的好孩子或绝对的坏孩子，只有孩子能够表现得好与不好之分，这取决于他们所处的环境。有些孩子来到学校，会做好准备，举止无可挑剔，学习努力，待人友善。无论你做什么，这个群体中的一些孩子都会表现得很好——有时甚至无所谓你做什么。然后也总会有一些孩子一次又一次地挑衅，似乎他们的行为就是要与你的要求相反。

学生行为的影响因素

大多数孩子会表现好，或者表现不好，这取决于他们的个人环境和学校环境的影响。

个人因素包括：

- 教养
- 家庭文化
- 个性
- 价值观和期望
- 同龄人
- 媒体

诸如此类。对此你通常无能为力。

学校因素是你为他们提供的环境：

- 明确的预期
- 教导（而不是告知）行为
- 习惯性
- 惯例和规范
- 模式、榜样、演示
- 重复期望

- 耐心纠正错误

换句话说，就是你创建的课堂。正如我们所提到的，这需要尽可能地让学生身临其境，这样他们就能尽可能多地了解什么是好行为，什么是坏行为。但即使是解释得很清楚的信息也只能以一定的频率传达到一定的范围。有很多原因可以解释为什么学生知道该做什么，但却觉得自己不必去做。

学生需要反馈

换言之，一些人或者说大多数人还需要以另一种形式去说服：其行为产生的后果。请将此看作是让学生做出反应的另一种刺激。每当一个学生以某种方式行事时，他们的环境应该通过某种形式，通过某种反馈，为他们的行为是否合适给予提示，这反过来应该对他们未来的行为起到帮助作用。

反馈循环

所以学生需要得到这样的反馈：

他们行动—我们做出反应—他们对我们的反应做出反应—我们对此做出回应……

以此类推。反馈循环应该尽可能具有沉浸感、持续性和一致性。人们极其受自身利益的驱使，但这一切只意味着我们只想要我们想要的。我们喜欢自己的欲望和雄心得到满足。这样说应该没什么争议。这并不意味着我们总是否定意义上的自私——只要活着，想要我们想要的就是不可避免的事实。但这确实意味着人们往往会追求自己的目标，而不是别人的目标。

这并不意味着人们总是表现得自私或不友好。我们的目标常常和他人的目标一致。即使我们为了满足自己的欲望而行动，这些欲望往往也都是完全无害的。我早上起床后，我吃吐司、橘子酱，喝咖啡，没有人会因为我这样做而说我邪恶。

但当我们的行为误入自私之地时，我们也需要遭受诘问。想想那些几乎不受监督的人的行为——有些司法官员、官僚和行政人员——缺乏边界是如何滋生出各种各样的狭隘、残忍和滥用职权的现象。

如果没有监管，私欲就会变得十分危险。想想当人们独自在家时的行为，或者当他们认为自己是匿名时的行为——我们不需要在社交媒体上看太多，就能看到这对一些人的行为有什么影响，通常是更坏的影响。众所周知，暴君们从不享有自我克制的名声。

学生需要沉浸在他们收到的反馈中。这会促使他们改善行为，提醒他们正在做什么，提醒他们纠正方向，并表明他们的行为会产生什么后果。

最后一点再怎么强调也不为过。如果学生的行为没有后果，那么我们就是在教育他们，他们的行为无关紧要，他们所做的事情也无关紧要。没有比这更有害的信仰了。我们需要让学生们知道，他们所做的事情很重要，而且他们本身也很重要。他们需要看到和听到我们对他们的行为所做出的反应，无论是好是坏。

只考虑后果的危险

但是对许多教师来说，对行为做出反应是默认的行为管理的方法——等待不良行为发生，然后做出反应。这并非理想的方法，因为：

• 这意味着，在行为出错之前，没有对行为采取任何措施。但正如我所指出的，在不当行为发生之前，我们有很多工作要做，以降低发生不当行为的可能性。

• 这意味着，只有当学生的行为出现问题时，他们才会被要求反思自己的行为。他们唯一反思行为的时候是当他们认为行为被处分或谴责的时候。这就让学生产生了一种感觉，即只要说到行为就是指不良行为。正如我们所看到的，行为的智能管理侧重于教授良好的行为。

• 通过惩戒制度只能让部分学生表现良好。人是复杂的，会被很多事情所激励。仅仅凭处分和奖励，只能在某些时候改变一部分学生的行为。我今天的绝大部分的行为都不是出于对处分的恐惧或对善待的承诺，而是出于许多其他因素。将全人类的行为都看成是由对处罚的厌恶或对利益的渴望所支配，这一看法过于简单化了。

因此，仅将行为回应作为默认选项或唯一的工具是不够的。

为了激励群体表现良好，你需要运用多种策略，并影响到尽可能多的人。

换一种表达方式是：

你不能仅仅依靠一种策略来激励所有的孩子都表现良好。

当然，我们必须对不当行为做出反应。作为一种方法，只有当我们将其视为解决所有不当行为的方法时，它才是危险的。它是一种工具，或一系列工具，在合适的环境中具有极大的效用，而在其他环境中则毫无用处。但你仍然希望工具箱中包含这些工具。当我们意识到它们的局限性和优点时，它们就更有用了。

没有一个班级可以仅靠处分来进行管理。但同样也没有一个班级可以仅靠恢复性方法或社会规范来进行管理。优秀的——甚至是伟大的——教师也要依靠一系列激励手段来激励和说服尽可能多的学生（在尽可能多的时间）表现出良好的行为。

后果本身可能非常复杂。正是由于缺乏使用替代方法的经验，如此多的教师才如此频繁地使用后果准则与处分。看一看任何一所学校的行为政策。我敢跟你打赌，十有八九，都几乎完全致力于后果准则，或者某种处分金字塔。这并没有错，但学校的行为政策也应该说明如何表现良好，而不仅仅是如何对不当行为进行处分。

后果是怎样的

至少有五种后果。在一个行为之后，我们可以：

1. 鼓励（对期望的行为给予奖励，如积分、星星贴纸、笑脸等）

2. 劝阻（对该行为予以处分，以制止今后的不当行为）

3. 澄清/重新指导（他们知道他们应该做什么吗？）

4. 支持（根据他们的情况提供有针对性的方案，如咨询或助教）

5. 教导（教导他们需要知道/能够做的事情，例如阅读，以减少进一步的不当行为）

鼓励/劝阻

这些侧重于处分和奖励的策略是如此普遍，但却运用得如此糟糕，以至于我都用了整章的篇幅来进行讨论。我们还会讲到这些。

澄清/重新指导

对不当行为的一个简单反应是检查学生对他们需要做什么的理解。通常情况下，如果一个学生开了小差，并且做了一些不恰当的行为来自娱自乐，部分原因可能是他们不明白在教学方面（即布置的任务）他们应该做什么，或者他们不确定应该如何表现。

这两个都不是不当行为的借口，但它们可能是影响学生做出选择的因素。有效的课堂管理意味着让学生尽可能轻松地做到教师的要求，而不是简单地期望每个人都表现得完美，并在他们不可避免地做不到的情况下例行公事地警告他下不为例。

澄清是一个过程的一部分，它将一些不当行为视为根深蒂固的习惯的结果，这些习惯的行为方式对课堂来说既起不到作用也不合适。如果我们认为良好的行为是可以教导的，那么优秀的教学实践要求我们要对学生的理解进行检查。

示例：

"你知道你应该做什么吗？"

"对大声喧哗有什么规定吗？"

"谁能告诉我为什么这样站队不对？"

"我们在这间教室里要坚持的第三件事是什么？"

诸如此类。使用澄清来承认一些（不是全部）行为不端确实源于无意识的不当行为，而不是选择要表现不佳。如果一个学生不知道排好队是什么样的，或者校服该穿成什么样，那么为此而惩罚他们是不公平的，想以此作为改变他们行为的一种手段也是无效的（尽管这会对引发他们的满腹怨恨产生奇效）。我们不会指导学生去建造一个喷气发动机，然后在半小时后训斥他们没有这样做。我们会承认，我们在要求他们完成一项专业性非常强、技能要求非常高的任务，然后再去教他们或提醒他们下一步该做什么。

这就是为什么简单的提醒、警告或重新指导可以成为如此强大的工具。

当然，与所有其他策略一样，这种策略的作用是有限的。在你意识到学生们故意忽视你的期望之前，你只能澄清这么多。如果学生认为，作为回应，他们的不当行为只能得到教师无休止的澄清，那么不当行为往往会持续下去。如果学生们知道他们在受到处罚之前会受到无数的警告，那么他们就不会再在乎警告了。所以，将此策略作为一个低调的策略与其他策略结合起来使用吧。

支持

学生的生活条件不是生来就平等的。他们中的许多人——太多的人——都在与会让任何人感到痛苦的环境和条件作斗争：虐待、忽视、贫困、匮乏、压力，这些负担以能毁掉一个坚强的成年人的方式加诸他们身上。有些学生面临着心理健康问题、霸凌、家庭破裂、寄养环境、饥饿、仪容问题、疾病、照顾他人、上瘾。协同你的学校政策、特殊教育需求协调员或对学生身心健康提供帮助的团队，确定在你的课堂中哪些调节方式是有用的、合理的和可行的。在这种情况下，不要单干。

教导

如果一个学生行为不端，这可能是因为他们需要被教导一些东西。要么是一些他们不知道如何开启学习任务的东西，要么是一些他们需要学习如何表现的东西。

a. 学科教学。 如果一个学生不参与到这项学习任务中，因为他只有五岁的阅读能力，但是你却要求他读《奥赛罗》，这可能并不能成为他让你从一座很高的大桥上跳下去的理由，但这显然是为什么他们可能会感到更大压力而做出不当行为的一个因素。也许我们只是需要教会这些孩子们去阅读。

当然，无论如何，他们都应该守规矩。然而在我们完全没有能力完成要求我们做的事情的情况下，我们中又会有多少人能表现得无可挑剔呢？我们中会有多少人只是盯着窗外，或者是想要聊个天，或者是发个短信？在你参加下一次员工会议或培训时，看一看成年人的行为，看看是否有好的榜样。如果有什么学生不知道的东西，但是他们又需要知道才能完成规定的学习内容，那么我们的反应中往往应该包括仔细检查需要教他们什么。我们还应该首先问问自己，这些知识是否已经教得足够好了。

b. 行为学习。在上面的例子中，我可以想象有些教师会说："是这样的，但即使他们不知道如何阅读或如何开启学习任务，他们仍然应该守规矩。他们可以，比如说，寻求帮助，或寻求解释，或者镇静地与教师讨论如何提高他们的读写能力。"我完全同意。但这些都是成年人的技能；这些都是孩子们（还有许多成年人）通常并不擅长的成熟行为。所以，我们应该考虑把这些习惯教给孩子们，这样他们就知道当他们陷入困境时应该怎么做。有的时候不当行为暴露了学习差距，而这意味着教学差距。幸运的是，他们有一个像你这样的优秀教师可以缩小这一差距。

要专注于学生需要学习如何去做，从而避免未来不当行为的发生。所以，如果一个孩子在阅读上有困难，那么一位明智的教师会调整环境，让学生能够轻松地阅读。教师应当设置适合学生能力的作业；以课堂助理的形式提供支持；可以在课外以小组形式进行辅导工作；学生甚至可以在课外自学读写能力相关的知识；等等。教师可以避免要求学生大声朗读，除非确定文章内容在其可控范围内，等等。

这不仅提供了一种方法来避免创造引发不当行为的环境，而且还提供了一种学生更有可能喜欢和取得成功的课程方式。这并不等同于只是给他们布置简单的任务，希望他们保持安静。我们承认适当水平的挑战、支持和教学方法确实很重要，尤其是对能力最差和最落后的学生来说。在个人层面上的差异化是不切实际的，因此这在整个班级中是不可取的；但我们仍然必须关注这些最难管教又困难重重的学生。

第十一章
恰当实施处分

仅仅依靠出色的教学并不能保证所有学生都获得良好的行为。许多学生非常清楚他们应该做什么，但仍然因为各种原因而忽略了这一点。为了让边界发挥作用，必须对他们进行巡查，而巡查会带来后果。这是无法逃避的。从来没有一个人类群体能在没有制裁、惩罚和谴责的情况下存活下来。

在大多数教室或学校里，处分和奖励是两种最常见的行为管理工具。这种方法和恒星一样古老。从历史上看，处分往往与惩罚联系在一起：从像用皮带或棍棒抽打这样残酷和滥用的处分，到实施更温和的留堂、罚抄写、倒垃圾、取消休息时间、布置额外作业、给家长打电话等等。这种方法如此普遍，但奇怪的是，很少有教师被教授如何成功地使用这种方法。通常教师们只是被告知他们必须使用这一方法。

出于以下几个原因，我将详细探讨处分和奖励：它们无处不在；如果可以恰当地运用它们，作为一种行为修正器，它们可以是非常行之有效的做法；很少有人正确地解释如何执行它们。

后果与有关人类行为的行为主义理论相关联。在行为主义理论中，其关注点是提供外部刺激来改变行为。在课堂上，教师控制着环境，用处分和奖励来刺激学生做出这样或那样的行为。这被称为"操作性条件反射"。

奖励和处分通常被称为强化和惩罚：

强化是你用来鼓励未来更频繁出现的行为的任何一种刺激。

惩罚是用刺激来阻止行为。

我们可以通过增加一个因素来进一步区分：积极的（增加某物）和消极的（移除某物）。这为我们提供了四个有助于理解的类别：

- **积极的惩罚**——增加学生不喜欢的刺激来劝阻他们的行为，比如训斥学生，给他们布置更多的作业作为惩罚。

- **消极的惩罚**——取消一个刺激以阻止行为，如设置留堂，暂停活动，失去黄金时间，取消游戏等。

- **积极的强化**——在做出想要的行为后给予刺激，鼓励更多类似的行为，如食物、礼物、赞扬等。

- **消极的强化**——去除一个刺激来促进行为："如果你完成了三道题，就可以离开座位（不想要的刺激）。"如果你照我说的去做，我就把你不喜欢的东西拿走。或者学生开始写作业来阻止教师的唠叨。消极的强化不是惩罚。

消极的处分在高度信任的环境中，也就是说，当学生对一些事物抱有强烈的期待并得到支持时，可能最为有效。但也许奇怪的是，奖励在学生的意料之外时，这一做法最有效。

处分不是很残忍吗

只有残忍的处分才是残忍的。像科恩这样的评论家经常把处分和奖励描述为不恰当、无效和不道德的行为。我们当然需要小心，不要不当使用处分（见下文）。但这根本不支持我们不应该使用处分这一结论。

一项研究发现，纪律干预降低了研究中80%受试者的不当行为。研究表明，没有奖励/处分制度的课堂管理系统报告的行为改善现象最少，而最有效的系统中处分起到了重要作用。然而不是任何处分都起作用。有证据凸显，温和的处分通常是最有效的。我们掌握的所有证据都表明，将处分效果最大化的最佳方式是确保学生绝对相信会进行处分。换句话说，处分的确定性远比严厉程度重要。残忍或过度的惩罚不仅残忍，而且效果也比较差。

还要记住：没有一种策略是万能的。使用尽可能多的策略来推进你课堂上的行为改善进程。

你就知道这些吗？主观性和后果

强化和惩罚存在于旁观者的脑海中。例如，在推特上，许多人实际上受到侮辱他们的人的鼓励而做出残忍的行为。这可能是消极的强化；就像一位网络记者对我说的："你分散了他们日常生活的重心，这可能是一种惩罚。"

或者，就像另一个人说的，"我怀疑很多人（在网上）谩骂是因为他们孤独，他们有意识地希望你能通过和他们争斗来回应他们的侮辱，因为这是对他们存在的确认。对于那些永久被忽视的人来说，即使打他们一巴掌也能感觉像爱抚"。

这类似于有些孩子，他们在深觉自己一无是处中挣扎，对他们来说，任何回应——无论多么有惩罚性——都是一种确认。注意力可以是有害的，也可以是有益的，但至少它是注意力。

当你向一些人描述行为管理时，他们会不由自主地认为你指的是无情的惩罚、监禁、皮带、棍棒等等。但正如我希望我已经说得很清楚的那样，你的大部分课堂时间应该花在积极主动的阶段，即教孩子们实践良好行为的习惯和规范。对不当行为做出有后果的反应只是强化并完成这一阶段的循环。两者都要做，这样才能使两者都更有效。

那么，处分的目的是什么

处分有一个主要的有用效果，如果它们有任何效果的话：它们具有威慑作用。它们不能治愈他人，也不能使人焕然一新。它们不是魔法。没有人会在被关冷静室的时候想："天哪，我这辈子都干了些什么？"学生们不是《悲惨世界》中的冉阿让，因内疚和羞愧而扭曲，然后被宽恕和恩典的治愈力量所改变。不，处分的目的是威慑，让受罚者在痛苦中挣扎的时候想："我可能不会再这样做了。"

什么是处分

处分不是什么？处分不是报复。处分不是在教师受到轻微伤害或侮辱后报复孩子的手段。处分不是一种恢复宇宙平衡的方法，也不是一种偿还社会债务的方法。你的行为管理工具包中的所有一切都必须服务于一个目的，这个目的必须是道德的，是切合实际的。而复仇既不道德也不切合实际。

处分对象是谁

处分的威慑作用在两个层面上发挥作用：个人层面和公共层面。对于接受处分的人来说，这是一种行为引导：如果我再次做X这件事，Y这个惩罚就可能会再次发生，所以我可能不会再做了。这是最简单形式的操作性条件反射。因此，从理论上讲，我们可能希望看到这名学生由此在未来不再重复这种行为。在公共层面，我们可能会看到整个班级或年级这样的事件频率下降了，因为其他学生都看到了处分的实施，并明白在同样的情况下，这也会适用于他们。

这不仅是对当前不当行为的回应，也是对未来行为的指导。

处分有效吗

最简单的答案是"有时"，以及"在不同程度上"。反对所有处分的人经常说的一件事是："有些孩子并没有被处分吓住，那么还有什么意义？"或者更具体地说，"这个学生反复受到处罚，但他们仍然行为不端，所以这些处罚显然不起作用，是没有意义的"。然而他们同时既对又错。他们是对的：处分对有些学生没有太大影响。但如果他们说这意味着我们不应该实施处分，那他们就错了，因为处分对我们很多人都有某种影响。

想象这样一幅图景。你在高速公路上开车。你知道限速是多少。你知道怎么开车。但前方的道路畅通，你有地方要去。超速的诱惑很大，哪怕只是超一点点。你有动机、手段和机会。这就是待发生的违法现场。

有什么能阻止你呢？潜在的，有很多事情可以。有些人遵守速度限制，因为他们想做一个好人；有些人是因为他们想成为一名好司机；有些人是因为他们不想伤害别人；有些人是因为他们不想危及自己；有些人可能有亲人出过事故；有些人则不喜欢开得太快。

这些都是社会原因和动机，在不同程度上受到一个人的身份、个人信仰、欲望和习惯的激发。

这足以让大多数人保持在法定的限速范围内，但不足以保证每个人都遵守它。如果你的道路安全政策依赖于好人的道德行为，那么你的乐观主义就会在生活的嶙峋岩石上撞得粉碎，这里的"生活"指的是"其他人"。即使是那些相信自己是好人的人也会时不时地打破规则。至关重要的是，他们会在事后为这样做找理由："我当时很着急，所以这次就这样吧。"或者，"我是一名技术过硬的司机，所以超速是安全的。""我真的很生气，这是我应得的。""我要赶飞机"等等。

还有一些人知道限速，但看到其他人超速10英里（约16千米）每小时，受到他们所看到的社会规范的鼓励，他们也就这样做了。或者有些人不是有意识地加速，而是粗心大意地让他们的速度慢慢提高。除此之外，还有很多人不在乎限速，他们认为自己是好司机，他们喜欢开快车，他们想炫技，他们没有经验，等等。显然，你不能依靠信誉制度来保证高速公路的安全。

对于许多人来说，主动社会化只能发挥这么大的功效。总会有打破规则的人。事实上，甚至有一种论点是，如果你周围的每个人都遵守规则，那么你不遵守规则就能获得一个明显的优势：闯红灯，在单行道上逆行，走道路的反向一侧来获得一些暂时的优势。这在社会伦理学中被称为搭便车问题。罪犯利用遵纪守法的社区，利用其他人遵守协议、承诺和界限，为了个人利益而破坏这些协议、承诺和界限。从这个角度来看，破坏规则甚至可以被看作是理性的。

后果影响着每个人，即使你不是后果的直接接受者

然后会是什么？嗯，然后我们就知道了：后果。经济后果（超速罚单等），行为后果（驾照扣分导致吊销驾照），教学后果（参加驾驶课程），甚至在极端情况下被监禁。

这些能起到威慑作用吗？作为回答，我给你提供一个思想实验：如果我们取消对不良驾驶行为所有的惩罚和后果，你认为不良驾驶行为会更多还是更少？关键不在于威慑能成功地阻止所有不当行为——显然它们没有，因为人们仍然会违反规则。关键在于，它们起到了抑制不当行为发生频率的作用。

再来一个试图说服你的思想实验：想象一条道路，每500米就有一个测速摄像头，摄像头肯定都打开了，而你是知道这一点的。然后再想象同样的一段路，每10英里有一个测速摄像头，而你认为它可能不管用。如果可能的话，上述哪种情况会更成功地阻止你的超速行为？如果你说的不是第一个，那么就没有什么能说服你的了。人们还会超速吗？是的，当然。疯子、少年赛车手、逃跑的司机、争吵中的已婚夫妇、开会迟到的怒气冲天的人、粗心大意的人、意志薄弱的人、处于崩溃边缘的人等等。但不像以前那么多了，这就是重点。只有异常的人才会不遵守规则。

课堂上的后果

把这个道理放到课堂上。正如我提到的，处分在两个层面上起作用。第一个层面是个人层面：一个经历了处罚的学生可能会在重复不当行为时三思而后行。有些学生会被吓退，有些不会——但我有没有提到有些会呢？这比以前好多了。实施处分不是因为它们是万灵药，而是因为它们减少了违规行为从而有助于实现良好行为。它们并非随时随地皆有效，但正如我反复提到的，没有哪一种策略是这样的。没有什么药物或手术能医治所有的疾病；没有什么笑话能逗乐所有人；没有什么工具可以解决所有问题。一种行为策略可以解决所有行为问题的想法，是许多关于行为的荒谬对话的根源。

处分影响的第二个层面是公共层面的：社会认为行为是有界限的，而这些界限会伴随着各种后果——其中包括处分。通过这样做，群体可以间接地体验威慑效果，而不必亲自承担后果。我们看到发生在别人身上的事，想象着这事发生在自己身上。我们意识到，如果我们也以X方式行事，那么我们也将招致处分Y，如果Y比我们愿意招致的麻烦更严重，那么X就不太可能发生。

这个理论相当直截了当。实际实施时，这会更复杂。

它们什么时候和谁一起发挥作用

处分有威慑作用，但这种影响在整个学生群体中并不均匀，甚至在一个学生身上也不一致。影响处分效果的因素有很多，教师们必须意识到这一点，这样才能最大限度地利用这个系统。而且更重要的是，不要以一种没有任何影响的方式使用处分，或者更糟糕的是，以鼓励更差的行为的方式。

就处分的有效性而言，理解三个主要因素很重要：

- 确定性而非严厉性
- 一致是关键
- 处分对不同的人有不同的影响

确定性而非严厉性

正如上面的测速摄像头场景所说明的那样，处罚的确定性是最重要的。知道你肯定会被测速摄像头捕捉到，会大大增加它对你驾驶行为的影响。认为自己可以侥幸逃脱的想法会产生相反的效果。有些人可能仍然会被威慑住，但对有些人来说，效果会一落千丈。换句话说，确保处分产生影响的最佳方法是确保能够高度一致地实施处分，并在实施处分时尽可能保持警惕。

一致是关键

我们不应该破例吗？是的，我们应该。但处分的实施必须尽可能一致。每条规则都有例外，任何试图成为绝对规则的规则都是残酷的和不公平的，因为它无法应对生活抛给我们的复杂情况。允许例外情况并不能抹杀一个事实，即对它有着强有力的禁止，对那些被发现有罪的人有着严厉的惩罚。它只是意味着规则并没有被人工地简化：它存在警告和例外。

在课堂上也是如此。我们是可以破例的，只要情况：

- 异常
- 符合逻辑
- 内在一致

这里有一个简单的例子。患有抽动秽语综合征的学生可能会发现，无论他们多么想尽力尝试，他们都无法控制自己的咒骂或抽搐。你教这样的学生时，谴责他们的发作是荒谬的，因为我们不能为我们无法控制的行为负责。我不能为我没有做过的事情或者我在不知不觉中做了的事情负责：梦游者打碎了花瓶；婴儿用甜菜根冰沙糟蹋了地毯。责任需要能动性。

其他例外

那么那些学生可能面临的不太明显的困难——那些意味着必须破例的困难呢？如果一个学生正在经历一些棘手的个人情况，他们需要支持而不是惩罚怎么办？在这种情况下，有什么例外的余地呢？抽动秽语综合征是一种明确而且显而易见的情况，在这种情况下制定处分措施是不公平的，而且通过一些解释和背景分析，其他学生就能理解。学生们明白，他们的同伴无法控制自己的发作，并在稍加帮助后就能意识到，这并不意味着没有禁止说脏话的规定，或者暗示着他们自己也可以这样做。

他们意识到规范仍然存在，他们明白规范比绝对禁止一个行为要复杂一些。事实上，这样的环境可以是一个有用的机会，让其他孩子了解那些面临不同挑战的学生，并学会宽容和尊重。

我们也应该为不太明显的困难，或者为学生的隐私破例。如果教师需要为学生破例，例如不使用通常适用的处分，那么重要的是全班同学仍然理解：

- 教师没有忽视这种行为。
- 这仍然很重要。
- 正在采取行动。
- 发生了例外情况。
- 这个例外是有原因的。
- 我们不能总是讨论这些问题，因为有时候隐私和尊严更重要。

教师需要在与班级的简单对话中强调这些观点，但不一定是当着那名学生的面。美妙之处在于，如果以这种方式事先说明，大多数学生都会耸耸肩说："好吧。"只要他们明白这是有原因的，他们往往比我们想象的要宽容得多。

此外，如果他们的同学正在经历困难，基于他们现有的社会关系，他们中的许多人就都已经知道。

更好的情况是，如果早在那些例外情况需要发生之前，班级从一开始就事先说明了会发生例外情况，这样，学生们就准备好了你可能需要对某一个学生采取不同的行动。这确保了教师的规定既高度一致，但又不会成为一种束缚。

零容忍是一种非常有用的态度，而不是一种方法。但请记住，这在很大程度上就是一个口号（参见"零容忍——口号，而非策略？"这一节内容）。绝不允许任何例外可能是残酷的，有可能被延伸到荒谬的程度。想象一下，你有一条规定，明确规定学生必须得到允许才能离开教室，任何不这样做的人都会受到某种处分。现在想象一下房间着火了。你还会像以前一样坚持吗？我希望不是这样——你会期望自我保护超越顺从，并原谅任何做了明显而明智的事情的学生。

在这种情况下，真正的"零容忍"当然没有得到遵守。我去过比大多数学校都更"零容忍"的学校。我问他们，如果孩子被公交车撞了，他们还会指望孩子交作业吗？他们说："不，当然不。"所以，他们实际上"对不当行为的容忍度非常低"，留给我们的是一个更明智的关于边界应该在哪里的讨论，以及我们的容忍度是多少。

斯多葛主义与乌托邦

> 不管命运之门多么狭窄，
>
> 无论我将承受怎样的惩罚，
>
> 我是自己命运的主人，
>
> 我是自己灵魂的统帅。
>
> 威廉·欧内斯特·亨利《不可征服》

"斯多葛主义"这一术语广义上意味着准备好应对生活中不可避免的压力和考验。斯多葛主义哲学探讨了除了例外情况我们为什么仍然必须对不良行为有很低的容忍度。试图通过让孩子远离痛苦来阻止他们解决这个问题，其效果与我们预想的正相反：这会使他们更没有能力应对困难。实际上，我们需要让孩子们在一个相对安全的环境中去面对后果，我们需要教他们，他们的行为具有举足轻重的影响，因为他们的行为会产生后果。不这样做就是假装我们可以让他们远离一切烦恼，而我们显然做不到。这样的想法是乌托邦式的。正如克里斯托弗·希钦斯指出的那样，"乌托邦"这个词翻译过来就是"没有的地方"。一位名为"匿名教育家"的博主曾经写道：

> 无论是作为一个可以回归的黄金时代，还是未来的承诺，完美的世界都是不存在的。我们需要教导我们的学生，生活是一系列的选择，并且要在我们学校相对安全的环境中，向他们展示错误选择的后果，因为在他们离开我们的教学楼后，后果会更加严重。这意味着要有一套行为预期系统，不断进行奖励或惩罚，一路升级到开除。我们不能改变学生的生活环境，但我们可以教导他们（请记住，教是我们的工作），他们的行为是有后果的。大多数时候，好的行为会产生好的结果，而坏的行为则会产生坏的结果。

例外必须是例外的

尽管有这样的警告，教师们必须努力，必须真正地竭尽全力，对打破常规的行为保持非常、非常、非常低的容忍度。为了使一个后果被视为规范，它必须是高度一致的。因为如此一来它就会在学生的想象中成为一种预期。对于那些超速驾驶的人来说，很少有例外：例外通常只适用于从事警察或救护车工作的专业人士，或者应对一些其他紧急情况，如躲避事故。

处分对不同的人有不同的影响

许多教师注意到，处分对不同的学生有不同的影响，影响最显著的似乎是那些认同学校文化、通常表现良好的学生。一些研究甚至表明，"大量的证据表明，仅仅关注惩罚对许多最严重的犯罪类型影响不会很明显，也不会对犯罪率最高的罪犯进行再教育"。

但是，正如我们将看到的，这并不意味着我们应该停止使用处分。处分仍然对许多学生产生影响，即使这种影响千差万别。处分无法威慑到一些最常犯错、最难管教的学生，但这并不是我们反对普遍使用处分的理由，这就像有些人对青霉素过敏不能意味着我们不应该在大多数需要抗生素的治疗中使用青霉素一样。

正如大卫·迪道所说，它们"向那些能够权衡风险和回报的学生群体成员发出信号，现在已经有处分在实施中，不良行为将得到可预见的、相称的和公平的后果"。

处分不仅影响个人，而且还影响群体。因为"处分从未出现"或"处分似乎从未起作用"而不对任何一个学生实施处分，也会对群体产生影响，他们会认为处分是可有可无的、前后矛盾的或者不公平的。

前景理论

前景理论是行为经济学的基础理论之一，而激励（奖励）和抑制（处分）对不同的人影响不同，这一观点是前景理论的一个原则。前景理论由丹尼尔·卡尼曼和阿莫斯·特沃斯基于1979年提出，描述了个人对收益和损失前景的不同反应。例如，尽管我们可以预测失去1000英镑的抑制程度与获得1000英镑的激励程度完全相同，但我们发现事实并非如此。人往往不是完全理性的行为者。

前景理论描述了人们如何根据其相对位置（参考点）的得失做出决策。激励/抑制与我们是谁以及我们所处的环境有关。一个富人对超速罚款10英镑不会有太大的想法，但他们可能会认为被公开点名和丢人是无法忍受的，并会拿出数千英镑来加以掩盖。反之，就对其行为的影响而言，一个无家可归的人可能会有完全相反的想法：公布他们的名字可能没有什么意义，但经济损失，无论多么小，都可能是灾难性的。

前景理论解释说，面对可能带来收益的风险选择的人，比面临可能导致损失的风险选择的人，更倾向于规避风险。如果一切都不相上下，我们更可能会避免痛苦，而不是寻求什么利益。

处分并不能平等地威慑所有人。如果处分的主要作用是威慑，那么我们必须考虑到这样一个事实，即人对相同刺激的反应也不尽相同。我们应该预料到这一点。人是复杂的，对我充满吸引力的东西对你可能不以为意，而使我心惊胆战的东西也许会取悦于你。我们可以欣赏同一幅画或同一段音乐，却以完全不同的方式被打动。任何形式的奖励/处分刺激也是如此。

所以，威慑对不同的人有不同的作用。那么它们在谁身上影响最大呢？可悲的是（就我们的目的而言），我们对这一领域所了解的一切都表明，最被处分的威胁吓住的人是最守法、最顺从社会的人。换句话说，恰恰是最不需要改变自己行为的群体。

我们无须对此感到惊诧。这些人已经非常认真地接受了社区的规则和规范，因此我们应该期望他们会最坚决地避免社会的惩罚、避免社区的蔑视或者避免他们可能寻求认可的人的反对。

当然，与此相对应的是，有一小部分人完全无动于衷，完全没有受到处分的影响。这有很多原因可以解释：

- 他们可能缺乏想象力，无法设想如果被抓会发生什么。
- 他们可能会异常冲动，无法考虑当下以外的任何东西。
- 他们可能错误评估概率，认为自己不太可能被抓住。

- 他们可能是天生的赌徒，相信冒险是值得的。

- 他们可能太过专注于目标，以至于忽略了错误行为带来的风险。

- 他们可能就是根本不在乎。

- 他们的家庭环境可能极具挑战性，以至于学校的处分似乎无关紧要。

这里可能有一个子类别值得记住：处分对这些人来说是一种故意作对的激励形式，比方说，他们可能会将被留堂视为一种荣誉的象征。或者，在他们所寻求的惩罚中可能有某种东西，是我们这些寻求其他东西的人看不到的。

例如，如果你无家可归，在寒冷的夜晚实施监禁的处分可能会是一个福音。一些有严重行为问题的学生为了让自己被管制，会挑起与他人的肢体冲突——因为这是他们唯一能体验到任何形式的人际接触或安慰的机会。这种令人痛苦的想法悲哀地提醒着我们，对某些人来说可能缺失匮乏的东西，对另一些人来说可能是一种奢侈品。也有一些孩子会故意激起一种处分，以达到其他目的，例如，离开他们不喜欢的课堂，或为了收获成年人的注意，即使这种行为是有害的，获得的关注是负面的。

从这个角度来看，为什么有些人会声称处分是无用的，这就很容易理解。如果处分只是震慑了那些明显品行端正的人，而对其他人没有任何影响，那么这种说法可能是对的。但行为反应并不是这样，人们也并非如此。

性格类型是一个连续体。人们对处分威胁的反应亦如此。有些人非常害怕，有些人根本不屑一顾，而大多数人都介于两者之间。重要的一点是，大多数人都在某种程度上受到了威慑，有些人受到的威慑会比其他人多一点或少一点。

任何能在不同程度上威慑住大多数学生不当行为的策略都是有用的。

处分就像任何工具一样，有时候有效。

严厉程度

处分决不能严厉，不能不相称，不能过度。处分不能被用作报复。它们不是，也不应该是报复。处分必须与其寻求纠正和阻止的不当行为相对应。

以下是实施更多有效处分的原则：

• 升级处分。较小的不当行为受到小的处分。更严重的不当行为要受到更严厉的处分。如果一个小的处分没有改变一个行为，那么对管理课堂的教师的第一个要求通常应该是升级处分。

• 反复出现的不当行为应当促使处分升级。如果一种行为经常发生，那么至关重要的是，学生要意识到多种不端行为累积在了一起。试图用同样的短时间处分来阻止学生在课堂上不停地讲话收效甚微。

如果一个学生经常重复同一个不当行为（比如在好几节课上都和他人讲话），那么就需要启动更严厉的处分。在某些情况下，如果想让学生相信事情变得越来越严重，这就是所需要的一切。要教导他们，他们的行为是有后果的。

• 反复出现的不当行为应该引起教师的警觉。不仅处分应该升级，而且谨慎的教师还必须要询问学生的处境中是否存在其他问题，而这些问题如果得到了解决，就可以改善他们的行为。这里的第一步是与学生进行关怀谈话，以确定是否有什么事情让他们心烦意乱，他们是否了解自己的行为是如何损害他们的教育或他人的教育的，他们家里是否一切正常，等等。

这也是评估学生是否需要其他更有针对性的支持来改变他们的行为的

有用的一点，例如针对他们社交技能的小组活动、课程上的补习工作、某种形式的咨询或其他针对他们个人情况的治疗性干预。对于需要帮助的学生来说，这通常是开始从学校获得更大程度的支持的一种方式——如果学校和教师注意到学生可能需要某种形式有针对性的支持。

使用处分的潜在陷阱

我希望我已经明确，处分只是我们可以使用的一种工具，它并非万能的，而且对人们的影响也不尽相同。牢记这些将有助于我们避免不公平地使用处分。一个可悲且显而易见的事实是，有些人很容易根据自己对他人的看法或与他人的关系来区别对待他人。

教师在实施处分（和奖励）时要尽可能做到公平，这一点至关重要。请记住，这些是用来影响未来行为的机制，应该分配在必要的地方，而不是因为你"感觉自己喜欢"或是想要"找回自己"。除非你确信自己能控制自己，而且这是你在更平静的状态下会做的事，否则永远不要在生气时进行处分。

归因偏见

归因偏见是指我们不公平地或错误地为他人的行为而不是自己的行为设想原因。例如，我们对朋友比对我们不喜欢的人更宽容。我们可能会看到我们最好的朋友举止粗鲁，然后想："哦，她今天过得很不顺，我想知道发生了什么事。"但我们可能会看到一个我们不喜欢的人做了同样的事情，然后想："这真是个可怕的人。"如果我们喜欢的人做了好事，或者我们讨厌的人做了坏事，我们更多地会将其归因于内因（如性格、自由选择）；而如果我们喜欢的人做了坏事，我们会更多地归因于外因（如他们是被别人强迫这样做的等等）。基本上，我们通过我们对人们的看法来过滤他们的行为。

因此，如果你已经认为一个学生很粗鲁或者很好斗，那么你更有可能将他们的不当行为归因于他们品行不好。但是，当你与一个你眼中善良、品行良好的学生打交道时，对于该学生的任何不当行为，你可能都解释成是因为外部因素造成的：可能他们只是今天不太顺心？

显然，这对教师来说是一个非常危险的错误。因此，要格外小心，不要形成层层偏见，因为这些偏见，你对一些学生的评判会比其他学生更苛刻，或者对一些学生给予优待。或许你最经常听到学生们的一个抱怨就是："你太不公平了！""你在挑我的毛病！"很多时候，这只是一种策略，想要逃避惩罚，或者坚定地认为他们没有做错什么。但要小心的是要确保这些学生们说得并不对。

可以通过以下方式尽量减少或避免不公平的处分：

• 关注行为而不是学生本身。他们的行为是否被课堂规范、惯例或规则所禁止？然后严格谨慎且一以贯之地应用后果准则。一开始，学生会反对他们认为你缺乏灵活性的行为，但如果你坚持这一点，他们会认为你很公正且意志坚强。最重要的是，处分的威慑力将被放大，最终你将减少使用惩罚手段的次数。

• 清楚了解自己的处罚标准和学校的后果政策——你知道标准。

• 与全班明确沟通并让他们理解处分规范——让全班知道你很清楚他们知道标准是什么，大家的共同理解为大家遵守标准提供了支持。

• 为语言和行为设计好脚本。在不得不说之前知道该说什么。

• 数据——确保定期检查自己处分的对象、处分的时间和原因。有什么规律可循吗？仔细检查这些数据，并确信班上没有自己偏爱的学生或替罪羊。

需要避免的其他危险：

- 将处分作为改变行为的唯一策略

- 激怒学生做出更糟糕的行为——通过使用脚本，通过让所有学生了解处分发生的时间和原因，来避免这一情况的出现。最重要的是，练习与学生进行斩钉截铁而不是咄咄逼人的对话。释放一点压力太容易了，有时甚至感觉良好。这就是为什么它很危险。当你感到自己心烦意乱或情绪激动时，记住告诉自己："我现在很生气，所以此时做决定是一种危险的状态"，以此来控制自己。此外，要制定一个"冷静室"策略，这样如果你不得不用到它，你可以轻松地来进行，而不是焦虑不安（参见后文的"设置'冷静室'"这一章）。

什么使处分有效

弗莱彻-伍德在一篇优秀的文章中总结了这方面的研究。他提出，处分在以下情况下不那么有效：

- 处分不即时。我们更喜欢即时的奖励和延迟的代价。正如他所说，"现在在同龄人中表现得有趣可能会比下周被留堂的代价更重要"。

- 处分不确定。延迟的处分是不确定的，因为从现在到那时可能会发生很多事情。也许他们能以某种方式逃避过去？如果教师是出了名的不经常来上课，那么学生们就更有可能干一些越界的事。

- 处分是"机械的惩罚"，即只需要静静地坐着。有些学生完全不介意安静地坐一会儿。对有些学生来说，处分效果微不足道。要考虑让他们做点什么。

• 处分引发了不必要的冲突。虽然处分必然会引起一些冲突，但处分的实施应该是公平的且具有一致性。它们应该被视为自然而然的结果，而不是居心不良或恶意的行为。确保以一种专业的口吻宣布处分，这种语气要传达出必要性和程序性，而不是情绪上的反弹。

因此，教师需要：

• 在出现行为不端的行为后尽快制定处分措施。

• 坚持使用。你这样做得越多，就越用不到这些处分。当处分的威胁与处分本身一样真实时，你就会大幅减少你实施的处分数量。

• 使处分富有成效。处分不应该很有趣，但应该有教育意义。

• 确保学生知道为什么进行处分，以及接下来要做什么。

重复

如果处分没有产生预期的效果，而且你没有现成的理由怀疑更深层次的问题，那么首先应该重复处分，但也要升级处分。这意味着将再次实施同样的处分，但可能会更加严厉。大多数学校都有一个后果准则，其中包括一系列不断升级的处分措施。使用它。如果他们第一次犯错的处罚是20分钟，那么第二天重复犯同样的错误可能会被处罚40分钟。如果这种情况再次发生，应该采取更严厉的措施，以反映一个事实，即这种做法正在成为一种模式，而不是一次性的。

通常情况下，如果你能说服学生，让他们相信你永远不会放弃——周一做错的事在周五、下周、下下周都是错的，那么低层次的主流不当行为就能得到纠正。他们想用多种方式看看自己是否可以消磨你的决心。所以，你必须有更持久的耐力。你得成为那个比他们更能坚持的人。

升级

如果处分执行不当（例如，学生未能参加，或参加了但在处分中行为不当），或者如果处分尚未完成学生又重复了该行为，则应升级处分。例如，20分钟变成一个小时，或者一位教师的留堂变成了一位部门领导的留堂等等。在这件事上，再次参照学校的惩戒制度。重要的是你必须坚持学校的行为政策，以加强学校的行为文化。学生很容易就能分辨出教师是否在工作中没有按照学校制度行事，他们会最大限度地利用这一点。

如果一个学生反复受到惩罚，那么教师就必须让其他教职员工参与进来——如部门管理人员、教务人员等。如果这种情况真的持续存在，并且重复和升级处分都不起作用，那么可能需要更严厉、更复杂的干预措施。

处分具有社会功能和个人功能

如果以上述方式实行处分，对学生会有不同程度的影响。然而这些处分不只会影响受处分的学生。学生在群体环境中活动，对群体环境会产生影响。正如我所提到的，教室就像魔方：你移动一个方块，就会影响其他所有方块。处分向班上其他同学表明，班级里存在界限和具体的期望。一些研究表明，取消处分对其他看到这一点的学生产生了异乎寻常的影响。在一项实验中，让学生们看到一位同学故意作弊，然后把他们的行为记录下来。在没有处分的情况下，其余学生的作弊行为增加了一倍。换言之，如果其他人没有看到对明显不当行为给予处分，他们会觉得这是在鼓励他们效仿这种行为，因为他们知道这种行为不会有任何后果。

即使是平常诚实的人，如果他们觉得自己可以逍遥法外，也可能会被诱惑变得不老实。人类中很少有天使或魔鬼。我们大多数人都是美好与邪恶的混合体，在不同的情况下都有能力打破规则。教师应该一如既往地努力让良好的行为变得尽可能容易，并尽可能消除或减少障碍，比如诱惑。

出于这一点和许多其他原因，教师应记住将处分作为其教学技能的一部分，并忽略一些行为训练中发现的出于善意但最终有害的建议，这些建议会让你完全摒弃处分，取而代之的是让人误以为正确的完全基于关系的方法。

什么是正确的留堂

留堂是学校（尤其是但不限于中学或高中）使用的一种常见策略，值得我们将其置于显微镜下仔细检视。

留堂的目的是什么

与所有的处分一样，其目的是威慑。为了威慑学生，留堂的后果必须是学生不愿意经历的或重复的。但毫无疑问，其严厉程度不能太过。要确定而非严厉，记住了吗？

• 对学生来说，这必须是一次略微令其厌烦的经历。

• 学生需要了解是自己的什么行为导致了留堂。

• 必须给学生一种问题已解决的感觉。当留堂结束时，可以或多或少地把记录抹干净。

• 应以临界对话结束（见下文）。

• 留堂不能被学生理解为一种奖励，或者一种他们喜欢做的事情，例如让他们看书、玩手机，或与教师愉快地聊一聊他们最喜欢的蚂蚁类型。

临界对话

临界对话向学生表明他们已经从一种状态转到了另一种状态，它旨在回顾过去，展望未来。学生站在门槛前，即将踏入一个新的世界。临界对话用于叙述刚刚发生的事情以及下一步需要发生的事情，如果没有这个叙述框架，学生们就会自己来创造一种叙事，然而他们通常会编造扭曲的故事，故事里他们是英雄，而世界如此不公平。质疑这一点，给他们另一种看待事物的方式。

确保这段对话包括：

- 他们是因为做错了什么而被留在了那里。

- 他们在留堂期间行为怎么样。

- 他们本应该做什么。

- 他们如何在未来做得更好。

- 温和但坚定地提醒学生，如果再出现这种行为，会发生什么。

- 确定他们是否需要和你谈谈影响他们行为的任何异常情况。

- 表明记录现在是干干净净的。

- 期望他们会做得更好。

- 明确告诉他们，你希望他们做得更好，你相信他们能够做到。

- 告诉他们，他们很重要，他们的行为很重要，你希望他们回到课堂上，并且表现出色。

如果你想与学生进行愉快的关怀谈话，那么这也是有用的，但不要假装这是一种处分。如果你混淆和合并这两者，那么你就有失去威慑作用的风险，学生也会感受不到它的影响。事实上，你甚至可能会鼓励这种不当行为，因为学生可能会把你的留堂视为获得你的关注和陪伴的一种方式，而不是以更积极的方式获得关注和陪伴。

示例：

一位教师留下了一名上课很少举手回答问题的学生，那天一上午他都在向同学们扔笔，教师想弄清事情的真相，所以决定利用留堂的时间和学生聊聊他的情况。但同时还有一名学生被留堂了，在谈话过程中，他也参与了讨论。学生们都很平静、配合，教师花了十分钟和他们聊了一下电视，事情进展得很顺利，于是教师说："小伙子们，你们想早点走吗？那就别再做傻事了。"第二天，这种行为又出现了，教师现在生气了，朝那个学生喊道："我们昨天说了什么来着？"那个学生回答："电视！"

示例：

> 同样的学生和同样的理由。这一次，教师坚持让学生安静地坐着，让学生写下几段话，描述那天做错了什么事。留堂结束时，老师坐到学生旁边问他："好了，今天做错了什么？"谈话时间缩短了，双方离开时对下一步该怎么做达成了一致。

事实上，有些人说这是一个好迹象——他们想和你建立联系——但只是不要通过和他们进行友好的闲聊来奖励他们的不当行为。相反，要让他们知道你的时间和注意力都是留给那些尽全力去做事的人，或者是那些需要帮助的人。你仍然可以与所有的学生进行文明对话——我建议这样做——但不要以行为不端为条件。

当学生惹了麻烦时，他们需要感知到自己做错了什么，需要被给予一种如何改进的激励和获得原谅的感觉，但他们首先需要的是那种沉重感，否则，如果他们从不当行为直接跳到被原谅，那为什么不做坏事呢？

留堂应该是很严肃的。例如，应该完全安静，或者特别安静，关于他们在留堂期间可以做什么，不可以做什么，应该有更明确的准则。明确的期望很重要。

对于教师来说，最难的一件事情就是在这样的环境中保持他们的标准。在留堂期间很容易放松，也很容易交朋友，因为到了这个时候，大家可能已经把过错都抛在脑后了。杜绝这种现象，保持坚定。这是对未来的你和未来的学生的投资，是对所有忍受他们不当行为的人的尊重。

他们应该怎么做

让他们做一些不轻松的事，可以是：

• 安静地坐着，什么也不做。但有些学生喜欢这样，所以最好给他们安排一个任务来完成。

• 学习一篇课外材料。

• 写一份检讨，解释他们做了什么以及如何改进。

如果符合下列准则，那么任何与上述事情接近的事情都能达到预期的效果：

• 无论如何，他们都不能做功课，比如家庭作业。否则留堂对他们来说就是好事。

• 不许趴在桌子上。

• 不许读好看的书或杂志。

• 除非教师允许，否则不得讲话。

就应该让学生们觉得不轻松，如果无聊也没关系。这就是重点。如果留堂很有趣的话，他们就不会被吓倒；如果很容易的话，他们就不会在意；如果太舒适的话，他们就会将其看作是小憩，或者更糟糕的是，他们会认为这是闹着玩。这就是为什么他们必须坐端正，不能和同学交谈，也不能和你愉快地聊天。如果你觉得有用的话，可以在留堂结束之后和他们好好聊一聊。但如果已经制定了处分，那么就不要把它变成别的东西，还假装它是一个处分，从而浪费了它。如果干预没有效果，也不要觉得不可思议。

留堂中

尽管这在心地善良的人看来可能很残酷，但在留堂时仍然要守住底线，不要因为他们表现良好就让他们提前几分钟解除留堂，良好的行为是不应该有条件的。如果说好了是半小时，那就是半小时。如果他们在留堂期间表现不佳，则应毫不犹豫地升级处分的力度，或增加处分的时间，或增加处分的类型，或增加教师的数量。详见你所在学校的学校行为制度。

留堂结束后

重要的是，在结束时进行临界对话，以厘清留堂的制度。我们很容易就想让学生迅速下课回家，或者回到你课间休息的地方，但这样做就错失了一个与学生建立更好文化规范的关键机会。和他们进行交谈。这个时候，你要因留堂而加班，所以学生们为了避免进一步的处罚，更有可能好好表现。

重塑他们的行为

留堂是一个教训，学生需要比以前更加理解一些东西。这个对话是一次学习的经历，是为未来设定方向的机会，是澄清预期行为的机会，也是向学生展示他们很重要，他们所做的事情很重要，以及你相信他们有能力做得更好的机会。

此外，它还应该传达这样的信息：你需要他们做得更好。你完全可以毫不含糊地训斥一名学生，而且训斥他的方式要传达出他们仍然是有尊严的人。毫无疑问，训斥有时需要严厉，因为学生很可能的确做了非常糟糕的事情。人们很容易将不当行为浪漫化，认为是愚蠢的天使做出了错误的选择。有些行为是可耻的，学生需要理解我们反对的程度。

浪子回头的寓言

但他们也需要知道，他们还有一条回头路可以走，否则你可能会加剧他们的无助感——这样的话他们为什么还要费心再试一次呢？即使是囚犯也需要明白，他们有可能被假释或改过自新。宽恕是一些宗教道德体系的核心价值，否则，一旦越界，就没有回头路了，那为什么还要善良呢？很多孩子认为他们已经被淘汰了。还有很多孩子都放弃自我了。因此，在处分结束时进行对话，告诉学生可以做些什么来弥补错误和做得更好，这通常是非常有力的。谈话本身不会改变学生，但那可能正是他们在那一刻需要听到的东西。当大多数孩子选择要做得更好的时候，就要像对待回头的浪子一样对待他们。当罪人悔改的时候，应该感到高兴。

示例：

"我看得出来，你今天很难达到标准。用你自己的话告诉我，发生了什么事，有什么事情不尽如人意。"

"好的，感谢你说得这么充分。你这样说话，我就知道我们能克服这一切。我希望你在那节课上尽自己所能去做好，我也知道你可以做好。我认为你是对的。我认为（学生总结的事情）确实发生了。你看到这对（同学）的影响了吗？这让他更难完成任务。那是你的本意吗？不是。你觉得你已经尽力了吗？没有，你说得对。告诉我，你觉得这个作业简单还是难？有些很简单，有些很难。好的，哪一部分难？你觉得我们能做些什么来解决这个问题？"

"你明白我为什么不让你在课上那样做吗？你明白我要遵循的制度吗？我需要保证每个人都安全、都好好学习。如果有人做了X，我就没办法保证了。那么下次我们需要做什么呢……？"

第十二章
完善奖励机制

　　与处分一样，奖励仍然是教育中默认的有关行为管理的一个最受欢迎的策略。

　　奖励是一种非常有用的激励手段，它应该在每位教师的日常工具包中占据一席之地。与处分一样，问题不在于使用奖励本身，而在于如何使用奖励，何时使用奖励，以及为何使用奖励。如果使用得当，奖励有助于鼓励人们养成更好的习惯。奖励有可能用得不好，也有可能用得很好，甚至学生还有可能无动于衷，这一举措毫无影响。现在我们将思考一些因素，这些因素会使奖励机制在课堂上或多或少地发挥作用。

　　我们很容易理解为什么人们喜欢使用奖励机制。奖励是班级行为管理中最愉悦友好的一个部分。惩罚常常违背我们的本性，除非我们是那种以别人的痛苦为乐、活得不快乐的人。但是奖励学生呢？这完全不会让我们联想到痛苦的感觉。与人为善的感觉真好。这感觉就像学生们得到了他们应得的东西，而生活，就这一次，是公平的，或者说是仁慈的。说实话，看到他们的反应，或者他们父母的反应，也是令人高兴的。

　　但遗憾的是，我们不能为了让学生表现良好就不停地奖励他们，就像我们不能为了让他们表现得好而一直惩罚他们一样。

奖励的形式多种多样

奖励是给予学生好处，以回报他们所采取的一些行动。它类似于（但不完全相同）付款。我们给出奖励主要出于以下四个原因：

- 改变学生的行为
- 激励其他学生改变其行为
- 作为一种教学策略
- 学生值得被认可

奖励在课堂上总是有个社会背景。它们从来不是凭空产生的。当你因为某件事奖励一个学生时，你是在一个群体里这样做的。被奖励的东西会引起注意。在简单的行为主义模式中，你要通过在行为上附加一个积极的或理想的结果来强化该行为。家长和教师一样都很熟悉这个古老的策略：贿赂孩子，好让他们乖乖听话。如果孩子在准备上车出门时拖拖拉拉，答应他们上车后给他们吃最喜欢的零食，会对他们的小脑袋产生奇效。但这种策略既有优点，也有缺陷。

奖励交易

行为演算相当简单：如果我做X（我并不喜欢），那么我将实现Y（我非常喜欢）。那么，为了实现Y，我将执行X。

这种行为交易策略对教师来说是行之有效的，但也只是在一定程度上。就像处分一样，我们需要考虑以下因素：

- 如果学生能够理解奖励与行为相关，他们就更容易受到奖励的激励。这意味着，当学生冷静、理性，拥有想象力来设想可能会得到奖励的未来时，他们往往更容易受到奖励的激励。

• 学生还需要有自我调节的能力，至少要有足够的能力控制自己当下的欲望，以实现更远大的目标。这意味着他们不能太冲动，或受冲动驱使。

• 奖励和处分一样，对一些人的影响比其他人更大。对于行为能力较强而又拥有雄心壮志的孩子来说，奖励能起到激励作用。这些学生具有想象力，能够将当前的行为与未来的收益联系起来。换句话说，往往是那些已经相当乖巧的孩子更容易如此。这不应该令人惊讶，因为这些孩子已经接受了行为系统。但重要的是（也令人沮丧的是）要意识到，如果我们不小心，奖励往往会针对那些在大多数情况下最不需要激励的孩子。尽管如此，我们还是我行我素。

• 最没有能力将现在和未来的行动联系起来的孩子或自我调节能力最差的孩子（通常是表现最差的孩子）最不可能受到要求他们这样做的奖励的激励。许多孩子看着我们精心设计的、为期长达一年的激励计划，只会想："不行。我永远也做不到。"这意味着他们并不会受到奖励机制太多的影响。

• 表现良好的孩子往往不是由外在的奖励（如奖品）所激励，而是由内在的奖励（如他们喜欢这门学科，他们喜欢表现良好等等）所激励。因此，即使对这些孩子来说，我们可能会发现简单的代币式奖励并不像我们希望的那样有很大的影响。

但这并不意味着我们应该放弃奖励，即使是长期奖励。已经表现良好的孩子也应该得到认可。奖励是对他们的努力和品格的认可，同时也为他人树立了榜样。此外，奖励确实对其他孩子有一定影响，只是没有那么大，但仍然是有影响的。

所有孩子的成就都值得被认可。无论他们的环境如何，这一点都是正确的。但是对于一些孩子（特别是那些来自不太有利的环境的孩子）来说，这一点尤为重要。优秀应该得到奖励，因为它值得被奖励和歌颂。此外，群体看到哪些行为得到了赞扬，于是也就会加以期待。这有助于使期望规范化、具体化，并为其他孩子描绘出一幅向往的图景。另外，他们值得这样做。

奖励所存在的问题

传统上，奖励是用来激励行为的。但这可能会导致几个问题。

1. 我们使孩子们习惯于在做正常的事情时期望得到奖励

如果我们为了改变行为而给予奖励，那么（如果我们是一致的）我们最终会重复奖励相同的行为。这很好……直到我们达到这样一个阶段：学生们开始期待每次他们的行为都能得到奖励——他们为什么不应该这样呢？如果我们清楚地解释了我们的奖励制度，他们便会相信我们，这合乎情理。但这可能导致孩子们只是为了得到奖励而做出某种行为，而不是因为他们认为这样做是正确的，或者认为他们应该为了行为本身而去做。更糟糕的是，如果奖励被取消，学生就会觉得没有动力再去做这种事情，从而导致行为上的倒退。"嘿，我的棒棒糖呢？"

我们解决这一问题的一个方法便是确保我们不会通过奖励不断强化每一种行为（持续强化）。学生可能会对奖励的效果变得不敏感——这对他们来说只是一种常态。就像一个拥有太多生日礼物的孩子，他们不再重视礼物，因为礼物太多了。他们对刺激变得不敏感。

我们可以通过使用间歇性强化在一定程度上避免这种情况，即奖励的频率较低且奖励的原因更变幻不定。例如，与其因为孩子做了一些简单的善举就不断地奖励他们，你不如奖励他们这一星期内的善举，然后在下一个星期奖励他们正确的拼写，然后再下个星期是守时。研究表明，间歇性奖励比持续强化更有效。让他们保持警觉，学生们往往会更加努力。

2. 有些孩子得到的奖励不相称

我们最想改变的是谁的行为？当然是表现不佳的孩子。那么，通常谁会得到最多的奖励/积分呢？是那个表现不佳的孩子。这就导致了一些学校的奇怪情况，表现最好的孩子没有奖励分数，而表现最差的孩子得到的奖励却高居榜首。

我曾见过一些学校为学生租用旅游大巴，把去某个主题公园旅行作为奖励。大巴的每个座位上都坐着一个小流氓/小海盗，所有被留在后面的乖孩子都隔着窗户盯着他们，心想："我要打谁才能坐上大巴？"

谨慎对待你所激励的东西。小心那些你无意将其常态化的行为。千万要注意孩子们的公平感。人们更喜欢公平的不平等而不喜欢不公平的平等——不平等应该是任人唯贤的。这意味着，如果孩子们看到某人得到了奖励（但不是他们自己），如果他们觉得这个人值得此奖，那么他们会非常高兴，例如，在比赛中跑得最快。但当"每个人都因出席而获奖"时，他们就不那么高兴了，因为这似乎不公平。我们乐于平等地分享意外之财（就像有人把一个巨大的生日蛋糕带到教室里），但对任何需要付出努力的事情，却反感平等分享。

3. 奖励价值与情境相关

奖励对不同的人有不同的价值。就像100英镑的罚款对亿万富翁和穷人的威慑作用截然不同一样，100英镑的奖励也会对不同的人产生不同程度的激励。100英镑的承诺可能不会把比尔·盖茨吸引到你的餐桌上，但世界上数以百万计的人却会为了更少的钱做更多的事。我们有什么好争论的呢？我认识一个人，他因为口袋里有20英镑而遭遇抢劫并被关进了废料桶。你认为每个人都会为之努力的丰厚的奖励——比如说，一张图书代金券——将很大比例上激励书虫们或为家人寻找生日礼物的学生们，却不会激励那些不会阅读或没有阅读兴趣的学生。

成功增强动力

成功让人上瘾。在学校里，学好一门学科将会得到极大的回报，而这种回报的感觉可以极大地激励人。对于许多教师来说，这是激励的圣杯：看到学生努力学习，表现良好，取得成就，因为他们欣赏这种成就的价值。事实上，如果一个学生在某方面能力出众，那么有证据表明，外在奖励实际上可能会打击他们的积极性。这可能是因为他们已经被内在的快乐和掌握技能的成就感所激励，任何外部的东西都可能削弱这种快乐。但是：

> 另一方面，我们并没有内在的动力去做每一件事……学习一种乐器就是一个典型的例子，尤其是当你刚刚开始学习的时候。你只是在弹奏音阶，它可能会显得异常乏味……很多人放弃了……在这种情况下，也许外在的动机可以发挥一定的作用……在你跨越了道路上的障碍，付出了很多的努力后，从中你会真正开始看到你付出劳动后的收获，感受到成功的滋味，并成为你内在的动力，这是一些外在的动力可以提供帮助的地方。

为了建立内在动机（我这么做是因为我想这么做），你可能需要使用外在动机（优待、惩罚）。一方可以帮助建立另一方。

此外，人们经常谈论"胡萝卜加大棒"的激励方法。但如果你给学生们挂上了胡萝卜，请记住兔子会比北极熊更努力地去得到它。

我应该多久奖励一次学生

斯金纳（Skinner）对奖励的研究表明，当学生因相同的行为而获得相同的奖励时，这种激励的作用会迅速下降。如果你每次都对正确答案给予同样的奖品，它很快就会对学生失去激励作用。他们会习惯于此。这对他们来说失去了价值。这甚至会使他们不愿意再重复这个动作！但斯金纳发现了另一件更令人惊讶的事情：当奖励更变幻不定时，学生们更容易受到奖励的激励。当你不知道奖励会在什么时候出现时，你会更加努力。这类似于老虎机效应。赌徒在游戏中更能坚持，因为成功可能随时会到来。这种不确定性增加了人们的期待。

在滚动浏览互联网时也能发现类似的效果。间歇性奖励创造了重复行为的更大动机——任何仍坚持使用脸书或推特却不再以此为乐的人都可以证明这一点。你永远不知道什么时候会有人说你的好话，你也永远不知道什么时候会遇到你喜欢的东西。

奖励学生最常见的方法是什么

特权：允许学生做别人不能做的事。这些可能是：午餐排队时跳到队列的前面；优先选择阅读的图书；允许向全班做报告；进入为行为严谨者保留的公共房间（教室）。

物质奖励：奖品、与校长共进午餐、"读书券"。

地位象征：黑板上的笑脸，给家里打电话，公开表扬，本周明星学生，班长，名字上榜等等。

这些东西可以作为行为的短期调节剂，如果使用得当，它们有时会对一些学生产生影响。但研究表明，根据任务行为提供有形奖励（如金钱或棉花糖）会对之前的高动机性产生负面影响，尤其是对低年级学生。换句话说，如果一个学生已经被激励着以正确的方式行事，那么给他们提供实物奖励实际上会破坏他们重复这个行为的动机。他们已经习惯了这种待遇。所以注意不要频繁使用这个选项。

但最好的外部奖励是……

表扬

表扬学生是奖励学生最常见和最好的一种方式。为了使其尽可能有效，它必须：

• 真诚。是否真诚学生一眼就可以看出来。学生需要相信你，在没有出色的表演技巧的情况下，如果你也相信这一点，那就很有用。这意味着诚实的和应得的表扬就是最好的。

• 相称。滔滔不绝的表扬是廉价的。如果市场上充斥着一种商品，这种商品的价值就会下降，在课堂上也是如此。太过轻易的表扬，或是不切实际的表扬，会很快失去其价值。如果一个学生所做的每件事都是"惊人的""奇妙的"和"超凡脱俗的"，那么真正的出类拔萃又该置身何处呢？表扬不是军备竞赛。并非一切都是完美的。说个"好"就可以了。

• 有针对性。说"优秀"是可以的，但是说"优秀是因为X……"会更好。表扬学生所做的一些明确规定了的具体行为或结果对他们未来的行为有更大的影响，也更容易被接受。不要说："这幅画太精妙绝伦了！"你可以说："这幅画画得真好，因为你这次记得用上了透视法，而且暗色调有助于背景的弱化。"

这三个原则有助于使表扬尽可能有效，避免出现最常见的错误。表扬是免费的，而且表扬直接触及了大多数人所想要的东西的核心：被认可，被重视，被注意，感觉到自己对别人很重要。这些种类的"好"对我们大多数人来说是最重要的。

示例：

一个学生总是穿着皱巴巴的衬衫，衬衫的领子也脏兮兮的，不带学习用具，满身烟味地来上你的课。不管出于什么原因，总有一天他们会穿着干净的衬衫出现，口袋里装着笔。

表扬的一个好例子可能就是走到那个学生面前（在别人听不到的时候），对他说："你今天的校服看起来很棒，我很欣赏。"这可能不是他们的努力，但也许——也许——那个学生会觉得自己高了三英寸，因为自己被关注了；他们很重要。有人注意到他们了，这很重要。

但对于那些每天都穿着干净校服、学习用具齐全的学生来说，这样的表扬似乎就没什么价值。所以，要根据学生和他们的实际情况来调整赞美。

比如说，每六个月让那个学生（以及他的几个同学）在课间休息时留下来。告诉他们，他们的校服总是穿着得体，他们总是特别守时，他们在课堂上的努力堪称典范。如此一来，你可以给他们的父母或监护人寄一张表扬的明信片来表达你的赞美，并说一句谢谢你！他们也很重要。

像这样的表扬是非常有力量的——尤其是对那些没有得到过太多表扬

的孩子。我们很容易过分称赞那些非常有能力的人，因为他们一直都很优秀。同样，也存在一种危险，即我们只关注那些表现很差或能力最差的孩子。有一大批处于中间位置的孩子，他们也需要真诚的、有针对性的、适度的表扬，所以要有意识地去发现他们身上的优点。

"抓住他们的优点"是教育领域一句常见的格言，在很多方面都很有道理。但抓住他们的优点也需要判断力。至关重要的是，要使这种表扬尽可能有效，就需要你了解自己的学生——他们的能力，他们的环境，他们的经历——你了解得越多，表扬的效果就越好。

我应该多久表扬一次

对此没有简单的答案，但有一些比较好的原则可以指导我们：

- 当某人以你希望他们重复的方式行事时
- 当某人做了你想要常态化的事情时
- 当某人的行为堪称典范，你希望其他人能够向其看齐时
- 当一个通常表现吃力的人做了对他们特别有益的事情时
- 当一个通常表现良好的人做了一件非比寻常的事（比如一个了不起的善举）时
- 当某人看起来需要有人拉一把，或者看起来害怕或焦虑的时候

这些原则都不是金科玉律。表扬也可能会很危险：如果你一直表扬那些容易做到的事情，就可能会使平庸常态化。就像任何一种货币一样，如果在市场上过多地流通就会贬值。过度的表扬同样也会贬值。

把你的包裹完好无损地投递出去

在这种情况下，包裹就是你真正想要传达的信息。你可以把它完整地

投递出去，达到你想要的目的，或者你可以把包裹扔在地上，打碎里面的东西。表扬会被语气、肢体语言和讽刺削弱。要想更好地运用表扬，一个好办法是要记住，我们在日常生活中很少听到表扬，孩子们通常对他们的表现很不自信，所以要自信地表扬他们。其美妙之处在于，你不需要假装成另一个人。你可以用很多不同的方式或风格来进行表扬。如果你总是面带微笑、热情洋溢，那就用这种方式进行表扬。如果你总是言简意赅、认真严肃，那就用简短而严肃的方式表扬。关键是做你自己，或者至少是专业版的你。或许你今天的运气就很不错哦。

示例：

> 我忘不了教我历史的莫纳汉老先生。他非常严肃，微笑的次数像月食一样罕见。然而，当他看完学生的问题答案，停顿一下，说："你写的关于罗塞塔石碑的回答很好。"他说这话时真是影响力爆棚，仿佛有闪闪发光的五彩纸屑倾盆而下，窗户上有纸带飘扬而来。30年后，我仍然记得这件事。

我要运用哪种应对措施

我们现在已经看了几类处分和几类奖励。我们也考虑了其他的选择，比如澄清、教导或支持。教师们经常为如何应对不当行为而烦恼不已。但有一些原则可以让这件事变得容易得多。

• 尽可能保持一致。如果有一个全校性的行为政策（应该有），那么就坚持下去。使用它规定的途径、建议和后果。记住规范、习惯和惯例是建立在一致性之上的。越一致越好。如果你的学校建议使用警告、换座位、设置惩罚等，那么就照做。要教给学生们，你的规定是真诚的，是会付诸实施的。

- 在需要的时候有例外，但要确保它们是例外的、合乎逻辑的和透明的。

- 在你需要的时候，组合使用不同的回应。不要只被一种方式所束缚。这一事实是一种技巧，但却常常被忽视。教师不应该试图运用同样的工具来应对所有的行为，仿佛所有的行为都有某种简单的解决方法。不要只单纯地使用处分、奖励、规范或恢复性对话，要多种方式结合使用。

想象一下这样一个场景：写实验报告的时候，一名学生正盯着窗外看。教师要求学生们开始写，但这个学生却对他们说："滚蛋吧！"教师不知道的是，这名学生并不明白目标，也不知道该怎么做。那么教师应该如何做出回应呢？

示例：

此回应可以是惩罚（以表明界限）和试图发现学生还不知道的科学知识以便重新进入课程这二者的结合。后者更费时，但实际上，如果不这样做，学生不太可能在回到家后再让自己跟上进度。

如果要妥善处理这个问题，就需要更复杂的回应。注意：处分仍然是应对措施中的基本组成部分，而不是一个次要的部分。不要把复杂性误认为是对不可接受行为的过度容忍。

- 处分：强化界限，表达不满，试图阻止某种行为的重复

- 调查：通过为他们建立替代方案来减少他们未来的不良行为

示例：

或者对此的回应理应只是一个处分，因为（毕竟）学生应该

在一开始就注意到指示，就算有再多的困惑也不能成为粗鲁对待他人的理由。在惩罚之后，仍然应该进行一次对话，来找出他们做错了什么，他们接下来应该做什么，以及他们下次如何选择正确的行为。

坚持不懈是任何好习惯的基础

熟能生巧。完美的练习更好。习惯只有坚持才会持久。一旦我们停止实践，我们就会开始失去这个习惯。

第十三章
协作共赢

　　对于大多数孩子来说，父母对他们的成长影响最大。大多数学生的大部分课余时间仍然是在父母的家里度过的，生活在他们的屋檐下，受他们的规则和规范约束。换句话说，父母有可能是你最大的一个盟友。当然，当事情进展得不顺利时，父母也会给学生的教育带来巨大的阻碍，特别是当父母对教育有不良的看法的时候。

　　通常来说，对于那些最难管教的学生，我们会发现他们的背后有着极具挑战性的背景和家庭环境。孩子们并不会自己创造自己，他们是其所处环境的产物。有些孩子非常幸运，他们拥有爱他们的父母，这些父母会仔细并耐心地培养他们具备强大而积极的习惯、社交技能、学习技能、社会和文化资本。而有些孩子则没有那么幸运。还有些则经历了以上两种情况。

　　绝大多数父母对他们孩子的了解和爱都远远超过我们。这是不言而喻的，因为相比之下，我们与孩子们相处的时间，以及我们所处的位置，都和家长存在着规模上的差异。大多数父母都是受内在的爱所驱使，他们希望看到自己的孩子安全、快乐、茁壮成长。我认为这是不言而喻的，同时也很好理解，这一点是与家长成功合作的关键。但令人震惊的是，我们很容易将家长视为"我们想和学生开展些什么活动"的障碍。他们应该得到我们尽可能多的支持和尊重。当然，这是一种双向的关系。教师应该与家长们建立有尊严的界限和有共同期望的范围，最好是在关系的开始阶段。

但是也有一部分家长，他们爱孩子并且想支持孩子，却使用了有害的或者不恰当的方式：有些家长拒绝支持学校惩戒他们的孩子，因为他们认为这是展示家庭忠诚的一种方式；有些家长认为教师要求孩子重写作业，把孩子逼得太紧；有些家长拒绝让孩子参加学校旅行；有些家长不同意学校的一些规定，所以就告诉学生不用去理会这些规定。

父母可以用很多种方式来爱他们的孩子，但他们有时候却帮助孩子做出错误的选择，从而伤害他们。有些父母自己在学校有过不好的经历。他们可能对机构的权威性怀有很深的不信任。他们之所以如此甚至可能有着非常充分的理由。有些父母原则上对教育就有着根深蒂固的蔑视：也许他们在学生时代有过糟糕的经历；也许在他们所处的家庭文化中，就业的重点是不需要学校教育的职业，例如，非技术性的临时工、服务行业等。

还有一小部分与心理健康问题作斗争的父母，他们会对学校提出非理性或不合理的要求，这些要求不幸地映射到了他们孩子的整个教育经历上。

最后还有最小一部分的父母：那些在其他方面具有危害性的父母；那些对他们本应是最亲爱的人进行精神或身体虐待的父母，他们是忽视和酿成其他悲剧的肇事者。

但是大多数父母，绝大多数人，比你更深切地关心着他们的孩子。我们所有的沟通都必须以尊重孩子和他们父母之间的关系为前提。任何读到本书的人，如果有孩子，都会本能地意识到，他们的后代对他们来说是多么珍贵。而大多数没有孩子的人也能理解这一点。教师无论如何都不能向家长传达他们对学生有任何的个人厌恶。这就是为什么在一开始来一些闲聊或是说一些积极的事情会有很大帮助。

欲要过河，需先搭桥

我们可能犯的最大的一个错误就是把父母视为一个问题。他们也许难以应对，但这个假设从一开始就是不合理的。太多的教师只在需要通知不当行为时才会与家长们交谈，这就会形成一种说法，即我们只有在事情出现问题时才会与家长们交谈。在这个等式的另一边，许多家有难以管教的孩子的家长都认为，学校想起来给他们打电话的唯一原因，就是为了唠叨他们的倒霉孩子。这一状况并不合理。你认为这要花多长时间，让即使是一个通情达理、乐于助人的家长也开始害怕、然后鄙视学校打来的电话？我们往往只能忍受长时间的批评，然后开始把我们的问题归咎于其他人。

教师能做的最好的事情，就是在你需要联系家长之前就给家长打电话。在可能的情况下，主动给家长打电话（或发电子邮件），介绍一下你自己，并简单地告诉他们：

- 你有多期待教他们的孩子
- 你要教他们什么
- 询问他们是否有任何问题
- 询问是否有任何你需要知道的事情

注：我说的是"在可能的情况下"。如果你教的是小学，或其他环境下的小班，你也许有可能对每个家长进行一个快速介绍。但是如果你要教很多个大班，这就是不可能的。在这种情况下，打你需要打的电话：打给那些你知道在某个时候你可能需要与之交谈的孩子的家长。

将这些对话用作教学手段，帮助家长了解你对他们的期望。许多家长，完全是出于善意，在任何情况下都会支持他们的孩子反对学校。重要的是，家长要理解这种做法向孩子们传达的关于如何在学校表现的信息。

这很重要，因为这样就建立起了关系。你在应对有些家庭的时候要比应对其他家庭更需要这个关系。在为接下来的事情如何进行确定基调上，还有什么是比一个中立而友好的介绍和一个握手更好的方法呢。这是一个绝佳的机会，可以快速介绍一些班级的规范、学习用具使用规则等，并且提供一些家长需要的支持。许多家长会有一些他们不想麻烦别人的问题。有些人会有不信任感——"你为什么给我打电话？"但大多数人会感到惊喜。

另一种情况是，当孩子惹上了麻烦时，你第一次与家长交谈。在这种情况下，家长很容易产生戒备心理。谁不会这样呢？他们爱自己的孩子。现在，一个陌生人突然给他们打来电话，告诉他们，他们的孩子惹了麻烦。对某些人来说，这种暗示是不可避免的："你打算怎么处理这件事？这是你的错。你这个家长不怎么样。"难怪这么多父母会产生戒备心理，尤其是当他们已经压力山大、干着两份工作、盯着房租需求等的时候。

当你与家长们交谈时，尽量不要冷冰冰地直接开始谈及行为问题。开始时可以进行任何形式的闲聊，或者就进展情况进行简短的交谈，然后再转而谈及行为问题。谈话要保持中立，因为任何有关行为的对话都有可能迅速变得尖锐起来。

请求家长的帮助

许多教师在与家长交谈时犯的另一大错误是，让家长觉得实际上是他们遇到了麻烦，而不是孩子。这个方法倒是能够很好地让一个对学校有不愉快记忆的成年人再次感到自己是个废物。记住这些人有可能是你最大的盟友，所以要培养好和他们的盟友关系。仅仅假设所有的父母都会支持你是没有用的。大多数人可能会支持你，但他们对支持的理解可能与你截然不同。

写好给家长打电话的内容脚本

鉴于学生行为不端而给家长打电话可能是一个雷区，因此值得我们思考一下，如何最恰当地打这个电话。我听说过一些可怕的电话通话，有点像这样：

"嗨，是瑞安夫人吗？你儿子今天上课时表现很糟糕，我想知道你打算怎么办。"

你几乎可以听到电话那头传来尴尬而愤怒的声音。这就是你如何对抗和疏远那些你将需要的人的表现。试试这样的脚本，事情也许会好得多：

"嗨，请问是瑞安夫人吗？我是学校的班尼特先生。瑞安挺好的。我只是想问问您现在是否方便，我想和您谈谈他今天的表现，谢谢。"

一个礼貌的介绍，并承认她的时间是宝贵的，再加上一个必要的保证，即孩子没有被汽车或其他什么撞到。如果你是一个家长，学校给家里打来电话，你很容易想到最坏的情况。然后继续……

价值映射——与家长建立情感账户

"瑞安在我的课上做了一些很棒的功课。你看到他上周做的家庭作业了吗？只要他想做，他就可以表现得非常好。"

这只是一个开场白，但它道出了一个简单的事实——家长看到了他们孩子最好的一面。他们爱他们的孩子。你需要承认，孩子对他们来说是很宝贵的。你已经与家长进行了价值映射——表明你们有共同的价值观——如果你想尝试获得某人的同意，这是一个有用的技巧。这就好像对某人说："我和你一样。我跟你是一伙的。"

我们不只是理性地思考；我们也会感性地思考。我们在潜意识中筛选、解释和决定我们要听什么，听谁的，以及我们要信任谁。向别人表示你关心同样的事情是一个很好的方法，这可以让大家站在同一阵线，鼓励大家达成一致。然后你再继续：

"恐怕瑞安今天有点让他自己失望了。"

"让他自己失望。"这意味着这件事不正常，这意味着通常情况下他表现得很好。这时你所表示的遗憾，对应了家长可能正在感受到的失望。你并不生气，你只是感到失望。你和家长站在同一阵线。这是一个很好的时机来与家长建立情感账户。

本杰明·富兰克林效应

"我需要您的帮助，让他回到正轨。请问您有五分钟的时间来讨论一下这个问题吗？"

这正是你想要着陆的地方。如果你请求人们施以援手，他们就更有可能支持你。这有时被称为本杰明·富兰克林效应。如果人们帮过你的忙，他们就更有可能帮助你。这被认为是我们如何处理认知失调的一个例子。如果我们认为我们不喜欢某人，但我们却帮了他一个忙，这感觉就很奇怪：我们为什么要帮我们不喜欢的人呢？所以我们通过改变我们对这个人的感觉来调和这种冲突。也许我们确实有点喜欢他们。

这是一种让人们听从你指示的微妙方式。如果有人请求帮助，人们会更有可能伸出援手。当有人如此明显地招手来求助时，就更难拒绝了（当然也不是不可能）。就像有人伸出手来和你握手，这暗示是无法拒绝的。无意识的本能会启动，而规范则接管了一切。

你需要他们帮助你应对瑞安。仅仅这一点就是一个强有力的暗示。然后在同一句话中，还有另一个强有力的举动：我想让他回到正轨。哪个家长不希望这样呢？也许有些人不希望，但大多数人会希望如此。最后询问他们，你有五分钟的时间吗？他们的时间很重要，这意味着他们很重要。哪个家长会说"不，我没时间和你谈帮助我儿子的事"？当然，有些人会这样说。但大多数人不会。

在这场简单的交流中，你的这种方法比那种尖锐且直截了当的训斥效果要好太多。我从未听说过有家长会拒绝这种方法。这是我过去使用的脚本。你可以使用你自己的，但要尽量包括以下几点：

- 你很重要。
- 你的孩子很重要。
- 他们的学习很重要。
- 他们的行为很重要。
- 我关心所有这一切。
- 我需要你的帮助来帮助他们。
- 让我们一起把事情变得更好。

给家长打电话不是让你打击报复，发泄你的愤怒，或者因为某些人是不合格的家长而怒斥他们。你可能觉得自己有资格做这些事，但这并不是这次谈话的目的。

如果你在第一次需要打电话之前就先打过了一个电话，那么你在与家长的情感账户中就事先获得了信用，你就可以从中发挥这个信用的作用。如果你冷不丁地去开启这样的对话，你就必须要灵活应变。但是，如果你已经构建了一个叙事，即你是一个关心学生的福祉且支持他们并具有专业知识的成年人，那么你就领先了很多光年，成功的可能性也就大得多。

当然，当你向家长寻求帮助时，有些家长会承认他们需要你的帮助。我的建议是尽你所能地给予帮助。有些父母急切地需要一些建议。许多人几乎没有什么可以依靠的支持网。在这个过程中，你们可以成为彼此的盟友。我曾经和一位正在苦苦挣扎的单亲妈妈进行过一次交谈，我建议她把她儿子的游戏机拿走一段时间，这样他就会有更多的动力去学习。她说："啊，我不能这么做，他会不知所措的。"我向她保证她可以的，而且她也做到了。有时人们只是需要那么一点点鼓励。

最后一点：语音信箱。在我看来，相当一部分难以管教的孩子的父母的电话都直接转到了语音信箱。如果涉及行为不端，没有什么东西能像措辞笨拙的语音邮件那样让人抓狂了。有些教师会留下五分钟的语音内容。没有人喜欢听冗长的语音邮件。准备好一个简短的内容脚本，以备你不得不采取的留言之需，并确保核心信息只是需要与家长取得联系，以及问他们能否回电和在规定时间内给他们打电话。

与家长有效沟通

制定一个积极且专业的脚本，并与你的导师或关系好的伙伴一起练习。家长对教师有很多期望，这些期望天差地别。一些家长视教师为灵魂伴侣和天然盟友，在文化上很容易形成联盟。这是理想状态——家长和教师应该有一个巨大的共同点——学生的利益和福祉。

对有些人来说，却不是这样的——对双方而言都是如此——而我们只能对此表示遗憾。有些家长把教师看作是孩子幸福的绊脚石。有些家长认为教师在智力上或道德上低自己一等。有些人把教师看作是商人，被他们雇来做一项工作，提供一项服务罢了。有些人对教师持怀疑态度。有些人受到他们的威胁。有些人公开敌视他们。你代表着国家、机构的权威,是对他们孩子的一个威胁,还代表着他们失败或风光的过去。你并不只是你本身。通过承接教师的衣钵,你承接了这些衣钵所赋予的文化包袱和外在装饰。这种特权也是一种负担,正如所有的特权都应是如此。

因此,你与家长的持续沟通应该旨在不断消除他们的焦虑,建立融洽的关系。要态度友好、风度翩翩,但也要专业、谨慎、客客气气,小心措辞(尤其是你的承诺)。让他们知道你:

- 关心他们孩子的安全
- 关心他们孩子的教育
- 热爱你的角色和学科
- 相信他们的孩子能够成功
- 期待他们的孩子取得好成绩
- 随时准备努力工作以实现这一目标
- 需要他们理解,如果规范和惯例得到遵守,他们的孩子将茁壮成长
- 如果他们有任何疑问,你会给出解答

在被问及之前自愿提供信息。积极主动地与家长进行沟通。这就是电子邮件可以非常有用的地方。不要让他们追着你要那些东西。如果你在他们需要知道之前就把他们需要知道的东西提供给他们,他们就不太可能会感到焦虑。

要避免冷嘲热讽,除非你与这位家长有着牢固且深厚的关系。发现他们孩子的优点并让他们知道。请求他们的帮助。不要把他们当作问题。他们大多数都不是问题。

许多家长很焦虑,他们不知道该怎么做才能帮助他们的孩子取得好成

绩，所以要告诉他们。如果家长自己了解教师的工作，或者至少了解孩子应该努力的方向，他们就能为学生的理解力加油打气。但可以理解的是，这可能会给非专业人士带来很大的焦虑。治疗这种焦虑的灵丹妙药是信息。给他们提供教学大纲，花点时间和他们讨论一下每周应完成的目标。不了解这类信息的家长更容易放弃努力，举手投降，承认他们不知道孩子成绩好不好，或者直到你把成绩报告单寄到家才知道。

管理家长的行为

在许多方面，你需要尽你所能地来管理家长与你、与学校以及与其子女教育之间的惯例。所以，你要清楚你对他们的期望是什么。要明确他们能从你这里得到什么。告诉他们如何与你取得联系。告诉他们何种情况下可能无法联系到你。与家长之间的界限和与其他人之间的界限一样重要。如果你不设定界限，他们可能会认为没有界限。

永远不要说，"随时给我打电话"。他们会这么做的。除非有不得已或紧急的理由，否则永远不要提供你的私人电话或类似的东西。管理你的社交媒体账户的访问权限。学生和家长会在网上搜索你，所以要控制他们能搜到你的内容。

最后，尽量不要把你的情绪带到任何谈话中。强烈的情绪很容易控制你，欺骗你，让你以为错误的话语才是该说的。好的语句是用文字写出来的，而不是用情绪写出来的。在你不得不说之前，你需要知道你想对他们说什么。愤怒时说的话往往很草率，充满正义却咄咄逼人。绝望或沮丧时说的话也是如此。在感觉自己情绪高涨和与家长交谈之间，需要一些时间。把你要说的内容编个脚本。给自己一些时间来平稳呼吸。你的血液冷却下来时，你的沟通质量就会提升上去。

第十四章

人际交往技巧

我们都很熟悉那些很有说服力的人，或者伟大的领导者；那些让我们每次都会为之付出额外努力的人；那些能够说服我们去做我们并不情愿做的事情的人。如果一名教师拥有这些技能中的任何一项，他们就能成为管理课堂的好手。我们都知道有些教师似乎就是有这种能力。你希望你能像他们一样管理班级。你希望你能像他们一样与你的班级建立起关系。就是这些人，让一些人意识到"行为管理事关人际关系"。

行为管理全部都是关于人际关系的吗

不是，也是。

在优秀的班级文化中，我们通常会注意到学生和教职员工之间的良好关系。但这并不意味着我们直接就以建立良好的关系为目标。我们需要了解这些关系是如何实现的。如果你全身心投入到建立这种关系，却没有一个明确的思路，你会犯很多错误。

尽管这是事实，但是在大型群体中，甚至是班级中，我们不能完全依赖于将行为建立在一个教职员工和每一个学生之间的个人关系上。否则，当学生不喜欢某个教师时（这种情况经常发生，甚至是对那些无可指摘的教职员工）会发生什么？如果一位代课教师来到学校，学生是否可以因为

"没有建立起关系"就不努力学习或被允许无理取闹？答案是否定的。行为管理和关系有关，同时要求人们对制度进行遵守。换句话说，必须教会学生不仅要与教师建立关系，而且要与整个学校社区和机构本身建立起关系。

我可以通过观看一节代课教师的课来判断一所学校是否教会了学生遵守和重视学校文化。如果我无法仅从行为上判断出这是一堂代课教师的课，那么我就知道学生举止得体是因为他们知道他们在学校应该这样做，而且学校已经明确了自己的文化。如果学生的行为举止马马虎虎，那么我就知道他们举止得体只是源于这个教师或那个教师。

与学生建立良好的关系对学生的行为有极大的帮助。但你也必须教导孩子们，无论如何都要举止得体。你要教导他们对自己的行为负责，而不是把它甩锅给别人。或者换一种说法，学生需要学会与学校社区建立关系，而不仅仅是与你建立关系。

要注意的是，关系是建立在信任的基础之上的。学生们需要信任你——信任你是一以贯之的，信任你是表里如一的，信任你是说话算数的，信任你会在他们身边，信任你是一个值得信赖的成年人。

此外，信任是建立在结构性、可预测性、可靠性、可依赖性之上的。换句话说，它是建立在惯例和一致性之上的。

由此我们得出一个令许多人惊讶的结论：

良好的关系是建立在规范、惯例和可预见的后果之上的。惯例使得关系成为可能。

我们之后会探讨这个问题，但现在要明白，本书到目前为止所探讨的一切都是为了建立关系。但并不是以一种毛糙或混乱的方式；要有一个明确的目标，要明白关系不是魔法，也不是基于"一见钟情"或"哄住"孩子们。关系的基础是成为有可能与之建立关系的那种人。

要警惕仅仅观察有能力的教师，并在没有理解这一点的情况下完全照搬他们的做法。有些学校会要求新教师这样做。更糟糕的是，他们可能会鼓励新教师仅仅依靠人际交往的技巧和人际关系来管理课堂，因为"看看史密斯女士，她可不需要使用处分"。最糟糕的是，学校会因为教师使用行为制度而对其进行惩罚！

两个问题

第一，你所观察到的成功的教师可能不得不在很长一段时间内通过使用正式的制度来建立这些关系：应用规范和惯例，耐心地教导学生，制定惩罚措施，给家长打电话，进行无数次的关怀谈话。如果一名教师已经教了一段时间的课，你不能仅仅通过观察他们当下的情况来判断他们的技能。他们为建立这些卓越的关系所做的大部分工作都已经在过去完成了。你现在所看到的都是他们的劳动成果。因此，不要据此来评判自己，或者试图简单地加以模仿。

1877年，画家詹姆斯·麦克尼尔·惠斯勒（James McNeill Whistler）在伦敦的格罗夫纳画廊展出了一些画作，其中包括《黑与金的夜曲》。然而，艺术评论家约翰·拉斯金（John Ruskin）却嘲笑这幅画潦草，认为它不应该要价这么高："此前我看到过、也听到过很多传闻关于伦敦佬的厚颜无耻，但从没料想到一个纨绔把一罐颜料泼到公众脸上，却要价两百基尼。"

惠斯勒被激怒了，认为这是诽谤，并将拉斯金告上了法庭。在提供证据时，他否认了这幅画因为只花了很短的时间（两天）画出来就不值得开价的说法。他说："我不会为了短时间的工作要这么高的价格。我要的是我用一生的努力获得的知识的价格。"

换句话说，你在画布上看到的东西——几盎司的画料，几个小时的工作——并不是价值的来源；其来源是这件物品所展现出来的一种经过一生锤炼出来的艺术感受力和技巧。惠斯勒赢了诉讼。

一位高效的教师有效地管理着课堂，这就像一座冰山，你所看到的发生在你面前的只是它所呈现的一小部分。

第二，许多学校期望教师能够只通过人际交往的技巧来管理学生的行为。但是，这种方式太疯狂了，因为这往往导致学校期望教师在既没有接受过培训、也没有正式的系统可以依靠的情况下就能做到这一点。这就好像他们在说："爬上这座山，但不要用你的脚，也别用手。"然后他们五分钟后回来说："你为什么不爬山？"

人际交往的技巧是微妙的，不是每个人都能轻而易举地培养出来。有些方面是可以教的。如果你是个仔细的人，你可以在别人身上观察到这些技巧。但让人左右为难的是，你往往必须知道你观察到的是什么，以便加以辨别。否则的话，你会看到一些吸引眼球的琐碎把戏或技巧，然后想，"太好了，我也要这么做"。

示例：

一位来自中学的新教师，在行为管理上有困难，被送去参加一个糟糕的培训课程。在那里，他们被迫观看了数不清的视频，都是学前班的教师用碰拳、握手和精心编排的击掌来迎接学生。"哦，天哪，"他们想，"这看起来很容易，而且还很有趣！"他们试图将这种技巧移植到他们十分难管教的十一年级学生的入学程序中。不幸的是，这么做的反响就像一个笑话。全班同学都拒绝这样做，还公开嘲笑教师，而教师却不知道哪里出了问题。

示例：

　　我还是一名新教师的时候，我在行为管理方面困难重重。正因为如此，我询问我的导师，对于一个凶猛可怕的十年级班，我应该怎么做。他说："你有没有试过让行为最恶劣的学生来负责这节课？这可能会教会她拥有同理心。"我没有想到这一点，主要是因为这听起来是一个可怕的想法。但是我已经走投无路，就决定试一试。当然，这是一场灾难。在接下来的40分钟里，她一直在模仿我，假装自己是个教师。教室后排的一个男孩说："老师，你在搞什么？""我也不知道。"我回答。后来我和我的导师谈话时，他问我进展如何。我回答说："说实话，不是很好。你这么做的时候有用吗？""哦，我从来没有试过，"他说，"我只是觉得它可能会有帮助。"

两所学校

　　很多时候，你会走进一个有经验的教师的课堂，他已经教了这个班一段时间。你被告知他们的行为非常得体，"去看看他是怎么做的"。于是你就去听课，等着看那些区分坏教师和好教师的技巧和窍门……结果却没有发现任何特别之处。教师指导学生做事情，学生就照做。没有人反对，也没人大惊小怪。下课后你会想，"也许他对学生们进行了催眠"或者"孩子们只是在他告诉他们该做什么的时候乖乖听话"。这两种想法都不对。

　　实际情况是，多年来，课堂文化一直被以专业的方式彻底地灌输给了学生，直到他们习惯了以他们需要的方式学习，以便能茁壮成长。从外界看来，这种良好的行为似乎轻而易举或自然而然。你很难想象这些孩子在发脾气时会把课桌掀翻，或者叫老师滚蛋。问题是，你看不到教师为建立这个模式做了什么，因为这些都在过去已经做过了。你只能见证现在。你所看到的是现在，艰难的工作已经在当时完成了。

我把这称为两校综合征。每所学校内部至少有两所学校。第一所学校是有经验、地位高的教师所栖居的学校。他们可能有轻松的时间表，有很多正式的权力，或更容易把控的课堂。对他们来说，学生行为似乎很得体，他们吹着快乐的口哨回家。第二所学校是由地位低下的教师占据的，他们的课程表满满当当，课堂最难把控，权力最小。对他们来说，学校就是一个考验。后一类的教师并非总能从第一类教师那里学到很多东西。

你应该观察哪些教师，何时观察

不过，还是要密切观察其他教师。观察那些工作出色、知道如何掌控班级的教师，但更要在他们接手一个新班级时观察他们。这时更有趣；这时你更有可能看到他们的正式的人际交往能力的具体细节被暴露出来。9月是观察优秀教师接手困难班级的沃土，可以真正看到他们是如何推动行为指针运行的。

有形和无形的后果阶梯

我在教学中看到的最有用的一个技巧就是我所说的无形的后果阶梯。优秀的教师总是在不知不觉中一直使用它。它几乎从未被正式传授过。如果每个教师都能有意识地了解它的基本结构，我们就会发现设置正式处分的必要性降低了。

它是什么呢？它是我们给学生的每一个小提示——口头的或其他方式的——的总和，以鼓励他们行为得体，而不是诉诸正式的处分和奖励。它是我们与他们说话的方式，是我们与他们说话的时间，是每一个手势、每一次眼神的交汇、每一次非语言交流。它是语气、音量、音调和节奏。它是措辞和内涵，以及我们如何与他人交流的每一个微妙的语句。

可见的（或正式的）后果阶梯更容易理解，它通常是一些学校制度的起点和终点：后果准则、正式警告、渐进式处分、奖励制度、成绩单、积分和扣分、室外罚站、开除、成绩单、家长会以及学校在其行为政策中写下的一切。

无形的后果阶梯和有形的后果阶梯是不同的。它是一系列的督促、提醒和暗示，试图引导孩子们养成比他们目前表现出来的更好的行为模式，而不需要正式诉诸任何手段。它也可以被称为人际关系技能，或社交技能，或影响力技能。

想象一下，一位教师面对一个起初很吵闹或拒不合作的班级。于是，他们站在那里，就像射击游戏中的某个角色一样，看着自己的武器库，不知道该选择哪种武器。在采取行动之前，有成千上万种方法可以选择：冲他们大喊大叫，死盯着他们，乞求他们，等待他们，开始讲课并假装他们在听。教师甚至可以威胁要进行处分。但这里还有另外一些选择，而不用走上这条路。考虑两个场景，以了解可能发生的情况。在第一个场景里，教师将倾向于警告、处分和后果。在第二个场景里，他们将探索无形的后果阶梯。

场景一

一位教师第一次走进一间嘈杂的教室。学生们并不把他的到来当回事，而是全情投入地欢呼着、跳跃着、把书包扔来扔去，并且东游西逛。除了坐着之外，他们释放着天性，完全没有准备好学习。

教师看着混乱的场面，叹了口气。他坐在办公桌前，决定使用学校的正式后果制度来培养良好的行为。他喊道："别说话了！"声音大到足以盖过嘈杂声。似乎没有人回应。因此，根据学校的政策，他按照手册上的要求做了。"每个人——这是对你们的第一次警告！现在安静下来，否则放学后见！"他等了一会儿，但没有人回应，于是他又喊道："第二次警告！快去学习，否则会被留堂。"一阵紧张的心跳声过去了。"好了，这个教室里的每个人放学后都要和我一起留堂！我警告过你们了！"全班同学都站了起来，像辩护律师一样喊叫着："我反对！"声浪一阵接着一阵。他们要和他在法庭上见。

场景二

同样的教师，同样的教室，同样是进入教室，同样的初始行为。教师站在全班同学面前，将音量提高，喊道："我们开始上课吧！"

他一边举起一只手，一边有意地与尽可能多的人进行目光交流，和他们的目光只保持一秒钟的接触，以表明他并不害怕这样做，但在变成凝视之前继续换到下一个人。

现在他比以前更仔细地审视着教室。确实有影响，但可能只有几个孩子，除非你去寻找，否则很容易错过。其中有几个孩子会做出回应——也许是三个最听话的孩子，那些听到了就会按要求做的孩子，或者只是那些认为学习很重要的孩子。班级音量下降了，也许只是一点点，因为他吸引了这群人的注意力。接下来发生的事情至关重要。他需要保持这种微弱的势头。他们不会关注他太长时间的。

他大声而清楚地表扬听从的人。他会指出他们的名字。"谢谢你，丽贝卡；谢谢你，鲁本。书都打开了，作业在黑板上。大家表现得不错。"所以这两个人得到了关注和表扬。班级音量略微降低，让教师的声音能稍微听清楚了一点。

接下来最听话的那几个孩子听到和看到了这一点，觉得他们也可以加入进来。甚至可能有几个孩子只是沉迷在他们的交谈中，几乎没有注意到教师。所以你接下来就是吸引到他们。他们也被你发现了，并得到了表扬。"谢谢你，塔尼莎，达米；谢谢你，奥卢。很好的开始：书都拿出来了，都打开了，开始做黑板上的任务了，做得很好。"这增加了一些行为提示。教师不只是说，"开始吧"。他点明了这句话的意思，不管这句话的含义在他看来有多么明显。在指导行为时，没有什么是显而易见到不用讲出来的。

德里克·西弗斯（Derek Sivers）在他2010年的演讲《如何发起一场运动》中，举了一个很好的例子，说明了为什么这些早期行为者很重要。他向观众展示了一段视频，内容是在户外举行的一场非常盛大的音乐节，音乐在响，但没有人跳舞。然后，一个对生活或音乐感到兴奋的人——或者确实只是兴奋——站起来开始跳舞，就好像他的生命取决于此。起初，他看起来就像个孤独的疯子……直到有人站起来加入了他的行列。突然间，他不再是独自一个人了。他成了一名开创者。其他人也加入进来，也许是那些比较勇敢的人。然后慢慢地又多了一些人，那些不愿意站出来怕引人注目的人，他们可能想跳舞，但需要有一群人让他们觉得可以加入进来。

最后，每个人都站了起来，在空中挥舞着双手。

西弗斯提出了两点：第一个站起来的人非常重要；但正是第二个舞者把第一个人从一个独舞的疯子变成了一个领导者。第一批追随者比我们想象的更重要。

对于教师来说，这一点值得记住。你就是那个孤独的疯子，在班级前面的空地上独自起舞。这很好——甚至是至关重要的。但是你需要那些最初的追随者，把你变成一个领导者。好消息是，你的班级已经有了一些这样的人——那些表现最好的孩子，那些基本上总是很高兴或热衷于做你要求他们做的事情的孩子。所以你要培养他们，称赞他们，关注他们，课后感谢他们，让他们感觉到这是值得的。

现在班上有五个人在做作业了，而且音量下降得更多了。继续下去，保持势头。当一些学生看到一小群人已经开始学习时，音量开始下降。于是，出于许多原因，他们认为他们可能也应该这样做，无论他们的动作是多么慢腾腾的。这些人将成为下一群最顺从的人，或者说最用心的人。一波良好行为的小涟漪已经开始扩散。这就是一些教师放弃的地方，他们过于自信地认为动力是无限的、呈指数增长的。其实不然。它仍然需要投入能量，否则它就会消散，就像波浪冲向海岸一样。

他不断点出学生的名字，不断指出期望学生做到的行为，并通过这样做描绘出了他们需要做的事情。但是这种鼓励只能让这么多人走到这么远。重复会增加压力，但这时需要更多的策略。

压力增加了。仅仅鼓励和给出明确的方向是不够的，所以他在拉力的基础上加了一点推力：眼神交流。他需要给人们施加压力，迫使他们改变自己的行为，但不能给的压力太大、太过迅速，让他们感到尴尬。

尴尬是一个极大的消极因素。正如我们所注意到的，学生的动机通常是地位和面子。他们往往会不遗余力地避免在同龄人面前显得愚蠢。他们更害怕的是这个，而不是随便某个陌生人对着他大喊大叫，告诉他们数字拆分组合或心脏的心室。如果你把他们逼到角落里，他们通常会激烈地反击，这样他们就不会看起来像是屈服于强势教师的学生。

在不打断课程进程的前提下纠正行为

这就引出了由比尔·罗杰斯（Bill Rogers）推广的下一个策略：首先使用侵略性最小的干预，然后慢慢增加侵略性。这和温水煮青蛙的原理一样。把一只青蛙扔进沸水里，它就会跳出来。把它扔进冷水里，你慢慢地把火调大煮汤的时候，它会很开心地待在那里，据说是这样的。所以尽可能巧妙地改变事情。

只要实用，总要给学生一个机会来让他们的行为改弦易辙，但不能因为这样做而让他们丢脸。虽然这听起来像《孙子兵法》的原则，但这只是良好的外交手段。如果你对着教室里最具攻击性的学生大喊大叫，他们吼回来，你不要感到惊讶，甚至情况可能会更糟糕。如果你让学生觉得他们服从你会显得很愚蠢，你就给了他们一个不服从的理由。要让他们能够轻松地端正行为。

在这一点上，最不具侵略性的干预是眼神接触。在重复他的指示时，他平静地看着几个需要安静下来的学生，但是进行的是扫视。接着他补充了一点具体内容："我只是在等待全班大约三分之一的同学开始上课并做好准备。"这表明大多数学生都做得正确，现在只有少数学生需要遵守这一规范。

他补充了一点具体的位置信息："我只是在等待班级这边的几排人做好上课的准备。做得好，塔比莎；谢谢你，娜塔莎、梅森、伊克巴尔。"然后他把这句话的语气加重了一点："我只是在等这一排的几桌同学。"他又加大了干预力度。

接着，他利用地理上的接近来增加一些紧迫性，走近一些仍然嘈杂的区域。他敲了敲那些需要配合的人的桌子，但仍然让人觉得他可能对任何人说话。他让他们改变自己的行为而不失面子。

接下来他进行了更多的眼神接触，并重复指令，重复表扬。

如果你和一些需要提醒的学生关系非常好（我要强调是非常、非常好的关系），而他们只是非常容易分心，那就轻轻拍拍他们的肩膀，给他们一个象征性的提示。

他提到了黑板上的作业，并就其问了几个反问句。"我想知道，几分钟后，等我们都准备好了，关于我们上节课做了什么谁能最详细地告诉我？"他不断地表扬遵守纪律的人，并提示着课程内容。"我们今天要看看历史上一些极具魅力的人物，我希望我们能有尽可能多的时间来做这件事。你们会喜欢这个内容的。"

更具侵略性的话是："我只是在等坐在这些桌的几个人。我只是在等坐在这张桌子的几个人。"并且和他们要有眼神交流。

然后，在他对全班同学施展了他所有的耐心"巫术"之后，干预措施变得越来越尖锐，越来越有针对性。最后，他点了名："瑞安，切尔西，我真的需要你们开始上课，打开书。其他人都做得很好，你们也可以的。"他和他们进行充分的眼神交流。这不是以一种匆忙的、威吓的方式，而是以一种实事求是的方式，就像他感觉到的那样愉快。在这一点上，他是在鼓励他们做正确的事情。关于后果的威胁被置于次要的位置，这是它应该在的地方。

现在，如果到了这个时候，他们仍然不配合他的要求——如果他站在他们面前，看着他们的眼睛，点出他们的名字，要求他们合作，但仍然没有得到合作——这就是故意的、有意识的行为，那么他就可以启用正式的后果阶梯了。

"瑞安，这是个警告。现在就请你把书拿出来，开始做黑板上的作业。我不希望在一天快结束的时候还得和你说话。我希望你能像上周那样出色地完成作业。"注意这句话是多么直接，更加规范、清晰，毫不含糊："做这个。"还要注意它是如何进行鼓励和激励的："我希望你能成功。"

如果瑞安还在说话或不遵守规定，教师就会开始启动正式的后果阶梯。"瑞安，你已经被警告过一次了。现在我需要在课后见你。"

这听起来有点费力，但这种方法的美妙之处在于，即使每一步都需要占用一点时间，我刚刚描述的所有事情都只需要大约30秒。当你看到一个精通这类语言的教师这样做的时候，它是流畅的，几乎是无形的，但是诱导、鼓励、催促、威胁、强硬和爱都贯穿在整个互动过程中。他们需要知道你是认真的。他们需要知道你关心他们。他们需要知道这是一堂课。

这是最难学会做对的一件事情。这是一件需要深入体验的事情。最好的办法是观察那些在这方面非常出色的人。如果可以的话，把他们的做法录制下来。此外，把你自己的做法也录制下来，仔细观察自己做的事情。

你的声音听起来如何？你给学生多少时间来服从指令，然后你才决定启动后果阶梯程序？这可以使你非常清楚地意识到你需要改进的地方（以一种好的方式）。

这些都是一些行为管理的软技能，大家都期望教师能够在潜移默化中不着痕迹地学到手。如果你听到一个部门主任说，"我们需要减少你的留校次数"或其他什么，你完全有权利说："是的，我也希望如此。我想指出的是，学校的行为政策要求我制定留校措施。你能安排我接受降格技巧的培训吗？"我们只能是希望了。

但这些是可以学会的。在这类过程中，有些人天生（或已经学会）比其他人更擅长。有些人真的会觉得困难重重。任何学校都不应该期望所有的教师在这些方面都是天生的高手，并完全依赖他们。这就是为什么我们也需要好的学校制度——为每个人的课堂文化提供一个支架。

无形的后果阶梯总结

1. 大多数学校都有一个正式的后果制度。使用它。

2. 教师也应该接受培训，学会使用"无形的后果阶梯"。

- 花时间

- 给学生留面子

- 任务调整

- 强化规范

- 战术上忽视

- 使用积极的语言

- 问题和选择

- 战术停顿

- 提醒

有形的阶梯

警告，第二次警告，名字写到黑板上，换座位，给家长打电话，罚站，交给校长，等等。

无形的/隐性的阶梯

重新引导全班且不点名，点名表扬服从者，重新引导学生且不点名训斥，重新引导学生且不点名但多加警告，点名不服从者，等等。

其他策略：走近一点，"凝视"。

第十五章
危机应对

教师们最担心的一个问题是"我该如何处理打架或争吵，或其他同样粗暴的事情"。谁能责怪他们呢？除非你习惯了冲突，或者有处理身体和语言对抗的专业经验，否则这些情况会让你震惊和恐惧，不仅是因为自己的安全面临很大的风险，而且还因为这些情况非常罕见。

我们中很少有人接受过处理自己的冲突的训练，更不用说处理别人的冲突了。更加艰难的是，人们都期望教师不要从这些事件中走开，就像我们大多数人会明智地做的那样，而是要走向它们，甚至解决它们。在这方面，教师就像消防员：他们经常不得不走向火场，而其他人都在躲开火场。

除非教师接受过处理这些情况的培训，否则他们可能会做出糟糕的选择，因为在压力下做出的决定往往更糟糕。认知偏差是我们推理方式中的捷径。当一个人处于压力之下时，这种偏差会变得更加明显。例如，我们更有可能：

• 有选择地寻找证据（确认偏差）。你不自觉地预期学生会惹你生气，所以你寻找他们这样做的迹象。

• 停止寻找新的证据（提前终止）。

• 新的证据出现时不愿意改变我们的观点（认知惯性）。即使一些诚实的学生告诉你他们没有说话，你也会指责他们。

- 想从积极的角度看问题（一厢情愿的想法）。你给学生太多的回旋余地，因为你希望他们会守规矩，尽管他们还没有向你证明他们可以做到。

- 扭曲我们的记忆以支持我们做出的选择（选择支持性偏差）。

- 更愿意相信我们经常被告知的事情（重复偏差）。"这是表现最差的班级。他们都是小怪兽。"

- 顺应群体决定（群体思维）。

- 低估事件的不确定性。

- 坚持一个基于已经付出的努力做出的决定（沉没成本谬误）。

诸如此类。以上这些和其他许多影响对高质量的决策都不是好兆头。而当你面对一场打斗或争吵时，你必须快速思考。

而这有可能使事情变得更糟或处理得很糟糕。在许多主流环境中，暴力并不常见，甚至非常罕见。在有些学校，你可能从来不会看到有人打架。但在许多学校，你是会看到的，至少会偶尔看到。而在有些学校，打架会像心跳一样规律。为这些情况做好准备，将在很大程度上帮助教师意识到他们可以处理这些情况。

冲突有很多种形式。在这里，我指的是任何一种比较极端的纠纷形式：打架、推搡、言语攻击、任何威胁到他人安全的行为、扔椅子等等。可悲的是，许多教师只有在遇到这些情况时才开始思考应该怎么做，而那时再进行战略思考已经太晚了。

一名教师可以掌握的最重要的一项技能是知道如何缓和冲突，如何把即将失控的局面控制住。就像消防员一样，有时我们必须直接接受火灾正在发生的事实，并考虑我们需要做什么来最好地应对它。有时我们需要考虑如何防止火灾的发生。有时我们要考虑如何扑灭它们，有时我们要考虑一旦火势开始平息，接下来该怎么做。

示例：

> 在俱乐部里，我经常看到保安对付那些咄咄逼人的客人。有时他们会用蛮力来应对。有时这样做是必要的，这是正确的而且是不可避免的做法，但有时却并非如此，这样做比一走了之造成的伤害和破坏更大。有时他们会劝说人们冷静下来。有时他们会寻求这些客人的同伴的帮助。

那么，教师如何应对危机呢？

预防胜于治疗

预防贯穿本书。小火比大火更容易扑灭。但更容易的是，首先要让火灾难以发生。悬崖顶上的栅栏总比悬崖底下的救护车要好，还记得吗？

最有效的课堂管理者会通过以下方式创造一个不太可能出现不良行为，而更可能出现良好行为的环境：

- 积极主动的方法——规范和惯例，进行明确、耐心的教导，再教导，执行和支持性强化。
- 反应式方法——后果、奖励、处分、指导、反馈、关怀、谈话、支持。

强大的文化使问题升级的可能性降低

一致的课堂文化创造了强有力的规范，阻止小的不当行为升级为大的不当行为，防止小的不当行为成为根深蒂固的规范，并为那些需要一点帮助才能达到规范的学生提供支持。有了规范，每个人都能茁壮成长。这是处理重大冲突、危机、打架等问题的最佳方式。在这样的环境中，冲突升级的可能性比较小：打架和其他问题发生得不多，因为即使是轻微的不当行为也是不可想象的，或者是太匪夷所思了。在小事上多花点工夫，这样最终就能少出大事。

有证据表明，这种方法可以更广泛地应用于减少公共区域的犯罪。"破窗效应"理论证明了这一点。"破窗效应"起源于美国心理学家津巴多（Zimbardo）进行的一项实验。他分别在加州帕洛阿尔托的富裕社区和相对杂乱、贫穷的纽约布朗克斯社区放置了两辆敞开着引擎盖的汽车。在布朗克斯，汽车在24小时内就遭到了严重破坏；在帕洛阿尔托，汽车完好无损。于是，在帕洛阿尔托，津巴多用锤子把车玻璃稍微砸了一下，几个小时内，车也被毁坏得差不多了。1982年，美国政治学家威尔逊和犯罪学家凯林在该实验的基础上，发表了一篇文章，提出了"破窗效应"理论，即"如果一栋楼有一扇窗户被打破了而没有修理，其他的窗户很快也会被打破"。

结果似乎很明显：为小事花点工夫很重要。如果居民看到社会规范已经被打破，他们就更有可能打破其他规范。其背后的理论是，一旦人们看到了行为不端得到默许，他们就会想到用其他方式做出不端行为。他们可能意识到，如果有规范陷入困境，那么在那附近，规则就不会被严格遵守。

文章发表后，凯林被请来为时任市长鲁迪·朱利安尼（Rudy Giuliani）提供关于降低犯罪率的建议，于是"破窗效应"理论得以应用。犯罪率直线下降，但要将其仅仅归功于该策略就太过轻率了，因为其他诸多因素也导致了这一结果。但最近有更多的研究导向并支持一个具体的主张：公共秩序混乱的证据（例如，在禁止涂鸦的标志旁边涂鸦）会助长其他的秩序混乱现象（例如乱扔垃圾或偷窃）。这也映射到了课堂上：如果你在小事上下功夫，提供一个不断阻止小的不当行为的环境，让学生不断得到鼓励去遵守规范，那么就不仅能遏制低级别的破坏行为，而且还能遏制更严重的不当行为。

英国最严格的学校

我曾经在伦敦西北部的米凯拉社区学校待过一天。这是英国最成功（也是众所周知最严格）的一所综合性公立学校。这所学校为极度贫困的人群服务，没有选择性，并且因为它取得了英国最好的一些成绩，几乎超过了所有顶级私立学校，而激怒了许多人。

我的向导是一个能说会道、思维敏捷的九年级学生，她问我是否想知道什么。"如果有学生对老师出口成'脏'，老师会怎么做？"我问道。我想了解如何处理比较严重的不端行为。她的反应令人难忘：她表现得就像我在暗示我们在月球上一样。"这永远不会发生！"她说，"但如果发生了……实际上，我也不知道，他们真的会有大麻烦的。"她甚至无法考虑这个问题。不是因为她不明白那是什么，而是因为即使是轻微的不当行为也是如此罕见。

这也不是因为他们是魅力无限的外交官后代；他们来自伦敦内城最贫穷、最落后的群体。在交谈中，他们告诉我他们在小学时期都看到过什么可怕的行为。他们只是在这里没有看到过。这里的文化是如此清晰明确、雄心勃勃。

处理严重不当行为的最佳策略是创造一种课堂氛围，在这种氛围中，即使是轻微的不当行为也是不寻常的，而且在发生时总是以某种方式受到责难。处理大火的最好方法是使小火灾难以变大，甚至让小火灾在一开始就被发现。

全班文化建设的技术是一股能够托举起所有船只的浪潮。这些技术为所有学生提供了一个健康和令人安心的框架，对那些只需要一点点帮助的学生给予了鼓励和指导，为那些在课堂期望方面困难最多的学生提供了一个重要的行为框架。

除了这种方法之外，最成功的课堂管理者还为最难管教的学生提供尽可能多的具有针对性的支持。他们"走向"问题，而不是希望一切都能自行解决。许多复杂的干预措施超出了课堂教师的能力范围——缺乏时间和培训来确保这一点——但教师往往可以针对最需要的学生，帮助他们对付负面的习惯和情绪状态等，从而取得一些进展。这应该与学校支持你的各种机制协调进行。

这是解决行为问题的积极方法——在最难管教的学生的行为模式扰乱其他人的生活之前，锁定他们。这种方法具有支持性和正义感，并卓有成效。它不是魔法，不是每个学生的不良行为都能在这种方法中得到补救。但它很有帮助。有时它有很大的帮助，有时有一点点帮助，有时根本什么帮助也没有。但它比不做要有用得多。

为了支持这一进程，许多学校都有某种形式的包容部门，在那里可以对那些难以适应主流课堂的学生进行教导。所设置的课业植根于课程，但也可以是治疗性任务，以便学习新的行为、态度和技能，从而帮助学生应对问题和成长，而不仅仅是生存。

总的来说，这些方法可以极大地阻止或重新引导很多较为严重的不良行为。但是，这些方法对那些必须在行为发生时进行应对的教师来说，并没有什么安慰作用。减少它的发生并不意味着消除它，因为人类的本性就是这样，即使在一个运行完美的教室或学校，有时行为也会导致红色警报被拉响。在一些班级里，这几乎是很常见的，而在某些情况下（如为难以管教的学生设立的学校），这种问题甚至可能是相对恒定的。教师应该如何处理这种情况呢?

这一领域的许多最佳做法来自最经常出现极具戏剧性和爆炸性行为的地方,这也许并不令人意外:儿科康复单位、早期教育机构、幼儿园等。我非常感谢这些领域的同行们,我相信主流教学可以从这些领域的专业人士身上学到很多东西。

如何缓和事态

我们需要了解行为干预的不同阶段,并确定我们试图进行干预的阶段。这将决定两件事:

1. 干预的目的

2. 干预的策略

干预的阶段:

1. 事件发生前	目的:预防
2. 事件开始时	目的:化解
3. 事件发生时	目的:遏制
4. 事件结束时	目的:缓和事态
5. 事件发生后	目的:解决

干预越早,效果越好。干预越晚,就需要花费越多的精力来达到目的。

第一阶段:预防——积极主动的力量

即使有强大的、经过良好教导的规范,行为也会出错。一旦错误行为开始产生,很可能就会觉得规范不够用。这可能是事实,但并不意味着这些策略是错误的。这确实表明没有任何策略本身能够创造出完美的行为。

我们正在寻找最好的赌注，最有可能的和高度可能的。我们寻找尽可能多的方法，并希望使用一系列策略。这意味着我们用这些策略吸引了尽可能多的学生。本书的大部分内容都是关于积极主动的策略，而且理应如此。正如我所指出的，它们所提供的结构和保证往往对那些最需要结构的人影响最大。积极主动意味着你常常意识不到你已经阻止了错误行为。

第二阶段：化解

一旦不当行为开始，必须尽早进行干预，以防止其滚雪球式地发展为更严重的不当行为。火是不会自己熄灭的。如果教师听到两个学生在教室后面互相指责，或者有人向某人投掷小东西，就必须抓紧时间，努力阻止一辆正在滑落的火车变成脱轨的火车。

"助推"学生改正错误

"助推"是塞勒和桑斯坦在2008年出版的同名著作中推广的一个概念。他们将"助推"定义为：

> 从选择架构的任何方面着手，在不禁止任何一种选择或显著改变人们的经济动机的情况下，以一种可预测的方式改变他们的行为。若要称得上是"助推"，则必须使副作用降低到最小，甚至是可以轻而易举地避免副作用。助推不是强制执行。把水果放在与人们视线平齐的位置算作是一种助推。禁食垃圾食品则不是。

"助推"是指我们可以做的任何可以改变环境的事情，从而使一个特定的选择比另一个选择更有可能被选中。公共空间的世界充满了"助推"，从贴在走廊地板上的脚印，引导我们效仿他们，到把水果小食放在靠近收银台的地方，以鼓励更健康的饮食。

批评者声称，即使是成功的"助推"，也只会对行为选择产生短期影响。即使这是真的，不费力气、容易管理的"助推"也肯定是对教师影响力的有效补充。

如果不加管束，一个做出不良行为的学生也有可能会停止自己的行为并重新开始做作业。但是他们往往不会停下来，尤其是当他们陷入一个情绪化的、令人不安的、对抗性的或与他们的面子有关的境况时。在这一点上，如果教师能够给予一个温和的"助推"，鼓励他们改正错误，会是非常有用的。这必须在不当行为的早期进行，越早越好。教师要清楚地告诉学生，把他们引向更受欢迎的行为，使其远离不当行为。这可以通过两种方式进行：

1. 将注意力从错误行为转移到正确行为上

你现在应该做什么？你做到哪个问题了？X的答案是什么？X的规则是什么？如果有人惹恼我们，我们需要做什么？

这样做的好处是，鼓励学生思考他们应该遵循的行为，而不是他们不应该遵循的行为。它表述清晰，为下一步该怎么做提供了示例，使之更容易做到。这样做还为学生提供了一个改弦易辙而又不会太丢脸的机会，因为它的措辞可以听起来像是一个问题，而不是训斥。

2. 高度关注不当行为或其后果

"停止做X；如果你做了X，那么我将不得不做Y。"这更明显是为了对付不当行为，而不是不动声色地引出和鼓励更好的行为。但在某些情况下，这无疑又是最好的选择。如果一个学生正准备打另一个学生，与更严肃、更有威力的"立即停止这样做"相比，大喊"坐下来复习考试"似乎是一种奇怪的语言选择。

这是一种经过了专业判断的举措，决定了使用哪种角度，何时使用，或者决定了需要以什么语气和语调交流什么信息。

这些信息必须及时，必须清晰明了，必须信心十足。学生有机会暂停下来，反思他们正在做的事情。教师要抓住这个关键节点，防止他们出现更严重的错误行为。对于一些学生来说，这些信息就是他们所需要做的一切。

在这个阶段，教师应该保持高度警惕，并保持高度谨慎，观察接下来几秒钟场面会如何发展。

- 保持目光接触或对正在发生的事情保持观察。
- 走近学生并待在那里。请其中一个学生把座位挪得离你近一点。
- 尽一切努力向学生们表明，事情需要开始变得更好。
- 让他们知道他们必须在事情变得严重之前更弦改辙。

提醒学生注意已经教过的规范和惯例，这让他们有机会重新关注自己的行为。监管这样的行为需要高度的专注、集中精力和付出心力。它不可能贯穿整堂课，但必须在需要时明智地加以使用。

这种方法的总体好处是，它让学生有机会在面子损失最小的情况下纠正错误，并提出了在最容易做到的情况下改变他们行为的方法。在学生意识到规范是什么，但需要得到帮助来停止他们正在做的事情的情况下，这种方法最有效。

美女还是老虎

1882年，弗兰克·斯托克顿（Frank Stockton）写了《美女还是老虎？》一书，讲述了在一个遥远的国度里，一位国王用一种奇特的审判法来决定被告的命运的故事。被告必须从两扇门中选择一扇；其中一扇门后面是一位美女，选中了的话就得娶了她，而另一扇门后面是一只饥饿的猛虎。抛开这种选择所代表的稀奇古怪的过时的价值观，我们可以看到其中有一个巨大的、肉食性的助推物在发挥作用。你仍然可以做出选择，但是你不会喜欢其中一扇门通向的地方。

描述选择的语言是行为管理中这一技巧的一个老生常谈的例子，其目的是提示他们应该做的行为，并同时表明他们还可以选择做什么……以及对这种选择的惩罚。

"你需要开始完成这项任务，否则我就得在你的成绩单中记录你没有努力。"

或者，更积极地说：

"如果你坚持做这些题，下课铃响之前你就可以完成了，然后你就可以和你的朋友们一起休息。"

描述选择的语言从概念上将对情况的控制权给了学生：他们可以选择一个选项。实际上，教师是在描述现实情况，向学生建议他们应该如何看待自己当下的处境。请记住，许多学生（和人们）会很冲动，会发现自己很容易陷入当下的困境。对于这些人来说，在这样的时刻，提醒他们还有其他暂时被忽略但很重要的事情，可以起到教育作用。

如同其他技术一样，这个策略很有用，却并不神奇。在这一点上，学生仍然可以自由地想，"好吧，其实我并不关心这两种结果"，然后继续干他们的事情。

尽量不要太快介入。寻找危险的线索，例如握紧拳头、流泪、声音开始提高等等。如果你自己能保持冷静，你可以更容易发现这些情绪开始爆发的线索。如果你试图干预一场即将变成打架的争吵，有时用训斥或轻松的戏谑来处理，会使情况变得更糟。要注意它是否会变得不仅仅是场胡闹。

第三阶段：遏制

在儿童电影《玩火》中，艾米·希克斯博士向消防员杰克·卡森解释说："孩子就像火一样。你无法控制他们。你只需要遏制火势，直到它熄灭。"在学生们情绪崩溃或情绪爆发时，再没有比这更恰当的比喻了。当情绪高涨时，理性被抛出了窗外，许多孩子很难做出冷静、理性的决定。如果一个学生已经达到了暴力的地步，或出言不逊，或破坏财产，或者暴力和口头霸凌他人，那么教师就必须重新计算，在这种情况下，究竟什么样子才算成功。

那很可能是在防止对人和财产的最大损害。而正如上面引用的这句话所表明的，火会熄灭；高情绪状态也是如此。无论一个学生有多么焦虑、愤怒或恶言相向，有一件事必须永远记住：这种状态不会永远持续下去。它会过去的。情绪状态会回归到一个平均值。这意味着无论是欣喜还是痛苦，都会随着时间的推移而成为过去。即使是最绝望的灵魂，在绝望的深渊中待了一段时间后，也会开始感觉稍微好一点。

灭火

让我们假设在这一点上，行为是完全流动的：打斗正在进行中，争论正在肆虐。你已经预防无门，化解无效。当行为极具挑战性时，要迅速评估情境。

此情此景我需要知道什么？ 片刻的思考和停顿后你或许就能意识到谁是打斗中的攻击者，谁是防御者。这可以避免你在该把精力集中到哪里的问题上犯大错。

我是合适的人选吗？ 答案通常是"如果你在那里，那么是的，你就是"。永远不要忽视或离开一个崩溃的人，即使你可以。然而你可能需要协助。

有一次，我试图安抚一个怒不可遏的男生，但失败了，然后，我们把他哥哥从另一个课堂上叫出来帮助我们，这正是他当时所需要的。

我在这里的目标是什么？ 这似乎是显而易见的（"结束战斗"），但有时还有其他的选择。有一天，一个年轻人在学校里大发雷霆，对着墙壁和柜子拳打脚踢。最后，他停在了一截消防通道的楼梯上，暴跳如雷。一位同事对着他大喊大叫，让他控制住自己，回来上课，还说自己从来没有见过如此令人厌恶的行为，等等。这名年轻人却什么都没听进去。

我在下面半层楼的地方，背对着他坐下。我告诉他，我会静静地坐在这里，因为我很担心他，我会等他感觉好一点，到时候如果他愿意，我们可以谈谈。过了半个小时，最终他安静了下来。那个情境下我的目标不是"让一个捣乱的学生服从我，然后再好好地教训他一顿"，而是"遏制火势，直到它熄灭"。一旦发生了这种情况，我们就可以制定其他策略和目标了。后续还有时间进行训斥、给家长打电话、进行关怀谈话。当然，我有时间来做这些事。在一个有效的全校制度中，这么做要容易得多。如果你是单打独斗，那就非常难了。

避免激化局势

当学生怒气冲冲或坐立不安时，你可以做很多事情来火上浇油。但反过来说，你也可以做很多事情帮助他们冷静下来。这些方法没有哪个是一直有效的，但很多情况下是很有帮助的。

- 平静地走近，用低沉一致的声音讲话。

他们需要看到一个冷静的人，而不是让他们感到更有威胁或更加防备的人。

- 如果有必要，坦承任何困扰。

"我可以看出来你很难过。"这会让他们感到惊讶。他们可能以为会受到攻击，或受到批评。

- 询问发生了什么事。

如果他们谈论已经发生的事情，这比简单地对正在发生的事情做出情绪化的反应要好得多。君子动口不动手。交谈不是干架。这是一个好的开始。

- 要清楚你需要做什么。
- 向他们保证，你是来帮助他们的。
- 展示出同理心。
- 控制你自己的情绪。
- 注意你的肢体语言。

你是否站得离他们太近？你是不是说着冷静的话语，但看起来却像准备好要打一架？放松地站立，双臂垂放在身体两侧，不要握拳。放松你的面部肌肉，进行温和但坚定的眼神交流，但不要盯着看。

安全第一

说一说安全问题。在学生烦乱、生气或情绪激动时进行干预，总是会伴随一定的风险。当学生处于这种状态时，他们不太可能进行理性思考，更有可能做出冲动的反应，更有可能通过一个非常狭隘的视角来感知世界。评论更有可能被解读为威胁或侮辱，发生在他们身上的一切都被视为潜在的威胁。他们更有可能用语言或身体来发泄，即使在正常情况下他们不会这样做。在那个紧张的时刻，这是情有可原的。

在俱乐部与情绪激动的成年人打交道时，我总得记着，紧张的局面可能会在瞬间变成悲剧性的局面。人们看惯了那些动作片和冒险小说，因而无法正确理解暴力的危险性。仅仅是摔倒，如果你头部或喉咙的错误部位着地，就可能是致命的，脑震荡往往意味着脑损伤，而且没有哪一种武器是无害的。随便哪个醉汉拔出武器的时候，即使是最厉害的门卫也会后退一步。

干预的决定是一个复杂的过程，但往往必须是当场做出决定。与所有这类决定一样（见"准备好学生行为管理脚本"一章），防止当场做出错误决定的最好方法是尽量提前做出决定，而不是在紧张的情况下做出决定。

你自身的安全

你能独自应对这个局面吗？ 即使你认为你可以，你也不应该这么做。在可能的情况下呼叫援助。如果你不能离开现场，那就派一个你可以信赖的人，让他理智地、紧急地采取行动。更好的做法是，备一个预先安排好的、教导过的行为，由一个指定的人，在达到某些明确的触发点时去寻求帮助。

只有在情况绝对需要的时候，才会单独动手进行干预。两个人使用的武力会比一个人小。两个人比一个人更有能力实施约束（如果需要的话）。

你应该动手进行干预吗？ 又一个关键问题。干预的目的是什么？插手一个问题似乎是很自然而然的事情，而且有些人肯定是想有所行动而不是袖手旁观。但有的时候，什么都不做总比做错事好，至少在短期内是这样。他们对自己或他人有危险吗？在不被制止、扣住或接触的情况下，他们是否有可能冷静下来？我曾经共事过的最有能力的保安都会尽可能少动粗，因为他们认识到了在没有明确目标的情况下动手的危险性，而且他们在制止之前甚至在制止的过程中，还会使用其他战术——比如人际交往技巧。

你接受过制止训练吗？ 这是关键。除非你接受过安全制止方法的专门训练，否则只有在万不得已的情况下才这样做（例如，如果他们或另外一个学生处于迫在眉睫的危险之中），因为对于没有受过训练的人来说，身体对抗是一件危险的事情。鼻子很容易被打断，不管是意外还是故意的。

对你自己而言有什么风险？ 任何教职员工都不应该觉得他们有义务将自己置于危险之中。职位不同，部门不同，国家不同，情况也就各不相同，但是在对学生的关心义务和雇主对雇员的关心义务之间存在一个平衡。需要肢体接触的工作必须在合同中明确说明，关键是要培训员工如何处理肢体接触。

另一方面，我们必须考虑到我们作为成年人的道德责任，尽我们所能防止他人受到伤害。如果负责照顾他们孩子的专业人士在孩子遇到危险时没有站出来，许多家长会感到失望。

观众

观众会改变演员的行为。学生们在有观众的情况下和没有观众的情况下表现大相径庭。因为他们的很多行为都受到他们认为自己在别人面前是什么样子的影响。所以，仅仅知道别人在那里就会产生影响。对大多数人来说，面子是非常重要的。许多学生，特别是那些真正为自己的声望而战的学生，宁愿什么事都做，也不愿在一帮同龄人面前退缩。

在俱乐部，这种情况非常常见。俱乐部里的大多数打架事件都是师出无名，或是为了一些鸡毛蒜皮的小事——打翻的饮料，一个恶狠狠的眼神，诸如此类。但是雄鹿和公牛就是会为了这样的事情要把对方打倒在地。我还观察到一个非常有趣的现象：他们中的许多人只要有一点点借口就会放弃，就好像他们一开始就不想打架一样。只需要朋友伸出一只手臂制止他，然后大喊一声，"他不值得你动手！"他们的暴力就会消失，一般会咆哮着说对方下一次最好小心点。如果另一方攻击者有一个自己的副手也做了同样的事，那么战斗就结束了，荣誉也得到了体现。

这个事情有趣的地方是，他们似乎都急于寻找出路，而获得许可并有机会得到一个出路，对他们的行为产生了巨大影响。而反过来也是如此。如果不允许他们摆脱，或者说不允许他们逃跑，就意味着他们的选择会减少到一个选项：老虎。没有观众给他们上发条，很多攻击性就会消失。

在教室里，如果你能让愤怒的学生远离其他人，到一个平和、安静的地方，没有外部刺激鼓励他们做出不良反应，你就可以使用这种效果。如果事件发生在类似操场这样的公共区域，最理想的情况是，你能够简单地要求学生们散开来遣散观众——有时这也是可能的。但通常情况下，其他学生都忍不住停下来盯着看，因为这种场面扣人心弦。

许多人喜欢有点戏剧性的事情，特别是当这些事情没有发生在他们身上的时候。你沿着高速公路龟行，很纳闷发生了什么，直到最后你看到公路的另一边发生了车祸，但是完全没有影响到你自己在的车道。只是其他人都放慢了速度，在这免费的剧院里伸长了脖子看着……之后，道路立即变得通畅。戏剧会令人上瘾，这就是为什么人们会购买更多关于悬疑和推理的书，而不是分形几何和作物轮作的书。

驱散人群是很难的。一个有帮助的策略是预先教导学生，发生打斗时他们应该如何做。教导他们应该散开，去做自己的事情，并立即离开现场。教导他们，他们在场会使情况变得更糟，并使制止打斗变得更难。并提出一些警告，任何不这样做的人都可能在事后被谈话，等等。这将有所帮助。这不会使每个孩子都照做，但请记住，这并不是我们希望从任何干预中得到的结果。我们是寻求让事情变得更好，而不是完美。永远不要让完美成为良好的敌人。

预先教育孩子们不要成为问题的被动参与者是很有帮助的。你可以特别禁止一些行为，这样他们就知道什么是他们不应该做的，以及什么是他们应该做的。有人提出，由于人们往往把他们给别人留下的印象当作动机，因此就有可能建立问责线索——预先加载的信息，可以教会孩子们知道发生打架时"良好行为"意味着什么。因此，当一个学生看到打架就试图阻止它时，他就已经知道其他人知道他在做正确的事情，而不仅仅是干涉。

在我在东伦敦教书的地方，当一场打斗爆发时孩子们会欢快地大喊"Beef！Beef！Beef！"（"beef"是指争端），人们把这当作是马戏团突然出现在了操场上，而不是教师们所看到的一幕暴力悲剧。这就是你可以专门禁止的行为，只要你公开跟进有这种行为的学生。研究表明，当人们把彼此看作是同一社会群体的一部分时，利他主义（在没有明显回报的情况下帮助他人）会增加。因为对群体成员身份的感知是高度主观的，所以它可能有助于加强学生的群体认同。如果他们允许别人被打倒，那么他们就是在辜负他们的"团队"。团队成员身份和团队凝聚力非常重要。

另一个有帮助的技巧是点出学生的名字，要求他们离开，最好是指明目的地。忽视一个特定的指令要比忽视一个针对整个群体的指令难得多。这是"旁观者效应"的一个版本。这是社会心理学的一个理论。该理论认为，当有其他人在场时，个人不太可能向受害者提供帮助。旁观者的数量越多，他们中的一个人提供帮助的可能性就越小。当人们身处人群之中时，他们会觉得自己的责任比单独面对一个决定时要小。

一些研究表明，在模棱两可的情况下，旁观者可能会互相寻求指导，并将他人缺乏初步反应误解为缺乏关心。这导致每个旁观者都认为情况并不严重，使他们不太可能采取任何行动提供帮助，而更有可能被动地去观察。

你可以通过给指定的学生一项任务来寻求帮助。这就降低了推卸或分散责任的可能性，因为当你针对每个人下达一刀切的命令时，就可能会出现推卸责任的情况。

请记住，打架的学生——或情绪低落的学生——对合理的争论的兴趣要小得多。相反，让你的指示保持：

- 清晰——不要含糊不清
- 直接——针对一个明确的人，发布命令
- 具体——"就做这件事"

例如："吉姆，把椅子放下，走到我这里来"，而不是"嘿，这是怎么回事？"。

这些因素有助于在任何情况下实现突破。在具有挑战性的情况下，就更需要这样做。

学生的安全

制止或任何形式的肢体控制只应作为最后的手段，使用必要的最低限度的武力，这样做只是为了防止对他人或学生本人造成更大伤害。这样做的主要目的是让他们离开，所以如果你能说服他们自愿放下武器，那么这总归会更好。请记住，所有的火都会燃尽，没有孩子会永远保持愤怒。这就是为什么将他们转移（或让他们自己离开）到一个他们可以冷静下来然后自动熄灭自己的情绪篝火的空间是非常有用的。

当肾上腺素冲击身体系统时，身体开始出汗，心率加快，呼吸变得浅而急促，疼痛敏感性降低，体力增强，肠道消化速度减缓。身体已经准备好奔跑或挥拳，但如果情况不允许这样做，就会产生更大的压力。在任何有压力、刺激、危险或威胁的情况下，人都会释放肾上腺素。这意味着即使在没有实际威胁的情况下，同样的"非战即逃"机制也会被释放出来，因为你的肾上腺无法区分剑齿虎和一个反复弹你耳朵的恼人男孩。

由于这种行为的生理成分，大多数人都无法控制烦躁或愤怒。当一个孩子的身体系统充满肾上腺素时，需要40分钟到一个小时的时间才能分解。这就是为什么我们在学生打架后将其隔离时，会给他们足够的时间让他们冷静下来。

冷静下来

再来说说"让人冷静下来"的说法。你不能"让"别人冷静下来。请记住这句睿智的话语："在冷静下来的历史上，从来没有人因为被告知要冷静下来而冷静下来。"

"让"人冷静下来不是你能做的事情（除非你有镇静剂飞镖）。当一个人处于一个能够使他冷静下来的环境中时，他就会冷静下来：一个安静的地方，远离所有人，在那里学生知道他们是安全的，不会受到伤害和困扰。把他们扔在校长办公室外面的椅子上，处于人来人往的走廊上，让他们受到嘲笑和审视，这并不利于冷静下来。只要他们是安全的，对其他人没有危险，让他们单独待一会儿（但要有监督）则有助于冷静下来。永远不要告诉别人要冷静下来。这样就是在提醒他们，他们没有表现出冷静，并使他们感到被控制和被说教了，这就更有可能使已经很焦躁不安的学生产生对抗心理。

第四阶段：缓和事态

假设你没有对情绪激动的学生进行人身约束，可以做以下几件事，以帮助他们缓解紧张局势：

• 记住"动口"比"动手"要好。如果他们在说话，他们就不会放火烧体育馆的柜子。与他人交谈有助于他们把注意力从引起他们痛苦的环境转移到其他事情——任何事情上来。所以，让他们说话。

• 表现出积极的倾听。这意味着不要打断他们，不要简单地等着抓住间隙来告诉他们该怎么做。让他们感觉到你是把他们当人看的。我曾经和很多愤怒的餐厅顾客打交道，他们不高兴的不是冷掉的薯条或漫长的等待时间（尽管这些是诱因），而是他们觉得自己没有得到有尊严的对待。解决的办法是——几乎没有例外——倾听。不发出任何声音。然后，等他们说完了，再多听一会儿。这常常使他们感到困惑。激动的人料想着会被打断，料想着会被反驳。如果你能忍受的话，不要给他们这种感觉。只是听。这种情况下，什么都不做就是做了什么。

然后他们会再次开始说，而你只是继续听，直到他们停下来。这样做几次，他们自己就会筋疲力尽，因为他们不再对抗任何东西了。他们最终会被耗尽怒气。最多就是要求澄清，或者重复他们的一个观点，以表明你听到了他们的意见。对于一些人来说，被倾听是一种非常新的体验。

• 看着对方。自然的对话需要我们时而看向别处，有时盯着看会让人感到更加烦躁。但是，眼神交流是一种强大的沟通方式。

• 点头。这是一个表示同意或赞同的微弱暗示。让听众按照他们的意愿来加以解读。但这是一个基本的人类姿态，表明说话者所说的东西很重要，他们很重要。

- 复述。这表明你一直在倾听和处理他们所说的内容。

- 运用开放式问题。这可以让他们不停地说话，让他们不停地解释和展开。这让他们思考。

- 保持一个不具威胁性的距离。如果可以的话，你也可以坐下。那些表明你做好了打一架的准备的非语言暗示，无论多么含蓄，都无济于事。

- 要有尊严地对待他们，即使他们有错在先。这很难。他们可能明显有错，但请记住你的目标是什么：让每个人都冷静和安全，把对任何人或任何东西造成的伤害降到最低。训练有素的警察知道这一点。一名优秀的警官会表现出同情和理解，如果能避免的话，他们会把不安的对手哄进平静的空间，而不是把他们打进里面去。为尊严和面子而战的人确实会打得非常狠。慷慨给予他们尊严和面子，你就离解决方案近了很多。这并不费什么力气，只需要深思熟虑，以及一直保持正确。

采取坚定自信而非咄咄逼人的行为

要坚定自信，不要咄咄逼人或言听计从。坚定自信是"以不太可能被他人忽视的方式维护自己的权利的能力"。这应该是教师在任何时候都默认的沟通模式，但在应对身处困难环境中的学生时，这就更加重要了。马扎诺将此描述为：

1. 使用坚定自信的肢体语言

- 进行并保持目光交流

- 保持站立的姿势，面对学生，但保持足够的距离，以免显得有威胁性

- 面部表情与信息内容相匹配

2. 使用恰当的语气

- 说话清晰而从容

- 相比正常说话的音调，使用的音调没有明显提高

- 避免在声音中流露任何情绪

3. 坚持下去，直到表现出适当的行为

- 不忽视不恰当的行为

- 不因学生的争论或指责而转移视线，而是倾听合理的解释

言听计从也是一种错误的模式。咄咄逼人意味着这个学生无足轻重；言听计从则表明教师并不重要。而坚定自信则表明他们都很重要，而且所讲的内容也很重要。从修辞学上讲，如果一件事被自信地说出来，这表明它是有价值的，值得被倾听。我曾经听到过这样的描述：就像你在电话中订购一盒扳手一样说话。没有必要怒气冲天，也无须低三下四。这只是一个事实问题。"我需要一盒扳手，而你在卖。"

明确的顺序指令

最有效的行为指示应该清晰明确、秩序井然、直截了当。

"把那个放下，到这里来，"然后接着说，"我想帮助你。"这就是一个很好的例子。

"三周前我们在与你母亲一起召开的会议上说了什么"就不行。它甚至没有隐含的命令语；这是一个谜题，而不是一个指令。不要让他们费力去理解，否则你就给了他们另一个不这样做的理由。当学生情绪激动或心烦意乱时，他们是无法领会细微的差别的。他们的首要任务不是理性思考。在最好的情况下，我们的决定是理性和情感的融合。

降低风险

当学生情绪高涨、热血沸腾时，他们需要一个冷静下来的理由。不要指责他们做的任何事情；尽量把注意力集中在立即要采取的措施上，让事

情变得更好。告诉他们，你是来帮助他们的，而为了让你做到这一点，他们需要"X"。如果可能的话，让观众离开。然后把他们转移到一个平和、安静的地方，远离引动他们爆发的东西。

第五阶段：解决

在最后，学生会开始冷静下来。不要把你的脚从油门上拿开。你仍然可以做一些事情来帮助这个过程。

- 保持愤怒需要付出精力——最终所有的愤怒都会结束。永远不要忘记这一点。持续高涨的情绪状态对所有的人来说都是不自然的，除非是最病态的人格受损者。愤怒的人会变得平静。悲伤的人会消除悲伤。把这一点作为一个中长期目标记住。这就意味着你可以避免坚持让每个人都立即冷静下来的错误，以及由此带来的连带损害。

但请记住，这也适用于你这个教师。如果你很激动或心烦意乱，试着管理好你的时间，这样你就有空间喘息，然后冷静下来，找到你的平衡。

- 对接下来发生的事情要诚实地告知学生。没有人喜欢被欺骗。如果你承诺给学生一个无法实现的结果，他们将永远不会再信任你——这是理所当然的。对于那些最烦躁和最容易受伤害的学生来说，这种信任对于同他们一起努力来改善他们的行为和态度是必不可少的。如果学生有麻烦，要说出来，但也要告诉他们，他们可以做些什么来改善情况，以及学校可以如何支持他们来做得更好。

反复提醒学生，他们可以做得更好，你想让他们做得更好，你希望他们成为课堂和学校的一部分。他们需要感觉被重视，即使他们让自己失望了。

- 使用清晰、秩序井然的指示。这种形式总是最好的，特别是在含糊不清和混乱可能导致再次情绪激动的情况下。

- 正面强化。让参与者知道他们在你眼里是个有一定优点的人，有潜力，能够并且已经做出了积极的贡献。这不必是模糊的陈词滥调。提醒学生他们可以做得更好，可以做到更好，等等，只要你足够认真的话，这并不是谎言。

- 使用平静的声音。这可能需要你做一些努力。但不要火上浇油。它已经有热量了。它需要冷却。

- 更少的参与者。就像驱散观众会改变学生收到的信号一样，当进入冷却阶段时，不要让他们被人群淹没，或者让他们觉得自己被过度审视。一对一的聊天对于安全、平静的着陆是最好的。

- 转移到一个安全的空间，让他们自己平静下来。不要低估学生独自冷静下来的力量。如果他们感到有压力要回应，而他们还没有准备好，那么就给他们时间，让他们回到一个更平衡的地方。记住：此时你的目标是什么？如果他们已经脱离了其他学生群体，那么你的最终目标是让他重新融入，但你可以以不慌不忙的速度朝这个方向努力。不要寻求立竿见影的解决方法，因为这些事情往往是不能强迫的。

恢复性方法

为了尽力避免实施处分，一些学校使用恢复性程序作为替代方法。这些策略源自犯罪学领域中出现的恢复性司法方案。这种尝试是为了避免简单地使用逮捕和监禁作为社会处理罪犯的方式。在刑罚体系中，恢复性方法也被用于尝试避免简单地增加已经被监禁的罪犯的刑期。

有许多方案打着恢复性司法的旗号进行运作，这就是我使用"方法"一词的原因。从广义上说，恢复性方法采取了一种社区途径来解决传统的犯罪和惩罚问题。所有与犯罪行为有利害关系的人都被召集在一起，讨论犯罪行为的影响以及如何解决。通常会试图"恢复"被行为破坏的关系，"恢复"名由此而来。在学校，这也被称为恢复性做法。

在实际操作中，这通常意味着教师和学生讨论学生行为的影响，鼓励学生为行为负责，并且双方一起讨论如何解决这个问题。恢复性方法也植根于积极心理学，其中一位创始人是亚伯拉罕·马斯洛。恢复性方法有时被视为与强调后果的行为主义方法相抵触。

目前没有大量的数据可以帮助我们了解恢复性方法是否有用。案例研究比比皆是，但规模和质量都不够。大多数学校将恢复性方法与行为主义及其他方法结合起来使用，因此，很难将这方面的数据挑出来。

恢复性方法可以非常有用。事实上，与强调后果的全校程序结合使用，恢复性方法可以成为一个很有用的工具。帮助学生讨论他们的行为，更多地思考他们行为的影响，并考虑他们可以做出的其他选择，这一点非常重要。

帮助学生认识到他人的重要性，可以帮助他们培养同理心和其他重要的生活技能。

使用恢复性方法的危险在于，当它们被过度简化时，教师可以用它们来代替后果系统。正如我们所看到的，教师绝不能只依赖一种简单的行为管理模式，比如只使用处分和奖励来实现更好的行为。正如本书竭力要表明的那样，积极主动的制度对儿童和群体的动机和心理极其敏感，可以教给他们积极的习惯和规范，这是迄今为止推动课堂行为良性发展的最有效方法。而这也需要承担后果。不看后果，威慑力就会大大降低。而这一点对于任何整体学校文化来说都是代价不菲的。

如果我们只关注行为策略的一个部分，就会有忽视其他策略的作用的危险。有些孩子对恢复性谈话反应很好。但有些人则需要知道，如果他们行为不端，就会惹上麻烦。有些人是会被表扬感动。有些人则需要被教导、再教导，包括再教导如何遵循正确的惯例。通过组合使用所有这些方法，我们实现了对最大数量的学生产生最大程度的影响。

尽管有些人经常将恢复性方法视为其他系统的替代品，但具有讽刺意味的是，在主要依赖这些系统的学校里，一些孩子发现自己经历了一次又一次的恢复性谈话。对学生来说，这感觉很像留堂。如果有一个动物走路像鸭子，嘎嘎的叫声也像鸭子，那它可能真的就是一只鸭子。

还有一个问题是，许多学生认为，如果他们所要做的就是通过对话尽快学会他们应该说的东西，以便取得进步，那么恢复性程序就是"逍遥法外"。而如果这种看法被班级群体所认同，那么他们对学校及学校的期望的看法就会受到非常有破坏性的影响。毋庸置疑，许多学生认为，如果对他们的行为没有追究任何后果，那么他们就可以为所欲为。

还有另一个危险，那就是那些曾经是不当行为受害者的学生往往不愿意成为恢复性程序的参与者。例如，如果你被人欺负了，你可能不想再和霸凌者待在一起，也不想和他们谈及此事或发展某种关系。在许多问题上，没有什么关系可以恢复。因此，在这些情况下必须避免使用恢复性方法。将其作为两个朋友闹翻并打了起来的回应会更好一些。这是一个寻求恢复被破坏的关系的完美例子。

恢复性程序有时可以帮助与学生建立关系，可以义正词严地指明他们所做的事情是错误的，并确保学生明白下次如何做得更好。它还应该强调，学生是被需要的、被重视的，但他们的行为需要改进。正如我们在讨论临界对话时看到的那样，这可能是帮助创建一种文化的有力方式。

作为其他方法的替代，恢复性程序往往达不到要求。通常情况下，行为不当并不是一种对学生的误解或"错误"看法。很多时候，不当行为是蓄意已久，刻意为之，事实清晰。这意味着，对某些人来说，再多的谈话也是无效的。这似乎是一种取代后果制度的更仁慈、更温和的方法，但相较于以更常规的方式教育孩子们他们的行为很重要，恢复性程序往往并不能取而代之。

课堂原则

每个人都想具有举足轻重的影响

被重视、被珍视、与他人建立真诚关系的需要，是为人的核心。学生们需要知道他们可以在自己的教育中找到这些，否则他们就会到其他地方寻找。

第十六章
设置"冷静室"

最终，如果有一个学生让我们无法给全班同学讲课，或者有一个学生处于焦躁不安的状态，让其他同学无法学习，教师需要根据全班同学的整体需要做出一个实用性的决定。我可以做出什么样的决定，为最多的学生带来最大的利益？

这是不可避免的，也是必不可少的，因为教师不是私人教师，只需满足个别学生的需求。他们是全班学生的教师。我怎样才能平衡每个人的需求，在道德上满足尽可能多的人？

如果一个学生的行为非常极端，尽管教师通过温和的处分、训斥、提醒、规范性信息等方式给予了提醒和劝说，但都没有作用，那么教师就需要考虑：我是否需要把这个学生送到"冷静室"？许多教师本能地对这一策略有所顾忌，他们认为他们的工作是为所有人提供教育，而不仅仅是为部分学生提供教育，简单地将难管教的学生送到"冷静室"，对该名学生来说往往不是最好的选择。他们的这个观点很有道理。

但还有其他好的观点需要记住。

如果一个学生一再行为不端，往往会扰乱课堂的进程，以至于每个人的学习都受到严重阻碍。这一点很重要。教室里的每个人都很重要。他们的损失并非微不足道，与个别学生可能失去的学习机会一样重要。不同之处在于，这些其他人并没有创造使学习变得困难的条件。让他们受制于少数人的不当行为是不公平的。正如俄亥俄州肯特州立大学特殊教育副教授安德鲁·威利所说："认为所有儿童的教育需求都可以而且必须在普通教育课堂上百分之百地得到满足的想法是一种妄想。"

这种想法往往与所谓的全纳教育运动有关。这项运动在20世纪末开始流行，与教育领域的大多数事情一样，其初衷是好的。"全纳意味着所有学生，无论其残障状况或严重程度如何，都将在常规的教室/课程中全日制上课。所有的服务都必须在此种环境中提供给孩子。"

但是，这种极端主义观点并没有任何实际的理由。这就像试图将所有的医疗服务——精神病学、肿瘤学、儿科、老年病学、咨询——都放在同一个病房或全科医生的手术室里，一样荒谬和具有误导性。学生们需要的不是故作姿态。如果他们需要帮助，他们就是需要帮助。如果这种帮助意味着进行行为培养小组工作或者实施暂停上课作为一种处罚，或者如果班级里的其他学生需要从严厉举措中找回安全感，那么就需要这样做——不仅仅是为了许多人的利益，而是为了所有人的利益。

关心所有人的责任

不良行为不仅威胁到学习，而且还经常威胁到安全。危害到学生或教职工身体健康的不当行为在课堂上是绝对不能容忍的。教师有关心所有人的责任，如果有一个学生制造了一定的威胁，影响到其他人，那么班级就必须采取严肃的行动。这一点不容忽视，否则就会成为常态，学生每天都会有可能受到伤害。

许多人的需求

这种伤害不仅是身体上的伤害，还有情感和精神上的伤害，以及被要求与有攻击性的学生保持亲密接触的压力。在这种情况下，必须将这名学生从教室请出去。要求学生和教职员工忍受骚扰、恐吓或者威胁是不合情理的。这对教师来说已经够糟糕的了。时刻考虑一下，在一个允许捣乱的教室里，作为捣乱学生的同龄人是什么感觉。孩子们痛恨这样。他们经常问："为什么大人们不对这个问题做些什么？"而他们是绝对正确的。我们决不能忘记我们对孩子们的首要责任——保证他们的安全。把一些学生留在班上"看看他们是否会有进步"可能是好意，但是这里必须考虑到多数人的权利，而不仅仅是一个人的权利。

少数人的需求——以及一个人的需求

那一个人的需求呢？我们经常忽视这样一个事实：如果一个学生在课堂上行为不端，那么他们就没有学习。"冷静室"可以——而且应该——成为他们获得可能无法在主流课程中获得的那种服务的一种方式。他们可能需要一次关怀谈话。他们的生活可能出了问题，他们可能需要治疗，他们可能需要某种以前缺失了的定向关注。他们可能需要有人向他们耐心地重新解释界限，他们可能需要某种形式的处罚。所有这些通常都可以在课堂之外更好地进行。

教师需要理解和坚定地接受有时需要将学生送到"冷静室"的情况。他们可能不喜欢这样做，但这不是我们喜欢什么的问题。

- 有时是为了保护班级其他同学的健康或受教育的权利。
- 有时是为了展示界限和维护规范。
- 有时是为了帮助难管教的学生在适当的环境中获得他们所需的关注，

以恢复、协助或改善他们的状态。

- 有时，它纯粹是为了实施惩罚措施。

但它甚至不是一个"必要之恶"。如果是必要的，那就不是邪恶的。如果是必要的，那就是正确的事情。

在你需要之前设定一个"冷静室"策略

至关重要的是，不应该临时决定把学生送到"冷静室"。把一个学生请出教室是（或者应该是）一件不寻常的事情，因为学生的行为一般不需要从教室请出去。但有时确实需要如此。如果学生需要被请出去，那么他们就是需要被请出去。而且他们需要被安全有效地请出去。在这种情况下，有很大可能会造成更多的混乱和困扰，甚至对附近的每个人造成更大的干扰。这是一个需要仔细考虑的过程。这意味着要事先决定它将如何发生。

提示学生，让他们知道会发生什么。在任何学生需要被送到"冷静室"之前，学生们应该：a. 认识到被送到"冷静室"是持续破坏的一个可能后果；b. 认识到被送到"冷静室"有一个发生的过程；以及c. 了解必须被送到"冷静室"的后果。应该尽可能在双方建立关系的早期做好这种铺垫，这样学生对被送到"冷静室"的发生就会有心理准备。这种预期本身会给那些在教室里行为过于放肆的学生带来一种温和的威慑，同时也给那些可能担心如果他们的课程被打乱、他们的自由或尊严受到侵犯时会发生什么的学生提供一种保证。在发生极端混乱的情况下，老师会做出适当的反应，以保障他们的健康和教育，这会让学生感到欣慰。

- 通过教导被送到"冷静室"发生的过程，学生们知道会发生什么，就更有可能遵守这一过程。他们会感觉到回旋的余地更少，对正在发生的事情要滑头或提出质疑的余地更少。如果学生能够看到他们要面临的后果，但仍然不采取任何行动来避免，那么他们可能仍然会对此有争议，但他们会知道他们可争议的地方很少。

- 将学生送到"冷静室"必须有非常明确的理由。我通常会告诉我的学生，他们会因为以下原因被送到"冷静室"：

  ◆ 持续的不良行为破坏了周围人的学习。

  ◆ 粗鲁、攻击性或危险行为威胁到了他们的同伴或老师的安全或尊严。这样你就可以把一次性的、需要严厉对待的行为包括进来，比如让老师滚开或者向别人扔书。如果你只是将其限定为"持续性干扰"，那么学生可以声称他们的行为是单次的。我也见过一些学校制度不允许将学生送到"冷静室"，理由是学生失去了受教育的机会。我认为，重要的是要尽早向学生说清楚，他们坐在课堂上既是一种权利，也是一种特权；为了所有人的利益，这种特权可以被暂时取消；为了保护每个人，包括犯错者，会进行处罚。

我看到太多的班主任忍受了太多的不良行为，理由是他们认为把学生送到"冷静室"是他们的失败，或者在某种程度上是承认自己的弱点或缺乏课堂技巧。一些学校向员工传达了这样一个奇怪的信息："如果你不能让所有的孩子都来上你所有的课，这就是你的错。"当然，有些教师可能太轻易就会把学生送到"冷静室"，但在许多情况下，这样做仍然是正确的。它设定了界限，表明有些行为是不能容忍的，并保护和保障了学习者群体——以及你自己。

目的地

当然，要想达到最佳效果，被请出教室的学生应该有一个积极的、有支持性的目的地。他们应该在学校里体验一种旨在教会他们在未来如何正确行事的回应。但是，即使要求他们安静地坐一小段时间，做卷子上的作业，这也不是班主任的主要关注点，班主任的主要关注点暂时应该是班级其他学生的需求，以及他们在这件事上的权利。如果我们不能保证他们免受伤害和威胁，那么我们就同时让所有人失望了。

每所学校都应该有一个"冷静室"策略，把学生刻意地放在一个安静的、有人监督的空间里，最好是在那里他们需要做一些有意义的工作。绝不能简单地把学生请出课堂。

如何将学生请出教室

再次强调，准备是关键。各所学校的程序千差万别，因此，将应遵循的原则包括进去，而不是细化必须遵循的精确系统，会更容易一些。

• 应该有公平的警告，说明即将或有可能被请出教室。当然，如果学生的行为是心血来潮而又很严重，警告也许就不太可能。但在许多情况下，还是有可能指出事情的发展方向的。这可能会起到威慑作用，也可能不会。但至少已经给了学生一个机会。

• 使用脚本语言来表示将学生请出教室是有必要的，以避免情绪化的失误，并且要像点比萨饼时一样冷静地传达信息。学生往往会寻找理由来质疑你的判断，如果他们怀疑你带有个人目的或情感上的不喜欢，他们往往会（在头脑中）设想出你对他们有偏见或仇视。

• 要知道将学生请出教室后的目的地在哪里。同时，学生也必须知道。

而且必须有人在那里等着他们，为这样的到来做好准备。学校一般会有这样一个区域，在发生极端不当行为的情况下，可以暂时监控学生。如果学校没有，那么应该有一个子系统，可以将学生送过去，例如，一个指定的教室，学生将被带到那里并得到看护。如果学校没有这样的制度，那么应该设立，因为将学生请出教室是一个尽管我们希望很少发生但却很常见的过程，需要将其制度化。这可能是教务领导的办公室，或部门负责人的办公桌，而关键是要提前知道需要它。如果你的学校没有这个程序，那就安排一个你自己的，并且还要敦促学校纠正这一错误。

● 学生一旦被请出教室，就应该为他们提供有用的学习机会——这可能是由课堂上的老师提供的（或者不是；老师有课要教，不应该在现场凭空变出课程资源），但最好是指定的接收者有一个准备好的材料库，以备此时之需。其关键是，无论这个系统是什么样的，都应该有这样一个系统。在这个阶段，我们要避免的是当场仓促地做个决定，把他们送到哪里，由谁来照看他们，以及照看多久。在这个过程中，需要有一条确定而平静进行的长线，因为这个过程很容易引发焦虑和分歧。这个过程越平静、越确定，就越容易让学生接受。如果学生感觉到这个过程是混乱的、即兴的，学生会觉察出（正确地）他们有更多的空间来塑造他们想要的情况，而不是需要的情况。

● 将学生请出教室的过程可能由老师推动，或者也可能希望学生自己前往目的地，再或者由助教带他们去，抑或将指定的教职员工叫到教室带他们到目的地。有可能是派一名值得信赖的学生去提供援助，或者这名学生可以通过学校的通讯系统拨打电话叫过来。关键是，应该有这样一个系统，而且所有各方都清楚地了解这一系统。它应该是平静的，它应该是有充分准备的，它应该是可预测的。

"冷静室"

一旦学生在课堂上被请走，然后呢？通常情况下，他们会被带到一个被冠以各种不同名字的地方。但最简单的叫法是"冷静室"。这是一个很宽泛的分类，除了把学生请到某个地方的功能外，并没有告诉我们更多的内容。

使用"冷静室"的原因包括以下几点：

• 首先，也是最重要的，因为学生的行为和把他们留在教室里的目标是不相容的。这通常是因为学生的行为过于具有挑战性或破坏性。

• 让班上其他同学和老师有机会在一个安全而安静的环境中学习。

• 提醒学生，无论出于何种原因，他们的行为已经变得不可容忍。不这么做对班级来说是灾难性的：容忍不可容忍的行为就是使这种行为常态化，是在鼓励这种行为，会使学生们继续遭受虐待，使老师们继续遭受困扰。

• 作为一种温和的处罚措施。

• 在不扰乱课堂的情况下和学生就这种行为进行谈话。

• 帮助学生进一步获得有针对性的支持。

很明显，"冷静室"可以同时达到很多目的。它们是行为矫正策略中非常实用的一部分，也是加强整个学校文化的策略。它们并不能替代为解决问题而采取的其他措施。它们不能取代从一开始就试图阻止学生的不当行为的尝试。它们不能取代合理的规范和惯例，而这些规范和惯例的设计初衷是教导学生首先如何做到行为得体。它们不能取代努力找出学生出现某种行为的原因这一做法，以及学校是否可以做些什么来适应或补救这种情况的必要性。

"冷静室"并不意味着可以取代这些东西。学生不可能因为被带走后又被送回来，期间不需要对他们做任何其他工作，他们就得到了帮助、"修复"或有了实质性的改变。"冷静室"本身并不具有恢复性。它对其他人来说是一个喘息的机会，也是界定可接受行为和不可接受行为的界限的一种方式。不仅如此，它还是一种保障学生（和教职员工）安全、保护他们尊严的安全机制。在"冷静室"，学生可以冷静下来，反思自己的行为，并规划如何更恰当地回应教师的处罚。在这里，教职员工可以与学生进行重要的关怀谈话，从而可以引导他们付出更大的努力来改变和成长。

回到先前的观点：没有一种行为工具是足够的，它们要与其他一百种技术和工具合作使用。但这并不是要否认它们作为更大机制的一部分的效用。

将学生请出教室时

如果可能的话，避免涉及细节。如果你已经决定一个学生需要被请出教室，那么纠结细微差别的时间已经过去。你已经确定他们的行为已经达到了必须被请出教室的程度，因此，必须执行。必须在那一刻之后再进行讨论。你有一堂课要上，并且在那一刻你对其他学生的学习状态负有责任。至关重要的是，如果你已经决定并声明必须将学生请出教室，那么你决不能在那一刻退缩，即便你也许是被一些特别的、特殊的恳求所说服。这样做的话，在学生看来就是一种常态化，说明你反复无常，能够被表演性的服从所左右。做出正确选择的时间已经过去了；现在必须让人看到行动的后果。

我们因什么而将学生请出教室

在某些情况下，将学生请出教室的原因显而易见——故意对老师说脏话；使用种族主义或歧视女性的语言；威胁他人的安全；推倒桌子。我说这一点很明显，但对一些人来说可能并不明显，而且也有可能想到一些特殊的情况，也许这些事情是由特殊情况引起的。但是教师必须要问："我怎样才能保证尽可能多的学生能够在一个安全、宁静、有尊严的空间里学习和成长？"如果老师允许学生对他们说脏话，威胁他们，甚至通过不断吸引眼球或哗众取宠来破坏他们的教育工作，他们就无法做到这一点。学生群体可以容忍很多事情，但为了让人觉得自己有同情心和宽容而允许这种事情发生的老师，必须考虑学生们对此的实际体验。在许多情况下，学生认为这是一种失职，是对他们的保护不力。

最脆弱的孩子的基准

不同学校对将学生请出教室的容忍程度各不相同。在这一点上，至少要遵循两点：一是明确规定的学校政策，二是在政策不明确的地方，你自己的道德准则。对于假想的你自己的孩子所处的班级，你能容忍什么？你希望他们遭受何种程度的折磨？这应该就是你用来调节你所有反应的门槛。你会期望最脆弱的孩子忍受什么？焦虑的孩子呢？被虐待或欺负的孩子呢？正在经历心理健康问题的孩子呢？让这些孩子的容忍度成为课堂上可以允许的行为的指南。这就是为什么"保持非常文明、非常安全的行为"这一共同标准是教室应该有多安全的最佳指南。你也许可以接受一点打闹、一点戏谑、一点粗暴的游戏，但所有人都可以吗？

重申一下：

• 如果扰乱行为持续存在，并导致无法有效进行课程，请将学生安全地转移到一个安全的地方。

- 如果学生的福祉、健康、身体安全或尊严受到某名学生的威胁，请将该学生请出课堂。

把学生请出去不应该被视为第一反应——或者最后的手段。它是一种在适当时候使用的工具。它为课堂上可接受的行为设定了最终标准。审慎、持续而有效地加以使用，会对进一步的不当行为起到遏制作用。如果使用不当，它就会不时地成为暂时的喘息之机，而不是一种威慑，因为学生并不指望它。从许多方面来说，它不应该被看作是一种惩罚，而是对某种行为自然、合理的反应。它应该以一种冷静的逻辑为指导：我们需要实现X，但Y这种行为阻碍了X的实现，因此必须采用反应Z来中和Y，恢复X。

不要发生激烈的争吵

这有一种智慧：如果你和一个学生发生争执，那么你已经输了。课堂时间太宝贵了，不能浪费在与一个学生的争论上。在一屋子的学生面前发生争执是完全不合适的。其他学生会认为你已经失控。与你争吵的学生可能吵得不亦乐乎，因为他们得到了关注，并可能因此而声名大噪。他们可能免不了要这样做，所以他们预先设定了不成熟或有攻击性的反应。但这并不是我们对教师的期望。教师必须在任何时候都保持冷静——或尽可能地保持冷静——孩子们需要看到一个榜样，能够向他们展示什么是有把握、有尊严、有魄力的行为，而不是恶意满满或咬牙切齿。

此种情况下，编写将学生请出教室用的语言脚本可能非常有用。如果你对你要说的话有所准备，那么你的反应就会比你当下情绪化的反应要冷静得多，理性得多，也简洁得多。请记住，在压力下仓促做出的决定，在情绪的推动下，更可能是不明智的。给自己更多的机会说出正确的话：

1. 尽可能少说话

2. 要直接、清楚，不模棱两可

3. 避免讽刺、苦中作乐式的幽默或气急败坏。尽量不要有太多的情绪，要传达出这不是一个情绪化的问题，而是一个由过程和必要性驱动的理性的、合理的问题。

走廊五分钟

这是一个古老的技巧，经常被误用。教师可能会在紧急情况下将学生请到教室外，但往往是出于迥然不同的原因。因此，其影响也可能会大相径庭。

为了消除这种困惑，我们必须问一个简单的问题：把学生请到走廊上是为了实现什么？我们认为在走廊上会发生什么？通常情况下，他们只是站在那里，百无聊赖，直到老师出去，召唤他们，他们再回来，仍然搞不明白状况。

把学生请到走廊上常常被当作是一种处分，但这充其量只是一种软弱和模糊的处罚，而且和任何处分一样，许多学生认为这根本恍如烟雾。教师经常把这作为一种方法，让学生消失五分钟。但他们并没有消失，他们在发怒。他们在埋怨。他们在琢磨这个世界是多么不公平。他们像山羊一样四处游荡。如果老师特别健忘，或者居心不良，他们可能会把学生留在外面很长一段时间。这样做的目的只有一个，那就是筑起一道怨恨之墙，并耗尽学生接受教育的任何机会。走廊里没有发生什么神奇的事情。我甚至看到学生们策划被同时赶出教室，这样他们就可以在同一时间在同一条走廊碰面。

你把学生请到走廊上的原因必须是下面之一：

a. 因为你需要和他们私下谈谈，在这种情况下，必须迅速完成。

b. 因为他们心烦意乱，需要一点隐私空间或没有观众，以便冷静下来。这也应该是很短的一段时间。任何超过五分钟左右的时间，老师都应该正式让学生离开课堂，把他们带到一个事先安排好的、有监督的空间和环境（见上文）。

这里的结论是，走廊不是实施处分的地方。学生没有人监督，因此不安全。他们不是在学习。他们没有在学习如何行为得体。他们并不想知道如何成为好人。

把学生请到走廊上是懒惰的教师不小心弹出去的弹射座椅。任何教师都不应该把它作为实现微小排斥的一个简单方法。如果学生需要离开，那就严格遵章守法，要么干脆不做。

我的课堂要遵守我的规则

教师是课堂上的权威。这种权威植根于必要性、同情心和效率。孩子们需要一个成年人。教师的权力连带着巨大的责任。

最后的思考

可以说的还有很多，但如果教学是一种表演，那么知道何时离开舞台是明智的。当我开始教书时，我用了几年时间才意识到我对课堂管理几乎一无所知，之后又花了几年时间才意识到有一些有用的东西你可以学习。对许多教师来说，情况仍然是这样的。现在我们会逢其适来改变这种状况。我尽力让这本书通俗易懂，在可能之处提供证据，但最重要的是要实用。课堂这个舞台之上很少有确定的事情，但也有很多极有可能的事情，这就是我所描述的技巧的核心所在。我所说的一切都不是无可辩驳的，也不是不容质疑的。但我努力做到诚实、认真，并确保我所推荐的一切都植根于真实的课堂和真实的学生，而不是只存在于理论实验室中的完美模型。

因此，我所描述的大多数策略都是潮起——能够托举起所有船只。结构、惯例、积极的规范、教化的行为、高期望值、只有少数例外的一致的后果……这些都是我所访问过的每一间有效课堂和每一所学校的基石，无论它们是为最年轻的还是最年长的，为最有优势的还是最困难的人服务。这些因素的黄金标准因情况而异，但每一位教师在每一种情况下都会很注意这些因素，并将对这些因素的研究作为他们实际工作的核心。对于应对更为特殊的情况以及生活中困难程度最高的儿童的从业人员，这些方法仍然是他们最好的救助基础，尽管他们也必须寻求专业培训，以应对学生的挑战。

我时常大谈特谈教学如何拯救了我，给我以前漫无目的、有点平庸的生活指明了方向、目的和意义。但这是一个考验人的职业，它的要求可能会让你崩溃，特别是如果你想把它做好。这份工作就是不断重复，根据时间表、课程安排和学年的潮汐节奏按部就班；但也是一份每天都会给你带来惊喜的工作。它为你提供了一个最前排座位，让你看到人类想象力的奇迹，同时让你接触到你能想象到的每一个微小的恶意行为。这既是替天行道，同时也是纸上谈兵。这是一项吃力不讨好的工作，却能获得永恒的丰厚回报。

如果你能让他们为你——为他们自己——行为得体，那么这就可能是世界上最好的工作。我希望此书在某种程度上对你有所帮助。

祝君好运。